徽因

来来去去　天空始终如一

清心　编著

煤炭工业出版社

·北京·

云朵来来去去，
天空始终如一

我情愿化成一片落叶，
让风吹雨打到处飘零；
或流云一朵，在澄蓝天，
和大地再没有些牵连。

你是一树一树的花开，是燕在梁间呢喃。
你是爱，是暖，是希望，你是人间的四月天。

爱的，
不爱的。

一直在告别中。

序言

云朵来来去去，
天空始终如一

　　2018年4月11日，美国《纽约时报》刊发了一篇63年前的讣闻，内容是20世纪中国著名女建筑师、一代才女林徽因的讣告以及她和丈夫梁思成的故事。这篇迟到了半个多世纪的讣告本应在1955年4月1日林徽因去世时发布，之所以现在才刊登出来，《纽约时报》给出的理由是：自1851年该报创刊以来，讣告部分一直由白人男性占据主导地位。为了弥补曾经被忽视的那些伟大女性的遗憾，我们开办了"遗漏"栏目。希望将注意力拓展到那些曾被边缘化、被忽视的女性身上。

　　讣告首先肯定了林徽因在保护中国建筑上做出的贡献：林徽因和丈夫梁思成在20世纪30年代开始全面记录中国古代建筑之前，中国许多古老的建筑瑰宝都因不被重视、不被保护而化为尘埃。在那时的中国，古代建筑被当作普通建筑来对待，并非像西方国家那样受到保护和研究。这对夫妇是推行保护中国古代建筑的先行者，也是迄今为

止知名度最高的人。他们的努力激发了一代又一代人，为古代建筑在开发中遭到破坏而发声。

这则来自国外的"迟到"的讣告，每一个字都像小锤，一下一下击打着我的心。站在天安门广场，仰望着直耸云天的人民英雄纪念碑，泪水早已模糊了双眼。我想，如果林先生泉下有知，听到这样中肯的评价，也会含笑九泉了。

是啊，数十年来，仿佛一提到林徽因，人们想到的除了她翩若惊鸿的美貌，就是一直被津津乐道的爱情传奇。不论男人还是女人，大家都在揣测，这个个子不高的江南女子究竟有何等魅力，竟然能让大诗人徐志摩为之抛妻弃子，让中国哲学大师金岳霖为她终身不娶，让著名建筑学家梁思成对她挚爱一生？世上女子万万千，凭什么她能拥有如此殊遇？

是啊，生而为人，谁不渴望倾国倾城的美貌，谁不期待轰轰烈烈的爱情？只是，在我眼中，世间姹紫嫣红开遍，林徽因却是最独特的那一个。从古至今，正如我们习惯了因为男人的才华而忘记他的容貌一样，我们也常常会由于女人的美貌而忽略她的才华。林徽因最让我敬佩的，绝不仅仅是她与三个顶尖男人的爱情传奇，而是作为一个女人，那份不可多得的爱国之心以及强烈的社会责任感。

有人说，林徽因有什么，还不是因为嫁了梁思成这个金龟婿？没有梁思成，她不会有任何建筑成就。这种说法不仅偏激，而且非常不负责任。殊不知，当初两人赴美留学时，对未来尚无规划的梁思成根本不知道出去后究竟要学什么。懵懂迷茫的时刻，是林徽因建议他学建筑，并告诉他"建筑是一门联结绘画艺术与工程设计、接连东方与西方的凝固艺术"。他听后动了心，才选择了这个专业。因此，我觉得前面的话应该反过来说才对：如果没有林徽因，就没有中国建筑大师梁思成，更不会有珍贵的《中国建筑史》。

　　毋庸置疑，对每个人而言，婚姻都是一生中最重要的课题。漫漫人生，没有深爱过的心是苍白而可怜的。只是，世间多少爱，最终都抵挡不过流年，所谓的地久天长，终是一场遥不可及的神话。什么是最好的婚姻？我想，著名作家陈愉庆的母亲已经给出了答案，她说："我从来不羡慕夫贵妻荣，我只羡慕梁思成与林徽因的相濡以沫。"梁林两家一直是世交，他们两人一起留学，回国后一起赴东北大学任教，一起在清华大学开创建筑系，一起历尽艰辛考察中国的古建筑，一起设计中华人民共和国国徽，一起抢救景泰蓝工艺，一起设计人民英雄纪念碑……看得出，除了生活上互相照顾，在志同道合的事业上，他们更是令人羡慕的神仙眷侣。

　　林徽因是出身名门的大家闺秀。祖父林孝恂是前清翰林，曾与康有为同科，历任各州县地方官；父亲林长民曾任"中华民国"参议院秘书长、政治部部长、国务院参事等职。出身优越，再加上祖父和父亲思想开明、眼光卓越，使她不仅自小备受宠爱，还接受了那个年代最好的教育。要知道，在 20 世纪初期，女子读书是十分罕见的。如此看来，徽因是多么幸运。这世间，像她一样既含着金钥匙出生，又

　　拥有美满婚姻的能有几人？只是，人生从来没有十全十美。上天给了她一个积极向上、充满阳光的父亲，同时，也给了她一个脾气暴躁、性格抑郁的母亲。徽因的童年可以说是冰火两重天。在父亲跟前，她是人间的四月天，处处花香鸟语。然而，到了母亲身边，仿佛一下子置身于阴雨天，空气闷闷的令人窒息。父亲视女儿如珍宝，却另娶新欢，置母亲于不顾。父母的距离有多远，徽因离幸福就有多远。母亲是她一生的痛，同时，也让她从小对自己暗暗发誓：长大后，绝不做母亲那样的女人。另外，徽因不仅在精神上备受折磨与打击，还与疾病战斗了一辈子。她26岁罹患肺结核，30多岁就不得不经常卧床养病。对于一个满怀理想、胸怀天下的人来说，那种由于身体不争气而无法将全副精力投入工作中的无奈与痛苦，真让人为之惋惜。

　　所以，徽因的一生，虽然写满了爱情童话和人生传奇，但是，她同时也经历了普通女人难以承受的生命之重以及生命之痛。

　　虽然"太太的客厅"欢声笑语，热闹非凡，真诚的友谊给她带来了无尽的精神力量，但是，每个人都是孤独的，没有人能真正走进另一个人的内心。茫茫人海，纵然徽因拥有挚爱她的父亲、三个深爱她的男人以及无数仰慕她的人，然，漫漫长夜，那些无法与人言说的无助与疼痛，依旧只能独自面对。

　　徽因的珍贵，在于无论世事如何变幻，她都能一直遵循着内心的方向，全力以赴给自己的生命升旗。即使面对爱情的诱惑，即使在战争中颠沛流离，即使受尽病痛的折磨，亦从未迷失自己。她是如此自信，让同时代的很多女人都自叹不如；她又是如此自卑，童年的阴影跟随了她整整一生。她的隐忍让人心疼，她的情怀使人赞叹，她的高度令人仰望。

林先生早已离去，但是，她的自信与坚强，她的自律与理智，她的高尚与悲悯，始终闪耀着绝代的芳华。唯愿我们及我们的后代，以后再提起林徽因，首先能想到她参与设计的中华人民共和国国徽以及人民英雄纪念碑，想到她为保护中国古代建筑做出的伟大贡献和所有努力。

仅以此书献给这位中国文艺界了不起的、具有文艺复兴色彩的传奇女子。同时，也献给每一位心怀理想，并且一生持续为理想奋斗的人。

云朵来来去去，天空始终如一。林徽因，是永远的林徽因。

清心

2018 年 9 月

目录

第一章

童年时光，心有千千结

『思齐大任，文王之母。思媚
周姜，京室之妇。大姒嗣徽音，则
百斯男。』

仙女落江南

徽因祖籍福建闽县，出生于浙江杭州陆官巷。江南一向是烟柳繁华之地，温柔富贵之乡。山清水秀、人杰地灵，才子佳人辈出。毋庸置疑，在中国各地的风土谣谚中，"上有天堂，下有苏杭"应该是流传最广的了。虽然我生长在北方，却在很小的时候，就听大人们说过这样的话。所以，对我而言，苏杭不仅仅是诗和远方，更是童话般的仙境。

直到上了中学，小小的心里还一直在执着地想着，等自己长大了，一定要去江南看一看。后来上了地理课才知道，杭州离我的家乡将近两千公里。对于生长于上世纪八十年代的孩子而言，这个数字真的是太庞大了，路途漫长得令人绝望，几乎让我断了这个念想。不过，还是老爸智慧，他用大大的手掌抚着我乌黑的马尾辫，目光慈祥地望着我，轻轻地说："女儿，现在不能去，不代表以后也不能去。你好好读书，以后有了本事，想去哪里就去哪里。"

父亲的话，像四月的桃花，把我黯然的心顷刻点亮了。流光清浅，心事悄然。自此，本就努力的我更加用功学习了。苏杭两个字，似在暗夜里闪动的明灯，吸引着我那颗满怀憧憬的心，欣欣然向前去。

参加工作后不久，我就攒够了路费，终于如愿以偿。再后来，受杂志社之邀在杭州开过两次笔会。虽然眼前的杭州跟小时候想象得不太一样，但是，它的小桥流水，它的青瓦黛墙，它的烟雨迷蒙，它的如诗如画，对于自小生活在北方的我而言，依旧美得不可言喻。"日出江花红胜火，春来江水绿如蓝，能不忆江南？"正如南北朝文学家陶弘景在《答谢中书书》中所写，"山川之美，古来共谈。高峰入云，清流见底。两岸石壁，五色交辉。青林翠竹，四时俱备。晓雾将歇，猿鸟乱鸣；夕日欲颓，沉鳞竞跃，实是欲界之仙都，自康乐以来，未复有能与其奇者"，更是将这个水乡泽国誉为"欲界之仙都"。

这样看来，林徽因着实幸运。她不仅生在杭州这个人间天堂，而且祖上曾是福建一带的名门望族，世代为官。只是，人无千日好，到了她的祖父林孝恂这一代，家道渐渐中落，最终沦为布衣，一度过得很清苦。好在林孝恂性格倔强而勤奋，硬是靠着一己之力，于光绪年间以进士之身列翰林之选，与康有为同科。之后历任浙江海宁、石门、仁和各州县地方官，还代理了杭州知府。自此，林氏家族再次崛起。

杭州的初夏，绿植芃芃，花团锦簇，处处弥漫着龙井的清香。在沁人心脾的林荫道上随意地走一走，呼吸着清新的空气，任凭谁的心底，都会开出一朵朵花来。

1904 年 6 月 10 日，林徽因在杭州陆官巷的林家大院里呱呱坠地。如同仙子落入凡尘，这个长相喜人的长孙女，给整个林家带来无尽欢喜。

林孝恂虽是晚清官吏，头顶着乌纱帽，骨子里却是一身书卷气。

二十世纪末，浙江石门民间曾发现了他手书的一副对联：

　　书幌露寒青简湿
　　墨花润香紫毫圆

　　可以说，这14个字既是他的心声，亦是他业余生活的真实写照。林孝恂饱读诗书，见多识广，知识渊博，再加上敞开怀抱接受西方政法思想，因此，他的境界早已超越了仕宦同僚。另外，他一直钟情于学习医术及匠人手艺，虽然身居官场数十年，本质上却仍是一个务实之人。更值得一提的是，这位杭州知府并未跟当时大多数男人一样，受封建思想禁锢，认为"女子无才便是德"。他的妻子游氏亦非只识女红的小脚太太。游氏向来喜好书法，平素常以阅读典籍为乐。夫人写字的时候，他总是站在身旁，捻着胡须，微笑着给予肯定和鼓励。

　　对妻子尚且如此，在培养后代方面，林孝恂更是思想前卫，除旧布新。他在杭州率先开设了家塾，后辈们不分男女，一律进入家塾接受教育。他希望自己的后代个个知书达礼，诵诗写字，女儿家亦不例外。为了让孩子们扩大视野通晓古今，他不仅请了国学大师林琴南讲授四书五经，还聘请了新派名流林白水，给他们介绍天文地理、境外概况，甚至还招聘了加拿大教师华惠德、日本人嵯峨峙来家里教习英文和日文。

　　虽说晚清风气日渐开放，然而，像林孝恂这样新旧不拒，让后辈中外兼学的官吏，实在是少之又少。正是由于林孝恂思想开通进步，不顽固守旧，才使得子侄们饱读诗书，思想激进，文采斐然，个个都成了时代的弄潮儿。

　　林徽因的父亲林长民是林孝恂的长子，字宗孟。自古以来，每一位父亲对长子都怀抱着别样的期待，思想宽阔开明的林孝恂，对这个天资聪慧的儿子更是寄予了厚望。林长民两度赴东洋留学，得中外文化双重滋养，再加上热衷于广交政界名流，年纪轻轻已经有了改良中国社会的宏伟抱负。

　　在杭州读书时，林长民听从父母之命，娶了指腹为婚的叶氏为妻。叶氏虽与他门当户对，却由于相貌一般，再加上一直没有生育，致使才华横溢的林长民对她几乎没什么感情。孟子说，不孝有三，无后为大。在那样的封建年代，怀不上孩子，就像土地上不长庄稼，足以让一个女人在人前抬不起头来。年复一年，叶氏摸着始终鼓不起来的肚子，夜夜泪湿枕巾。薄情世界里，她显然成了多余之人。长年郁郁寡欢，加上经常遭受白眼，致使叶氏的身体每况愈下，不到三十岁就撒手人寰了。叶氏去世后，林长民再次听从父母之命，娶了浙江嘉兴一个小作坊主的千金何雪媛作为填房，她就是林徽因的母亲。何雪媛虽非正室，然原配叶氏已逝，极有希望扶正，这本是值得庆幸之事。遗憾的是，既缺乏文化熏陶又自小任性的何雪媛不仅不擅女红，而且常常耍小姐脾气，再加上一张利嘴也总是招人不快，如此不讨人喜欢，自然会遭到游氏的反感和嫌弃。

　　所谓爱屋及乌。何雪媛本来就是林家娶进门用来传宗接代的，如果她能为林家多生几个儿子，看在延续香火的功劳上，她的人生或许还不至于成为一场悲剧。只可惜，婚后八年她才生下徽因，之后，虽然又接连生了一个儿子、一个女儿，然而，也许造化弄人，这两个孩子先后都夭折了。最终，只剩下徽因一直陪在她身边。

　　徽因出生时，正逢乱世。晚清政府已经濒临土崩瓦解，很多忧国忧民的有识之士开始筹备各种救国活动，暴风雨即将来临，处处摇摇欲坠。

　　然而，时局动荡算什么，风雨欲来又如何？此时的林家大院，再大的事亦无法媲美眼前这个粉嫩的小人儿。她一来，天就亮了；她一笑，花就开了。因了徽因的到来，整个林家老宅都沸腾了，里里外外张灯结彩，笑语喧喧，一片喜气洋洋。

　　徽因虽是女孩，且是庶出，林孝恂对这个整整盼了八年才出生的长孙女却是万分疼爱。饱读古书的他左思右想，最后，给她取了一个寓意幽深的名字——徽音。徽音一词出自《诗经·大雅·思齐》：

　　　　"思齐大任，文王之母。思媚周姜，京室之妇。大姒嗣
　　　　徽音，则百斯男。"

　　意思是说，大任如此雍容端庄，是文王的好母亲。周姜多么贤淑美好，是文王的好祖母。大姒享誉天下，为文王生下许多儿子，是文王的好妻子。看得出来，林孝恂对这个宝贝孙女期待很多。浩瀚星空，他希望徽因是最闪亮的那一颗，盼着她像文王的妻子大姒一样，多子多福，才华出众，美名远扬。

　　徽因出生后，由于对没有文化且素质不高的何雪媛不放心，林孝恂和游氏决定把她带在身边亲自抚养，由此可见他们对这个长孙女是多么重视。心似莲开，祖父母给了她岁月静好，那应该是徽因童年里最幸福的时光吧？金枝玉叶，备受宠爱，生命的每一个日子，都是明媚阳光下的朵朵花开。

　　看过徽因三岁时的照片，应该是留下来的最早的一张。阳光洒在绿莹莹的草地上，亮亮的，似铺了一层银色的箔片。小徽因身穿洁净的白衫白裤，脚上踩着小红靴，身后倚着祖母的雕花藤椅，右手搭在

椅座上，左手垂在身前，手腕上的翡翠玉镯晶莹剔透。可能是第一次照相的缘故，她的表情有些拘谨，小脸鼓鼓的，大大的眼睛充满了好奇。果然是大户人家的小姐，小公主般的，时光灿烂，日日天堂。

徽因五岁时，随祖父迁居杭州蔡官巷。大姑母林泽民带着女儿也在这里长住。林长民不在家时，都是大姑母带着徽因读书。姑母对这个机灵美丽、懂事乖巧的侄女疼爱有加、视同己出，不仅在生活上给予徽因无微不至的照顾，而且对她的学业更是尽心尽责，从无懈怠。正如和她一起长大的表姐王稚姚回忆所说：

> "母亲在杭州时一直是徽因的启蒙老师，爱她胜过其亲生母亲。她明亮的大眼睛像极了祖父，眉毛细细的、弯弯的像极了祖母，由于她既聪慧又可爱，林家上上下下都十分宠爱她。"

那时候的女孩子，五六岁已经开始缠足了。佐仓孙三《台风杂记》中记载："少女至五六岁，双足以布分缚之渐长渐紧，缠使足趾屈回小于蜷，倚杖或人肩才能步。"缠足后的一双小脚，不仅在实际生活中会产生种种不便，而且在整个裹脚的过程中，女孩要承受极大的痛苦和永久的伤残。然而，这种始于宋朝，毫无实际效用，又使妇女极端痛苦的事，旧时却普遍流行，成为社会风俗，在中国绵延近千年，直到清王朝被推翻后，孙中山正式下令禁止缠足。后来，中国共产党登上政治舞台，伟大领袖毛主席真正消灭了小脚，至此，中国妇女才得以彻底解放。

好在徽因的祖父祖母都是极开明的，他们没有给这个可爱的长孙女裹脚。童年的徽因，像一只自由自在的小鸟，每天在林家大院里欢喜地飞来飞去。可以想象，如果当初她的脚被裹成了三寸金莲，长大后还能留学英国、美国，并且与梁思成一起奔赴全国各地考察古建筑么？生在旧时代，真的为这个大才女捏了一把汗呢！

徽因不仅没有被裹脚，甚至连女红也没有学。母亲不会女红，自然不会教她。祖母、大姑母都是喜爱文化的，更不会天天泡在女红里。徽因承欢左右，跟着读读书，写写字，蓬勃的生命，如同春天的枝条，渐渐长得绿意浓浓。

1912 年，徽因八岁，随祖父迁居上海，住在"老巴子路"金益里，并进入附近的爱国小学读书。可以说，在徽因身上祖父林孝恂是花了真功夫的。在他这里，常人眼中的男尊女卑根本不存在。他只希望，这个七岁就会作诗的长孙女，以后能学有所成，不同凡响。

令人欣慰的是，一路走来，这个被祖父百般疼爱的孙女果然不负厚望，不仅出落成了集美貌和才华于一身的绝代佳人，而且由于在建筑方面的突出贡献而名满天下。只可惜，跟很多祖父一样，林孝恂没有福气等到孙女最耀眼的时刻就永久地闭上了眼睛。他是带着不甘走的。只是，哪个人在离开时是心甘情愿的？生而为人，最无奈的悲剧就在于既不能决定生，也不能决定死。懵懵懂懂地来，稀里糊涂地去，留在世间的，只是一句"此生未完成"。不过，话又说回来，正是生而为人的局限性，才让我们懂得了且行且珍惜，才让当下成了唯一的诗。

只是，世事无常，浮生若梦，老爷子费尽心思为孙女取的诗情画意的名字，长大后就被她改成徽因了。原因是后来有一名男性作者叫林微音，与徽音的名字极容易混淆，在报纸发表作品时经常被误会。世事总是难料，想来，这大概是林孝恂无论如何也想不到的事。

天才女儿的父亲

　　悠悠白云，来来去去。与父亲一样，林长民虽一生从政，却是那个年代不可多得的性情中人。他自小才气过人，不仅擅诗文，更工书法，由他亲笔书写的"新华门"匾额，直到现在依旧悬挂在新华街上。可以说，如果不是一生忧国忧民，全力以赴投身政治，热衷于改良中国社会，林长民极有可能成为民国时期著名的艺术家。

　　都说女儿是父亲前世的情人。徽因是他盼了多年才拥有的第一个孩子，柔柔地抱在怀里，幸福像春天的阳光，把整个院子都照亮了，再加上她乖巧可人的小模样，林长民自是疼爱不已。世间男子，一辈子最温柔的时候，就是凝视亲生女儿的时刻。女儿，是每个男人心中最美丽的那一个，任凭其他女子美若貂蝉，亦是无法媲美的。

　　比起一般的父亲，林长民对徽因的喜爱更甚，在教育上的重视和付出也更多。因为，他渐渐发现，自己的女儿不仅聪颖貌美，而且天赋极高。后来，他在和徐志摩聊天时曾经说过，"做一个天才女儿的父亲，不是容易享的福。你得放低你天伦的辈分，先求做到友谊的了解。"由此可见，他是多么看重且欣赏这个女儿。

在徽因眼中，父亲亦是人世间最伟岸、最帅气、最有学识的男子。虽然林长民身材瘦小，猛然看上去像个文弱书生，但是，他胸怀天下，见多识广，一身抱负，走到哪里都是气宇轩昂，风度翩翩。所以，儿时的徽因，跟父亲在一起的每一刻都是一脸崇拜，满心欢喜。更难得的是，林长民思想开明，脑子里没有一丁点守旧观念，更没有贾政对待宝玉那般严厉的父亲架子，而是心甘情愿俯下身子，像好朋友一样，怡颜悦色地与徽因亲昵，就连说话也是和风细雨的。能拥有这样的父亲无疑是幸运的。所以，徽因后来在给好朋友的信中曾经笃定地说过，"父亲是我一生唯一的知己。"

只是，好男儿志在四方，父亲再爱她，也还是要去完成自己的心愿。何况，林长民又是叱咤风云的有识之士，他不可能每天待在家里，只是贪慕岁月静好，日日天伦。为了心中的理想，他两度离乡背井，赴日本留学。之所以选择日本，根源还在于 1894 年夏天中日甲午战争的爆发。战争持续不到一年，清政府战败，最终，李鸿章与日本签订了丧权辱国的《马关条约》。这次事件对年轻人的思想冲击非常大，对林长民而言，简直可以说是无法接受。他不明白，与我国一衣带水的日本，曾是我们连正眼都不会看一下的小国家，现在为何能变得如此强大？革新派的明治维新运动究竟给日本带来了什么？这些答案都是林长民等有志青年迫切想知道的。为了寻找富民强国之道，他进入了日本最知名的早稻田大学学习。留学期间，林长民是中国留日学生中公认的明星人物，还曾担任留学公会会长。在同学眼中，他不仅才华横溢、学识渊博、善于辞令，而且遇事有智谋、肯担当，还经常为朋友们慷慨解囊，因此，威望一直很高。

童年时光，徽因与父亲一直聚少离多。冰雪聪明的她冥冥中感觉到，自己的爹爹不是寻常之辈，而是心怀天下有抱负做大事的人，于是，对父亲的崇拜不禁又多了一层。

因为崇拜，父亲的话她自小就喜欢听。每次离家，他都会嘱咐她要懂事，要听话，要让祖父母开心。小徽因照单全收，一一记在心里。别家六七岁的孩子大都尚不识字，她却已能出口成诗。她作的诗轻巧活泼、圆润流畅，林长民看了，很是惊喜得意。

徽因不仅会作诗，还能写信。彼时，林长民在福建私立政法学堂任职。私立政法学堂是在1911年2月从官立法政学堂分出设立的，是由于省谘议局副议长刘崇佑和谘议局书记长兼官立法政学堂教务长林长民，与官立法政学堂监督郑锡光意见不合，引起一场新旧派的激烈斗争后分出而另设的，是当时闽省唯一的私立高等学堂，也是全国最早成立的私立高等法政学堂之一。林长民接连收到女儿的两封家信，真是既诧异又惊喜。逐字阅读后，发觉女儿写的信不仅语言简洁、文笔通畅，而且还能把家中之事张本继末，事无巨细表达得一清二楚。他看着女儿行如流水、飘逸端秀的字迹，捋着美髯频频点头，一颗心欢喜得似春暖花开。

是啊，一个人最好的作品，就是有一个聪慧懂事的孩子。自己的事业再成功，如果孩子不争气不成器，父母的心总归是很失落的。

读着女儿的信，林长民一脸的得意与开心。虽然公务繁忙，他仍然满心欢喜地给徽因买了她最爱吃的甜真酥糕，又欣欣然写了回信：

徽儿：

知悉得汝两信，我心甚喜。儿读书进益，又驯良，知道理，我尤爱汝。闻娘娘往嘉兴，现已归否？趾趾闻甚可爱，尚有闹癖（脾）气否？望告我。祖父日来安好否？汝要好好讨老人欢喜。兹寄甜真酥糕一筒赏汝。我本期不及作长书，汝可禀告祖父母，我都安好。

父长民，三月廿日

　　大人慢慢老去，孩子静静成长，如果生活一直这样静好下去，一家人该有多幸福。只是，前路未知，每一个日子都像一扇门，推开后会发生什么，任何人都不知道。

　　没过多久，游氏心脏病突发，永远地闭上了眼睛。顷刻一声锣鼓歇，家里仿佛塌了半边天，徽因头顶的圆月瞬间缺了角。那段时间，她常常坐在祖母晒太阳的雕花藤椅上，一边发呆，一边悄悄地抹眼泪。是啊，自小，祖母的怀就是她安睡的床。她的怀那样暖，暖得小小的她一刻也不想出来。而今，再没有这样的怀抱让她扑过去。平生第一次，徽因品味了生命的无奈与终局。这一刻，她忽然明白，与生离死别相比，平常那些小烦恼小痛苦真的不算什么。

　　只是，虽然心里很难过，她却告诉自己一定要坚强，决不能没出息地萎谢下去。父亲常年在外奔波忙碌，给祖母办完后事又匆匆离开了。祖父平素倒是主事的，然而，毕竟年事已高，再加上遭遇痛失老伴之大悲，整个人如同西山落日，再难打起精神来。家里其他人亦是指望不上。作为长孙女，经历了这场痛彻心扉的生离死别，小徽因仿佛一下子长大了许多。从此，她悄悄把孩子的任性和贪玩隐藏在心底，日日守在祖父身边，一边安抚他悲伤的心，一边帮他料理家里诸多事宜。

　　林长民虽然常年在外，心里却无时无刻不牵挂着家里。林家大院老的老，小的小，妻子何氏又不顶用，真是让人不放心。好在，他有徽因这个乖巧懂事的女儿，像个小大人，不仅时常写信告知家中琐碎，还帮着祖父把诸多杂事料理得有条不紊。女儿的贴心，让他悬着的心渐渐踏实下来。自此，和女儿通信成了林长民的习惯。在他眼里，仅仅七岁的女儿早已不再是不谙世事的小公主，而是可以帮他分忧解难的好朋友。甚至，有时遇到不开心的事也会写信向女儿倾诉。

每一个人的童年，都是一生中最自由自在、最无拘无束的时光。然而特殊的境遇，使徽因的童年过早结束了。她最好的朋友费慰梅后来在书中曾这样描述过："她的早熟可能使家中的亲戚把她当成一个成人，而因此骗走了她的童年。"徽因的童年，就这样倏忽而过，如同清晨的霞光，稍纵即逝。

想来，儿时的徽因最快乐的事大概就是倚在大门口，盼着亲爱的爹爹回家吧？那种满怀期待的眺望，想必每个小孩都曾经历过。蔚蓝的天空下，站在空荡荡的街道上，小女孩仰着光洁的额头，一遍又一遍想象着，亲爱的爹爹突然风尘仆仆出现在自己面前，目光慈柔地张开双臂，一把将她抱起来，高高地举过头顶……父亲好看的长须亮亮地在眼前飞舞，她开心的笑声把空气都撞碎了。想着想着，徽因会情不自禁笑出声来，露出亮亮的小白牙。只是，这样的等待一般都是会落空的。天渐渐暗下去，暮色四合，用人把大门关上了，她捧着一颗失望的心，怅然若失地回到祖父母身边。

这样的时刻，小小的徽因一定是沮丧的吧。父亲不在家，母亲虽近在咫尺，却仿佛又隔着千山万水。纵然还有祖父母和大姑母疼爱她，照顾她，只是，万千宠爱，仍然无法弥补父爱的缺失。

花影入心窝

1931 年，林徽因曾写过一首名为《笑》的诗，被著名诗人陈梦家编选在《新月诗选》中。诗中用诸多女性的意象展现了笑的美好：

笑的是她的眼睛，口唇，
和唇边浑圆的旋涡。
艳丽如同露珠，
朵朵的笑向
贝齿的闪光里躲。
那是笑——神的笑，美的笑；
水的映影，风的轻歌。

笑的是她惺松的鬈发，
散乱的挨着她耳朵。
轻软如同花影，
痒痒的甜蜜

涌进了你的心窝。

那是笑——诗的笑，画的笑；

云的留痕，浪的柔波。

彼时，她已有了两岁的女儿再冰。这首诗，显然是写给宝贝女儿的。每个人的童年只有一次。自己的童年已经错失了，作为母亲，她多么希望女儿的童年能够过得无忧无虑、充满欢声笑语；多么盼望诗中所描写的那种"神的笑，美的笑""诗的笑，画的笑"……那些轻歌般的痒痒的甜蜜，能一直涌入她小小的心窝。

看过一张再冰儿时与母亲和弟弟的合影。冬季，北平家中的院子里，地上铺着厚厚的雪。雪还在下，雪花轻灵地落在衣服上。应该是刚打完雪仗，三个人都笑眯眯的，小女孩脸蛋鼓鼓的，眼睛亮亮的，笑得弯成了月牙儿，手里还攥着两个圆圆的雪球。看得出，她心里漾着的，是真正的开心。

再看徽因儿时的照片，如此灿烂的笑容似乎不曾有过。镜头下的她，神情总是有些拘谨，也有些严肃。当然，在林家大院，自小集万千宠爱于一身的她，肯定有过很多欢乐时光，只是她的笑容总是克制的，懂事的，更是小心翼翼地。

徽因的童年，几乎不曾有过肆无忌惮的任性，自然也就缺少真正的开心。

是啊，每个人的人生都不可能完美。上帝为你打开一扇窗，必定会为你关上一扇门。徽因亦是如此。上天赐给她一个才华横溢的父亲，同时，也给了她一个平庸无知的母亲。母亲何雪媛如同她紧紧裹着的三寸金莲，不仅思想守旧，而且性格也有些畸形。小徽因跟林家所有的人一样，打心眼里不喜欢这个娘。只是，别人不喜欢可以对她不理不睬，她却不行。骨肉相连，她一边恨自己的娘没文化，没出息，平日里除了无止境的抱怨和发脾气，再也没有别的本事；一边又在心里抱怨父亲以及祖父、祖母对娘的不公。可以说，这种爱恨交织的内心纠结，整整伴随了她一生。

父亲常年在外，母亲又是不顶事的，徽因知道，要想在林家这个大家庭立足，只能靠自己。只是，一个四五岁的小孩子能做什么呢？她能做的，就是听话、乖巧、讨喜，在祖父母面前表现得好一点，再好一点。于是，人前人后，她表现出与年龄不相符的早熟，为祖父上茶，给祖母捶背，从早到晚，一张樱桃小嘴甜得像抹了蜜，真是人见人爱的小人精。一帮表姊妹中，纵然姹紫嫣红开遍，却谁都没能从她这里抢去祖父祖母的爱，他们视她为掌上明珠，一直带在身边亲自抚养照顾。

另外，大姑母林泽民不仅进过私塾，且性情温厚、知识广博、精通琴棋书画。每天从私塾回来，孩子们都喜欢围着她，听她讲故事，看她弹琴、写字。一帮孩子中，徽因模样喜人、口齿伶俐，尤其显得乖巧懂事，深得姑母宠爱，待她比自己的亲身女儿还要用心。因此，她总是亲自教徽因诗词歌赋，使她接受了良好的启蒙教育。

有时，徽因依在姑母怀里，痴痴地看着她，突然会想，如果姑母是自己的母亲该有多好。一想到母亲，徽因的眼神顷刻黯淡下来，长长的睫毛也像关闭的窗户，一下子失去了神采。

是啊，对一个孩子而言，母亲无疑是这一生最重要的人。母亲的唯一性，使她的位置任何人都无法替代。纵然在林家得到万千宠爱，但是浑身涂满了悲剧色彩的母亲，依旧是徽因心头那块驱之不散的乌云。日复一日，这块乌云在心里笼罩久了，使她的性格日渐敏感忧郁起来。于是，当祖父母聊起母亲的时候，当玩捉迷藏突然跑到母亲房门口的时候，当表姊妹们说起自己母亲一脸幸福的时候，她刚刚还欢喜雀跃的心，会顷刻掉下来，默默地，碎了一地。

在很多人眼中，林徽因一生很自信，甚至有时还有些自负。她在"太太的客厅"里侃侃而谈，时不时还夹杂着英语和法语，连胡适、金岳霖、徐志摩这样的大师级人物都很难插上嘴；在与梁思成的婚姻生活中，她也一直唱主角，在她面前，举世瞩目的建筑学家仿佛倒成了跑龙套的，总是默默地甘当配角。只是，我却觉得，徽因表面上看起来很自信，骨子里却有着自卑的一面。由于母亲在家里没有地位，她的心里一直埋藏着无法解开的心结。

我们都知道，真正自信的人，从来不会取悦别人，更不会向别人证明自己。比如歌坛天后王菲。舞台上的她，百变妖艳；歌曲里的她，痴情决绝；生活中的她，敢爱敢恨。她说，这一世短暂，要为自己而活。这样的话，很多女人都在心里对自己说过，只是，做自己想做的事，爱自己想爱的人，成为自己想成为的自己，无惧世俗，无惧流言，率性而为，忠于自我，活得遗世独立，自由洒脱，在我所知道的人中，大概也就只有王菲了。

纵观徽因的一生，她显然不是这样的人。冥冥中，似乎有一种力量一直在让她向世人证明自己。她活得很辛苦，很努力，很理智，也很隐忍。她的性格有些中性，既像男人一样执着于理想，骨子里又有水乡女子的似水柔情。那首脍炙人口的诗作《你是人间四月天》，早已把她内心满满的柔情与期待描写得淋漓尽致：

　　　我说你是人间的四月天；
　　　笑响点亮了四面风；
　　　轻灵在春的光艳中交舞着变。
　　　你是四月早天里的云烟，
　　　黄昏吹着风的软，
　　　星子在无意中闪，

细雨点洒在花前。

那轻，那娉婷，你是，
鲜妍百花的冠冕你戴着，
你是天真，庄严，
你是夜夜的月圆。

雪化后那片鹅黄，你像；
新鲜初放芽的绿，你是；
柔嫩喜悦，
水光浮动着你梦期待中白莲。

你是一树一树的花开，
是燕在梁间呢喃，
——你是爱，是暖，是希望，
你是人间的四月天！

　　关于林徽因写这首诗的初衷，一度有两种说法。有人说，此诗是徽因写给初恋情人徐志摩的。因为，这首诗发表于1934年，恰好是徐志摩去世的第三年。中国自古有"过三年"之说，应该是为了纪念他而写。也有人说，这首诗是林先生写给当时一岁多的儿子梁从诫的。彼时，幼子刚刚学会说话走路，如同风中飘来的桂花香，脸上绽放的每一朵笑容，都会让母亲的心柔软复柔软。

　　我倾向于后一种说法。其一，徐志摩是1931年11月19日去世的，而这首诗于1934年4月5日已经发表在《学文》第1卷第1期。另外，这首诗节奏明快，色彩缤纷，情感热烈饱满，从头至尾都是满怀希望、乐观向上的调子，一点也没有清明时节悼念诗文的那种哀伤和惆怅。另外，同样身为人母，我知道对于一个女人而言最重要的是什么。世间男人万千，但是，没有一个比亲爱的儿子更让自己牵心扯肺。正如我在散文《仿若情人》中所写：

　　有时，我会问自己，我是从什么时候爱上他的呢？

　　在他出生前，还是出生后？在他牙牙学语的时候，还是长成了一个如风的少年之后？在他淘气的时候，还是帮我拎着东西上楼的时候？

　　不同的年龄阶段，答案会稍稍有所不同。

　　只是，现在，我的内心再也没有这样的疑问。因为，我知道，自己对他的爱，与生俱来。如果有前世，这份爱就开始于前世。倘若有来生，这份爱就延续到来生。

　　没有开始，也没有结束。死心蹋地，根深蒂固。

　　如同一首歌里唱的，爱你没商量。是的，这世间，再也没有第二种爱，可以与我和他之间的爱抗衡。

　　我想，同样身为母亲，听着一声声"妈妈！妈妈！"，在徽因心里，世上所有的花，也在那一刻开放了。何况，后来梁从诫在《倏忽人间四月天》中也曾经说过："父亲曾告诉我，《你是人间四月天》是母亲在我出生后的喜悦中为我而写的，但母亲自己从未对我说起过这件事。"作为儿子，虽然对于这首诗的创作意图，梁先生说得很客观，却也恰恰证实了母亲写这首诗的初衷。浮世流光，她唯愿宝贝儿子的一生，如同人间四月，春光明媚，百花盛开，温暖绚烂。

冰火两重天

　　何雪媛的抱怨连天与歇斯底里，让徽因无法感受到母爱的温暖。只是，天下的母亲，哪有不爱自己的女儿的？何雪媛嫁给林长民八年，才得了这个公主般的女儿，心里宝贝她还嫌不够，又怎会不爱她？

　　林长民是何雪媛的第一个男人，也是她这一生唯一的男人，她当然也憧憬过你侬我侬、琴瑟和鸣的美满。她多么希望，自己是丈夫林长民放在心尖上的那一个。遗憾的是，世间男女，多数都是在对的时间遇到了错的人。林长民是她的梁山伯，她却不是林长民的祝英台。她奋力地走，用尽了全身气力，却依旧走不进他的心里去。更何况，林长民又是个在家里待不住的男人。婚后不久，他便赴日留学，常年旅居日本，即使假日回国，亦是和一帮志同道合的朋友组织聚会参加活动。她觉得，在他眼里，任何一件事都比自己重要得多。另外，婚后数年她的肚子一直没有动静，本就不待见她的公婆对她越发没了笑脸，林长民看她的眼神也越发漠然。

　　徽因出生前，她一度觉得，自己在林家就是一个多余的人。在这个蓝瓦黛墙的大院子里，她没有亲人，没有朋友，甚至连个愿意耐心听她说话的人都没有。她不知道为什么所有的人都不喜欢自己，更不明白自己究竟哪里做错了。她只知道，林家大院里张灯结彩以及欢声笑语都与自己没有半毛钱关系。蚀骨的寂寞让原本任性的她脾气更加暴躁，因为找不到存在感，她的内心充满了愤怒和抱怨。

　　好在，望穿秋水等到第八年，终于盼来了小精灵般的徽因。有了女儿，她终于可以证明自己跟已故的叶氏不同；有了女儿，公婆再也不会视她如空气；有了女儿，丈夫也肯在家里多待一待；有了女儿，她就有了说话的伴儿。都说女儿是母亲的贴身小棉袄，何况，自己的徽儿生得如此模样喜人，那般惹人怜爱！

　　只是，她未料到，女儿刚刚断奶就被公婆抢走了，只留下一句，"为了更好地培养徽儿，这个长孙女我们要亲自带"。原来，在这个家里，不管生不生孩子，她都是做不了半点主的，甚至连让亲生骨肉留在身边亦是不能。窗外，春光大好，草长莺飞，她的心却空了，如同鸟儿飞走空留残枝。

　　原本，何雪媛以为，女儿的身体虽然在公婆那边，她的心却一定是和自己在一起的。然而，让她伤心的是，徽儿越长大，仿佛跟自己的距离就越远。她在众人面前叽叽喳喳，跑跑跳跳，欢声笑语，到了她这里，突然就像换了个人，脸上的笑容似被冻住了，只远远地望一望她，低低地叫一声"娘"，就匆匆跑开了。望着女儿渐渐消失的背影，叹息如秋叶，纷纷落。她没有想到，自己的亲生女儿也站在那些人一边，跟着大家一起疏远她。她突然发现，女儿和自己似隔着千山万水，无论怎样努力，女儿走不过来，自己也跨不过去。

　　渐渐地，她对徽因的感情慢慢淡下来。生了儿子后，她视若珍宝，日夜守护，把一切希望都寄托在他身上。只可惜，也许命里无子，孩子生下来没多久就夭折了。再后来，小女儿麟趾又成了她唯一的希望。遗憾的是，命运弄人，她对麟趾的爱有多深，女儿离开时她的心就有多痛。滚滚红尘，终究只剩下她一个人。她有家，却像无根的浮萍，在岁月的波浪中浮沉飘零，孤独无依。

然而，徽因真的不想见自己的母亲吗？她真的不爱自己的母亲吗？

当然不是。

生命最重要的是看见。真正的看见，是当你看见水的时候，同时也能看见水蒸气和冰。遗憾的是，我们在很多时候，眼睛都只能停留在水上面。其实，任何偏激的观点都是狭隘的。无论看人还是看事，不要只看表面，更不能以点带面。

何雪媛只看到徽因在众人面前不亲近她，却忘记了女儿不过是个少不更事的孩子。由于自小跟祖父祖母朝夕相处，自然与他们更亲近些。小孩子的世界其实很简单，哪里有欢笑就跑向哪里，谁的怀抱温暖就会开开心心地扑过去。如同一株小小的向日葵，总是循着光亮的方向生长。何况，祖父祖母很疼她，大姑母很喜欢她，表姊妹们也都乐意跟她在一起。在林家大院，她集万千宠爱于一身，她喜欢淹没在欢乐喧腾中，暂时忘记后院那个脾气暴躁，脸上几乎看不到笑容的母亲。

是啊，哪个孩子不爱自己的母亲呢？徽因也想偎在母亲的怀里，听她讲故事；也想牵着母亲的手，在偌大的院子里蹦蹦跳跳；也想晚上睡在母亲身边，做个美美的梦。只是，小小的她实在无法理解母亲那颗寂寞的心。她不知道母亲为何总是郁郁寡欢，动辄黑着脸冲她发脾气。她也不明白，林家大院每天珠围翠绕、欢笑喧闹，母亲为何从早到晚总是一个人待着。她更不清楚，父亲为何不喜欢跟母亲在一起。

有人说，人间没有感同身受，只有冷暖自知。是啊，没有一个人能够真正走进另一个人的心里。纵然是母女，亦无法明悉彼此心里在想着什么。

徽因的童年，虽在母亲这一页蒙了尘，但是，一直到八岁，她都是林家大院最受宠爱的那一个，是祖父祖母以及父亲的心尖尖。然而，这一切，在八岁之后，随着一个叫程桂林的上海女人被八抬大轿抬进门来，就换了模样。

旧时的婚姻，如果丈夫对妻子不满意，根本不必离婚，再娶一个就是了。一妻多妾，在大户人家是常有的事。何况不孝有三，无后为大。何雪媛传嫡无望，林长民再娶本就是意料之中的事。

1911年，林长民赴上海，以福建省代表的身份参加独立各省临时会议。1912年初，临时参议院成立，林长民任秘书长一职。12月，徽因随祖父迁居上海，和表姊妹们一起，被父亲安排到上海市爱国小学就读，一家人住在福建南路129弄的精益里。这所学校由著名教育家蔡元培先生创办，师资力量雄厚，是"中国百所名校"之一。

林长民终日在外忙碌，有时接连几个星期不能回家，根本无暇照顾家人。他嘱托徽因侍奉年事已高的祖父以及打理家中诸多事宜。女儿虽只有八岁，却自小聪明能干，一直是让他最放心的。

正是在这一年，林长民娶了第三位太太——上海女人程桂林。

程桂林生得貌美如花，由于受过上海文化的熏陶，别有一番韵味，再加上年轻，生育能力极强，嫁进林家后，接连生了四个儿子、一个女儿，深得林长民欢心。从他的别号"桂林一枝室主"即可看出这个小妾带给他的满足与欢喜。自此，她是荡在他心上的白云朵，缠缠绵绵，缭绕萦回，怎么爱都爱不够。

眼看着新来的"林妹妹"几乎把丈夫整个夺了去，何雪媛的心越发夕阳西下。以前，虽然林长民没有把她放在心上，但是，至少在家时，晚上还是会同床共枕的。而如今，他和程桂林夜夜笙歌，早已把她忘到九霄云外了。

1914年，林长民赴北平任职。一家人也跟着迁居北平，住在位于佟麟阁路西面的前王恭厂。以前这里曾是明朝掌管营造火器的王恭厂所在地，清朝废除了王恭厂后，渐渐形成居民居住的街巷。

林家住在一个很大的四合院里，分前后两个院。林长民与程桂林以及孩子们住前面的大院子，林徽因和母亲住在后面的小院子里。

从此，前院里恩爱有加、尽享天伦，后院里徽因与母亲孤灯相伴、愁绪婉转。回首望，昔日种种已惘然。这世间，向来都是只见新人笑，不闻旧人哭。浮华尽，日子如悲歌，曲曲碎柔肠。

世事多涛浪，一岁一浮沉。程桂林不仅让何雪媛的日子笼罩了一层挥之不去的阴霾，同时，也使徽因的生活变了模样。以前，无论走到哪里，小徽因都是林家大院里最闪亮的那一颗星，更是开在祖父心头最灿烂的那一朵花。可是，自从同父异母的弟弟们相继出生后，如同一场繁盛的花会，在祖父眼前密密匝匝地开着。在这些可以为林家传宗接代的孙儿们面前，纵然徽因聪明伶俐、粉妆玉琢，依旧失了颜色。老人的目光更多地落到了弟弟们身上，对徽因显然没有以前用心了。繁华谢，西水寒。徽因的心，如同收了翅的蝶，渐渐黯淡下去。

诚然，祖父和父亲依旧是爱着她的。只是，与之前相比，这份爱已被更多的人切割得七零八碎。再加上母亲性情越发暴躁，她对徽因经常发脾气，有时，还会骂一些难听的话。徽因无法理解母亲的内心。她不知道，寂寞像小虫子，在母亲的骨头里不停地啃啊啃。秋千架上，残留花香；芙蓉帐中，声声叹。直到长大了，她也为人妻、为人母之后才懂得。

春去红颜老。流年里，她只看到母亲的歇斯底里以及无计可施。她同情她，却又觉得她实在是不争气。另外，随着年龄的增长，她对父亲的爱，慢慢地也变成了爱中有恨。她恨父亲对三娘的宠爱有加，对母亲的冷落漠然。

毋庸置疑，这个半封建家庭中扭曲的关系在精神上深深地伤害了徽因。繁花谢，吟断弦。可以说，童年的阴影影响了她一生的性格。徽因语速快，脾气急，与人交往有时显得缺乏耐心，这些跟她的母亲是何其相似。这就是亲情。一方面嫌弃，同时，潜意识中又在不知不觉地模仿。生活中，经常听人说孩子总是遗传父母的缺点，优点却极少遗传，也许，原因就在这里。

接下来，数十载的光阴，徽因一直与母亲生活在一起。然而，母女之间的摩擦并没有因为长久的朝夕相处而减少。轻责薄怨、争吵不断一直都是家常便饭。流亡到四川李庄时，贫病交加，缺衣少穿，徽因经历了人生中最艰难的岁月。她终日躺在病床上，不知道明天会是怎样的明天，整个人都快崩溃了。然而，母亲依旧脾气不改，经常因为一些小事情跟她吵。

她曾经说过："我自己的母亲碰巧是个极其无能又爱管闲事的女人，而且她还是天下最没有耐心的人……我经常和妈妈争吵，但这完全是傻帽和自讨苦吃。"

在给最好的朋友费慰梅的信中她也曾写道：

"最近三天我自己的妈妈把我赶进了人间地狱。我并没有夸大其词。头一天我就发现我的妈妈有些没力气，家里弥漫着不祥的气氛。我不得不跟我同父异母的弟弟讲述过去的事，试图维持现有的亲密接触。晚上就寝的时候已精疲力竭，差不多希望我自己死掉或者根本没有降生在这样一个家庭……那早年的争斗对我的伤害是如此持久，它的任何部分只要重视，我就只能沉溺在过去的不幸之中。"

纵观徽因的一生，母亲是她最亲的人，同时，也让她的精神备受折磨。她们彼此纠缠了一生，看上去水火不容，内心深处却又彼此牵念着。两个性格同样急躁的女人共处一室，朝朝暮暮，真是针尖对麦芒，每一针都是扎在心上的痛。

也许是"不识庐山真面目，只缘身在此山中"，两个人也许距离太近了，近得根本看不清彼此。当局者迷，旁观者清。后来，与她们经常在一起的大哲学家金岳霖一语道破了这对母女的关系：

"她（何雪媛）属于完全不同的一代人，却又生活在一个比较现代的家庭中，她在这个家庭中主意很多，也有些能量，可是完全没有正经事可做，她做的只是偶尔落到她手中的事。她自己因为非常非常寂寞，迫切需要与人交谈，她唯一能够与之交流的人就是徽因，但徽因由于全然不了解她的一般观念和感受，几乎不能和她交流。其结果是她和自己的女儿之间除了争吵以外别无接触。她们彼此相爱，但又相互不喜欢。"

何雪媛一生与寂寞相伴。她没有朋友，公婆不喜，丈夫冷落，跟女儿也是格格不入。无论以前在林家大院，还是后来跟着徽因不停地迁居，所有的热闹繁华似乎都与她无关。她一直是那个想说话，却又插不上话的人。她像一个边缘人，从黑发到白头，说出的话从来听不到回音，最终只能弹回自己心里，徒留声声空响。

何雪媛一直跟着女儿生活，即使抗战时在流亡途中徽因也一直带着母亲。1955 年，徽因病逝后，她又跟着女婿梁思成生活了多年。梁思成性格比较宽容隐忍，他们相处还算融洽。七年后，染思成娶了后妻林洙，他们依旧在一起生活。1972 年，梁思成也走在了她前头，临走，还嘱托林洙好好照顾岳母。只是，思成离开没多久，她也去了。离开这个世界时，已是九十岁高龄的老妇人。她留下来的所有照片都腰身挺拔，没有笑容。她一辈子没有得到丈夫的爱，一辈子与这个世界格格不入，却收获了多少人无法企及的健康与长寿。只是，白发人送黑发人的凄凉真的是她能忍受的吗？风摇荡，岁月匆匆流淌。我想，如果让她少活十年、二十年，去换得丈夫的疼爱、女儿的欢喜，她也是愿意的吧？

深埋的痛会破土，想来，她一生的悲剧，她所有的急躁与脾气，都是因为爱的匮乏。

西风吹落瓣瓣香

可能是受了母亲的影响，又或许是性格的原因，徽因自小十分要强。她在人前伶俐乖巧、活泼欢快，却把一兜的心事悄悄藏在心底。一想到父母之间的隔阂与尴尬，忧伤便如滔滔江河，常在暗夜汹涌漫过。然而，她从不与人言说，更不想让别人看到自己的脆弱。纵然她把父亲当成此生唯一的知己，有些话亦是不能讲的。世道沧桑，她知道父亲在外做事极其不易，她不想给他徒添麻烦，更不愿让他担心。

没过多久，林孝恂病逝。这是徽因一生中经历的第二次生离死别。夜空清凉，她头顶的月亮，又大大的缺了一个角。自小，祖父一直是家里的顶梁柱。因了朝夕相处，他早已成了徽因生命中不可或缺的亲人。她多么希望祖父能一直陪在自己身边，让她多一个肩膀可以依靠。然而，命运从来不以人的意志为转移。生或者死，走或者留，谁说了都不算数。很多时候，面对一个接一个突至的意外，我们除了接受，真的别无选择。

西风吹落瓣瓣香，岁月下，瘦了脸庞。刚刚十岁的徽因，已经接连痛失祖母和祖父两位至亲，这让她过早地看到了生命的悲剧与终局。滚滚红尘，悲观的人可能会因此心灰意冷，徽因却没有，她不允许自己意志消沉。用泰戈尔的著名诗句"生命以痛吻我，我却报之以歌"来形容她的坚强乐观一点也不为过。寂寂夜空，她望着一颗颗闪烁的星，心想：正因为生命短暂，正因为前路未知，正因为终有一天会死去，我才更要珍惜有限的生命。

早熟的徽因很小就知道死亡无法抗拒，所以，她觉得一切来了就来了，要勇敢地面对。同时，懂事的她更知道自己的生命不仅属于自己，还属于父亲，属于母亲，属于弟弟妹妹，属于整个林家。因此，她暗暗告诫自己，以后无论身处何等境遇，一定要坚强，一定要振作，绝不能让父亲失望和担心。

海德格尔曾经说过，人是迈向死亡的存在。事实上，能认识到这一点极其珍贵。因为，只有知道自己会死，才会去考虑如何正确地活着。所以，死亡除了是如影随形的存在，更大的作用是提醒。提醒我们，在死亡到来之前的这些无法确定的时光里，应该怎样更好地活着。

1915 年春天，政局动荡，人心惶惶，天空雾霾重重。时局起伏中，年仅 11 岁的徽因随家人从北平迁居天津，住在英租界"红墙道"的一栋小洋楼里。彼时，林长民仍在北平任职。

父亲不在家，母亲又指靠不上，再加上三娘的身体也不太好，徽因不得不用瘦弱的肩膀扛起了整个家。特殊的境遇，让她很快成熟起来。从家里的吃喝用度，到照顾三娘和弟弟妹妹，以及抚慰脾气不好的母亲，徽因都安排得井然有序，处理得妥帖稳当，并经常写信告知父亲。

徽因如此尽心尽力，一方面因为懂事，心系大局，对家庭有责任感；另一方面则是想证明自己的能力，希望得到父亲的肯定。

果不其然，本就十分看重徽因的林长民，接到家信后不禁心生赞叹，暗暗佩服女儿的处世能力。他在回信中写道：

"我不在家，汝能为我照应一切，我甚喜也。"

收到父亲的信，徽因捧在手里，开心地读了一遍又一遍。每读一个字，心里都会漾过一抹欢喜的波。

徽因的心情，我尤为理解。因为，同样作为女儿，作为家中的长女，这样的期待，我也一直有。

遗憾的是，父亲从未表扬过我。

考试成绩全年级第一时没表扬；荣获县级三好学生时没表扬；以优异的成绩考上省属中专时没表扬；参加工作后被单位评了优秀时没表扬；在杂志发表作品时没表扬；接连出版了几本书，还是没表扬……

记忆里，父亲一直很严肃，每天忙忙碌碌，极少和我们聊天说笑。所以，心中有了疑问，也很少找他沟通。一路走来，每每想到自己没有达到父亲期望的高度，内心不免黯然。只是，两年前与表哥聊天，无意中听说父亲有一次喝醉了，在亲戚面前对我大加赞赏，眉宇间皆是得意与喜悦，真是感觉诧异极了。原来，他并非不认可我，而是不擅表达，或者在我面前从来没有想过要表达。这个发现让我不得不重新思考人生。其实，很多时候我们内心的看法都是凭一己经验和想象而来，不仅很片面，有时甚至与真相相去甚远。所以，沟通很重要。尤其是亲人间的交流，尤为重要。

后来，针对这个问题我曾问过父亲，他的回答轻描淡写："夸自己的孩子，那不成了老王卖瓜啦？况且，那样你会骄傲的。"完全看不到身旁的我一脸的期待。

林长民却不。可能是受了西方文化的影响，这个思想开明的父亲不仅在朋友面前对女儿赞不绝口，而且经常跟徽因直接表达自己的欣赏与喜悦。

在梁家留存的林长民日记中，徽因把童年时父亲写给自己的信

——附在了后面。其中，有一篇这样写道：

> "徽儿知悉，得汝两信，我心甚喜。儿读书进益，又驯
> 良，知道理，我尤爱汝……"

通信中，这样与爱和赞美有关的语言，可谓比比皆是。

父亲的赞美，像四月的海棠花，密密匝匝盛开在心里。于是，徽因做起事来更加卖力，也更为周到妥帖。懂事的孩子总是活得很辛苦，然而，爱让一切付出都值得。身处畸形的家庭，面对剪不断理还乱的诸多琐事，看似瘦弱的徽因竟可以处变不惊，越发打理得有条不紊。

如此天资聪颖的女儿，当然要竭尽全力好好培养。1916年，林长民写信嘱徽因收拾行李，举家迁居北平。一来与自己团聚，互相有个照应；二来让徽因进入培华女中就读。

封建社会奉行"女子无才便是德"，大大阻碍了女性接受知识教育。民国时期，北平的国民教育尚未普及，只是出现了一些教会学校。培华女中是英国教会创办的，是专门接纳女生的贵族女子学堂。因为收费颇高，普通人家根本读不起，生源主要来自经济富庶且思想开明的家庭。二十世纪初，女子读书还是比较罕见的，但林徽因却做到了。一来是由于家境好，用现在的话说，她是名副其实的官二代、富二代；二来父亲林长民是见多识广、晓事达理的开明人士。从这一点来看，徽因的确是含着金钥匙出生的幸运儿。

培华女中教风严谨、办学得法，徽因在这里如鱼得水，受到了很好的教育，尤其在英语方面，为她日后出色的外语水平打下了良好的基础。

知识的滋润，加上天生丽质，十二岁的徽因已经出落得亭亭玉立。历史留存下来的照片里，有一张正是她和三位同学在照相馆的合

影。四人并排而立，徽因身穿美丽得体的校服，站在最右边。

培华女中的校服，款式源于文明新装，融合了西洋和中国传统服饰的元素。中式立领、大圆下摆、百褶裙，领口和袖口处还缀有好看的花边，非常雅致。

此时的徽因，已经褪去了儿时的羞怯。她梳着长长的麻花辫，双手自然地放在身后，面对镜头，腰身挺直，一脸的平静。

岁月更迭，没有人能一直停留在原地，无论怎样都是要向前走的。

1937 年四月林徽因在《大公报》文艺副刊上发表了一篇小说，名为《绣绣》。写的是一个十二岁少女的悲剧人生。父亲纳妾生子，母亲狭隘多病，绣绣终日夹杂在父母的恩怨中，小小的心灵遭受了极度的煎熬。虽然百般努力，但是，美丽的绣绣一直未能在原谅与仇恨中找到心理平衡。不久，绣绣就病故了。小说是虚构的，然而，认识林徽因的人都知道，她写的就是自己悲伤而纠结的童年时光。

正如徽因在给好友费正清、费慰梅的信中曾经写道：

"我知道自己其实是个幸福而走运的人，但是早年的家庭战争已使我受到了永久的创伤，以致如果其中任何一点残痕重现，就会让我陷入过去的厄运之中。这搞得我筋疲力尽并深受伤害，到我临上床时真恨不得去死或从来没有出生在这么个家庭过。"

然而，这就是命运。与生俱来，谁也无法逃脱。好在，徽因有一个视她如珍宝的好父亲。他不仅爱她、懂她，更是她一生的领路人。

第二章

欧美之行，天高任鸟飞

人与人，人与事，不过一个缘字。缘分来了，躲都躲不开。缘定一生，起初，不过一念间。

最美初相见

男人们在一起聚会，除了畅谈国事，也会聊起自己的孩子。尤其是觉得儿女比较有出息的，更会像捧出珍宝般向大家显摆。林长民性格外向，徽因这个家里的芝兰玉树，他是绝对不会藏着掖着的，茶余饭后，总是忍不住对才貌双全的女儿夸赞一番。渐渐地，大家都知道宗孟有一个天才般的女儿，不仅天生丽质、貌美如花，而且乖巧懂事、才华横溢，真是令人赏心悦目的人间极品。

说者无心，听者有意。林长民的挚友梁启超，渐渐对徽因留心起来。

梁启超，字卓如，号任公，又号饮冰室主人。幼年时从师学习，八岁学为文，九岁能缀千言，17 岁中举。中国近代思想家、政治家、教育家、文学家。戊戌变法领袖之一，中国近代维新派、新法家代表人物。纵然在外面是叱咤风云的政治家，回到家里，他亦是那个牵着小儿的手，站在院子里看花开叶落的平易近人的好父亲。

1898 年，曾经轰轰烈烈的"戊戌变法"以惨败而告终。9 月 28

日，谭嗣同、康广仁等变法六君子惨遭杀害，康有为、梁启超等维新派领袖则被清政府通缉。为了躲避迫害，在走投无路的关头，康有为和梁启超先后东渡日本。站在轮船上，海风吹乱了头发，梁启超真是百感交集，内心酸楚不已。好在，到了东京，不仅受到日本内阁总理大臣大隈重信亲自接见，还得到了日本政府提供的生活资助，比起之前颠沛流离、时时处于危险境地的生活，真是天壤之别。

1901 年，梁启超的长子梁思成在东京出生。与其他父亲一样，梁启超对自己的儿子也抱有厚望。而且，在对待子女的教育方面，比其他人更胜一筹。与林长民一样，他希望能够培养出中西合璧的全新的儿女。

1907 年，梁思成六岁，梁启超全家搬到日本须磨，居住在海边的华侨别墅里。房前不远处就是广阔无垠的大海，房后则是郁郁葱葱的松林。从早到晚，海潮声声，松风阵阵，犹如人间天堂。住在这里的人，真是有福了。梁启超把这里命名为"双涛园"。梁思成和兄弟姐妹们在这里度过了快乐无忧的童年时光。

几个孩子中，梁任公最看重长子梁思成，自小给了他最好的教育，以及最入微的关怀和照顾。在他的精心教导下，梁思成很小就通读了《史记》等古籍，还学习了英语，为将来的发展打下了深厚的文化功底。

1912 年，辛亥革命后，梁启超携全家回国，思成被安排在北平崇德国小及汇文中学就读。三年后，进入清华学校（清华大学前身）学习。在清华，他是异常活跃的少年。他擅长绘画，任《清华年报》美术编辑；他喜爱音乐，吹第一小号，当管弦乐队队长；他对打篮球很感兴趣，还获得过校体育运动会的跳高冠军。另外，外语极棒的他，还翻译了王尔德的作品《挚友》，发表在《晨报副镌》上；又与人合译了威尔司的《世界史纲》，由商务印书馆出版。由于多才多艺，再加上性情温和，为人宽厚，思成在同学中人缘极好。只是，颇感意外的是，如此活跃的性格，他给同学们留下的印象却是理智、冷静，且具有敏捷的政治头脑。据黄延复在《有政治头脑的艺术家》中记载，在后来的五四运动爆发时，梁思成是清华学生中的小领袖之一，是"爱国十人团"和"义勇军"中的中坚分子。

梁启超和林长民的友谊始于民国初年两人共同筹划成立"宪法研究会"。梁启超曾于1913年9月起在熊希龄内阁担任司法总长，对民主法制问题颇有研究。林长民和梁启超在合作中很快找到了共同点，两个人发现，他们不仅政治观点相同，而且在做人的风格与兴趣方面也多有共鸣和默契。

多年的至交，每次见面都相谈甚欢。谈及孩子，一个家有才子，一个家有才女，所谓才子配佳人，真是天造地设的一双。于是，两人决定让孩子们见个面，彼此认识一下。

1918年秋，梁启超安排思成去老朋友林长民家见一见他的大女儿徽因。当时，思成只有17岁。虽然父亲没有明确说明拜访的用意，冥冥中他还是感到了一丝微妙。在林叔的书斋里，他一边翻看书籍，一边满怀期待地等着林家大小姐的到来。他觉得，当时女子大多流行绸缎衫裤，梳大辫子，徽因也应该是这个样子。未料，门开了，进来的却是一个清纯可爱的小姑娘。白衫黑裙，梳着两条细细的麻花辫，大大的双眸清澈得仿佛会说话，一如仙女下凡，眉目如画，楚楚动人。那一刻，仿佛整个人被阳光包裹了，思成的每一个毛孔都感觉热热的。

　　如果世间有一见钟情，那么，梁思成对林徽因就是。一眼就是一生。从此，他的目光再也没有离开过她。他对徽因的爱，既有异性间的欣赏与吸引，更有兄长对小妹的疼爱与包容。所以，当两人后来定了婚约，徽因心里还有些放不下徐志摩时，他看在眼里，疼在心里。那种疼，不是表演，更不是做样子给谁看，而是真的疼。因此，他会对她说：

　　　　"你在我面前真的不必有任何顾忌。我宁愿你能对我说说心里的感情，哪怕不中我听都是好的。我在乎的是咱们之间的坦白和信任。"

　　梁思成是这么说的，也是这么做的。徐志摩许了徽因一个誓言，梁思成却许了徽因一个怀抱。这个怀抱温暖、持久且踏实，可以说是徽因一生的幸运。

　　最好的爱情，从来不是焰火，顷刻绚烂，徒留灰烬；而是像线香或者盘香，慢慢燃烧，绽放出清香袅袅。

　　初相见，林徽因对梁思成虽然没有一见钟情，却也颇有好感。这个比自己大三岁的男生，不仅家世好、成绩好、性格好，而且喜画画、爱唱歌、会乐器、爱运动，可谓少年天成，多才多艺。这些足以让一个 14 岁的女孩乐于与之交往。

　　两位父亲特意安排的这次相见，直接促成了一桩美满婚姻。之后，徽因经常和父亲到梁家做客。大人们聚在一起谈国事论政治，她和思成则聊美术、听音乐。共同的爱好，使两人相谈甚欢。有时，一聊就是一下午。只是，当时只有 14 岁的徽因并不知晓父亲的用意。

她只是把思成当成谈得来的朋友，一个温暖稳重的大哥哥。

虽然，后来徐志摩成了她的初恋，但是，最终她还是选择了梁思成。徽因之所以没有嫁给为她离婚的大诗人，原因错综复杂。一是徐志摩是有妇之夫，还是两个孩子的父亲，徽因不想把自己的幸福建立在别人的痛苦之上。所以她说，只要有一个人为这段感情受到丝毫的伤害，对她而言，就是一生中最大的憾恨。二是特殊的家庭关系自小让她幼小的心灵饱受伤害，她不愿重蹈覆辙，再见到那样的伤害。所以她说，我不想让另外一个女人因为我失去她的丈夫，我不要在道德良心的谴责里悔恨一辈子。三是她知道父母都希望他选择梁思成。懂事的她，不想让母亲伤心，更不愿让父亲失望。四是林徽因是个活得理智而清醒的人。她知道自己应该要什么，因此，她的理智总是能战胜感情。所以，她对徐志摩说，"我不是没有来，我是无缘留下"。这句话很决绝，足以断掉徐志摩所有的念想。

喜鹊叫喳喳

　　民国初年，中国的政治局势瞬息万变，如同六月的天气，刚刚还是晴天丽日，下一刻就变成了乌云密布。

　　1918年10月，徐世昌被国会选为民国第二届大总统。他得任总统后做的第一件大事，便是谋求南北和解，结束内战，为此使出浑身解数，但都收效甚微。11月，第一次世界大战结束，巴黎和会即将召开。梁启超以在野之身，为中国参加和会作了多方面的策划和努力。他向徐世昌建议，成立了以政界元老、前外交总长代理国务总理汪大燮为委员长，进步党主要领袖、前司法总长林长民为事务长的总统府外交委员会，负责和会期间的外交事务。接着，又筹措了10万元经费，并挑选一批著名学者专家作为随员，前往欧洲游历考察。

　　1919年2月18日，梁启超一行至巴黎。他作为中国参加和会代表的会外顾问，先后会见了美国总统威尔逊及英法等国的代表，请他们支持中国收回德国在山东权益的立场。然而，当他得知北平政府已经秘密与日本签订了借款合同和关于山东问题的换文，立即发电告知林长民。林长民听后非常震惊和愤慨，满怀爱国之心的他连夜撰文，率先在《晨报》发表了《外交警报敬告国民》的新闻，揭露卖国的内幕，并惊呼"今果至此，则胶州亡矣，山东亡矣，国不国矣"！

这篇只有几百字的文章瞬间激发了国人的关注与爱国热情，全国上下议论纷纷。这比现在自媒体的十万加爆文影响力大多了。因为，当国家的利益受到侵害时，每个中国人的心都会燃烧起熊熊的爱国之火。两天后，北京十二所学校的三千多名爱国学生举行示威游行，震惊世界的五四运动由此爆发。

徐世昌闻讯后指责林长民"放野火"，立即召他到总统府严加训斥，随后解散了外交委员会。同时，一些卖国者还掀起了一场针对梁启超的谣言风潮。

值得自豪的是，五四运动不仅是一场青年爱国主义的街头运动，也是一场社会改革和文化运动，它唤起了大多数民众的爱国热情，影响了近代中国的走向，创造并留下了值得让世世代代中国青年学习和自豪的爱国、进步、民主、科学的"五四"精神。当然，在这场伟大运动的背后，我们永远不应该忘记梁启超和林长民这两位具有特殊贡献的人。

1920年春天，政坛失落的林长民以"国际联盟中国协会"会员的身份，被安排赴欧洲考察西方宪制。与以往不同的是，这次他决定带着16岁的大女儿徽因同行。

为了实现政治抱负，为了改良凋敝社会，他常年在外奔波忙碌，很少照顾家中老小。好在，徽因自小极懂事，一直尽力帮他处理家中事务。虽然他知道，家中离不开徽因，但是，他却不愿让天资聪颖的女儿就这样陷落在一地鸡毛的琐事中，最终成为一个碌碌无为的庸常妇人。世界之大，他希望女儿能开阔视野，增长见识，接受西方文化和教育，成为中西合璧的新青年。

林长民对自己的天才女儿满怀期许，信心十足。事实证明，他超前的教育方法以及开明的教子态度，让徽因一生受益无穷。聪慧懂事的她没有辜负父亲的期望，她用一生的努力向父亲交了一份满意的答卷。

虽然林长民一直看不上何雪媛，对她没有感情，但是，徽因却是众多孩子中他最看重的。不仅仅因为她天赋极高，更重要的是她懂事，责任感强，跟自己也最贴心。于是，他写信给徽因：

> "我此次远游携汝同行，第一要汝多观察诸国事物增长见识。第二要汝近我身边能领悟我的胸次怀抱。第三要汝暂时离去家庭烦琐生活，俾得扩大眼光，养成将来改良社会的见解与能力。"

徽因捧着父亲的信，一颗心欢快得像振翅的蝶，呼啦啦欲飞。出国游历旅行，对现在的很多孩子而言都是无法企及的，何况是在民国？她举着父亲的信在院子里又唱又跳，那一刻，感觉整个天空都被照亮了，仿佛看到了未来的无限光明。只是，她没有发现，身后，站在走廊里的母亲正默默地望着她，眼泪一滴滴从脸颊上滑落下来。

能出去见见世面，她真心为女儿高兴。然而，一想到家里只剩下自己和三娘程桂林以及她那一群孩子，心里不禁又难过起来。

是啊，没有丈夫和女儿的日子，每一天都很难捱。只是，那又如何呢？难捱也得捱下去。每一个人都要对自己的生命负责，充实还是空虚，丰富还是无聊，喜悦还是忧伤，不过都是自己的事，旁人真的帮不上什么。纵然亲如母女，依旧是各自营生，各自孤独。

天高任鸟飞

北平的春天像少女一样美丽，一棵棵花树竞相开放，阵阵芬芳扑鼻而来。1920 年 4 月 1 日，徽因和亲人一一道别，与父亲由上海登上法国 Pauliecat 邮船，一路南下，踏上了去欧洲的旅途。

站在长长的客轮上，空气中弥漫着海水咸咸的味道。海风吹乱了她的长发，海浪拍打着船舷，翻滚着白色的浪花。远处，薄雾迷蒙，海天一色，她感到从未有过的激动与欢欣。这是小姑娘第一次坐轮船，也是第一次看到大海。极目远眺，大自然的神秘与无穷尽让她不禁叹为观止。原来，生活的范围不仅仅只有家那么大，每个人可以做的也不是只有家里的那些事，生命还有更多的可能等待她去发掘，去实现。

海阔天高，五彩斑斓的世界，如同一页又一页书，正向徽因展开无限精彩。她不知道，这次出行，开阔的不仅仅是视野，同时，还有她的胸次怀抱，并且完全改变了她人生的走向。前路未知，未来等着她的，有高山，有荆棘，有欢乐，也有痛苦。她人生的风景，也因此变得不同寻常。

邮船在海上航行了一个多月，抵达巴黎后中转，于五月中旬抵达伦敦，两人住在 Rortland 旅馆。同年 8 月 7 日起，按照出访计划，徽因随父亲前往欧洲各国游历，先后抵达法国、意大利、瑞士、德国、比利时等国家。其中，徽因印象最深的是世界闻名的艺术殿堂巴黎。干净宽敞的街头，拉琴的、画画的、唱歌的随处可见。最让她欢喜的，是家家户户房前屋后以及阳台上攀爬的那些争奇斗艳的花朵，芬芳阵阵，扑鼻而来，置身其中，真的是醉了。

在美丽的塞纳河畔，父亲带着她去看位居世界四大博物馆之首的卢浮宫。站在这座珍贵的建筑物门前，徽因被它的金碧辉煌彻底征服了。她真的没想到，人间竟有如此独特、如此美丽的建筑。进入博物馆，几百个展厅让她目不暇接，每一个浮雕都精雕细琢，每一幅壁画都精美至极。在这里，她有幸欣赏到了被誉为世界三宝的断臂维纳斯雕像、蒙娜丽莎油画以及胜利女神石雕，也目睹了古埃及、希腊、罗马以及东方各国的顶尖艺术品。其中，有从中世纪到现代的雕塑作品，还有数量惊人的王室珍玩以及绘画精品。

意大利的古罗马同样让徽因流连忘返。他们游览了绚丽多彩的圣母玛利亚大教堂，洁白的塔楼和美丽的十字架散发着基督教堂独有的圣洁和光辉。明媚的阳光下，教堂花圃中的绿植散发着动人的光芒。还有梵蒂冈博物馆。它是世界上最小的博物馆，同时，也是最伟大的博物馆之一。因为，里面的珍藏竟可以媲美卢浮宫和伦敦大英博物馆。比如举世闻名的米开朗琪罗创作的《创世纪》和《最后的审判》就收藏在这里，真是令人大开眼界。

一处处文化名胜，一座座博物馆，以及工业革命后迅速发展起来的工厂和报馆，林长民不辞辛劳，带着女儿逐一游览。徽因对工厂和报馆提不起兴趣，就谎说累了，其实是想在旅馆看看书。林长民是最懂女儿的，他摸着徽因乌黑的辫子，温和地告诉她，这些她觉得枯燥无味的，恰恰体现了现代资本主义的生产方式和经营方式，今后可以给中国改良社会做参考，故不可不观。只是，话虽语重心长，相比于这些缺少吸引力的工厂，徽因更喜欢那些欧式建筑，以及大片大片盛开的鲜花。

林长民这次出行虽说是考察，实则是由于政治失意，远行欧洲避避风头。好在一路有徽因陪伴左右，他仿佛重新看到了希望，心情越发舒畅起来。

很多人都说，林长民如果不醉心于政治，会在书法及文学方面大有建树。在后人留存的林长民手写日记里，可以看到他用小楷写得对这段欧洲游历的大段描绘。游览瑞士名胜时，他这样写道：

> "罗山名迹，登陆少驻，雨湖烟雾，向晚渐消；夕阳还山，岚气万变。其色青、绿、红、紫，深浅隐现，幻相无穷。积雪峰巅，于叠嶂间时露一二，晶莹如玉。赤者又类玛瑙红也。罗山茶寮，雨后来客绝少。"

虽寥寥数语，却可见其文学功底之深。很多人看过之后，都说他的文笔并不比郁达夫的《日记九种》逊色。

在欧洲游历这段时间，徽因既能精心照顾父亲的起居，又是他可以聊天的旅伴。两人既是父女，又是朋友。下面这封信可以体现这一点：

> "徽女爱览：桐湖之游，已五昼夜。希提芬更一小村落，

清幽绝俗，吾已欲仙。去年游湖，想汝所记忆者，亭榭傍水，垂柳压檐，扁舟摇漾，烟霭深碧。而我今日所居，其景物又别。吾亦偶尔往来其间，凡去年涉足处，皆已一一重访，此等游览，无足动我感念。但人生踪迹，或一过不再来，或无端而数至，尽属偶然，思之亦良有意味。吾与此湖此山既生爱恋，深祝偶然之事能再续此缘。晨起推窗湖光满目，吾双眼如浸入琉璃。书此相示，禽声宛转，通晓未歇，似催我赶赴早邮也。"

欧洲之行，无疑是徽因一生的转折点。不仅影响了她的人生观、世界观，最重要的，是让她对建筑艺术产生了浓厚的兴趣。

建筑是凝固的音乐

短期游历后，9 月 15 日，林长民以"国际联盟中国协会"驻英代表的身份，与徽因返回伦敦并安顿下来，租住在阿门 27 号民房里。经过联系，他让徽因进入圣玛丽大学（St Mary's University）就读。

圣玛丽大学建校于 1850 年，是天主教的私立大学，兼具本土与国际两种特色，附近有着英国著名的"母亲河"——美丽的泰晤士河。每天，清澈的河流中，各种船只来来往往。站在高高的桥上凭栏眺望，微风阵阵，心情一下子豁然开朗。徽因在这里学习了历史、哲学、宗教等课程，接受了西方文化的熏陶，开阔了眼界。

伦敦的浪漫并不比法国巴黎逊色，这里建筑独特，风景优美。整齐的街道、空旷的广场以及精美的雕塑随处可见。伦敦有很多大型公园，以海德公园居首。百年大树极具沧桑感，如伞的树下绿草如茵。春暖花开的季节，每逢周末，很多人都会躺在草坪上享受阳光浴。

只是，伦敦的秋天就比较潮湿了。天空总是阴沉，时不时会下起雨来。

到了伦敦，林长民开始忙碌起来。他经常受邀去欧洲各国演讲，隔三岔五跟仁人志士会晤，有时十天半个月都顾不上回来。即使得闲在家，也要接待慕名前来拜访的留学生和华人社团。

父亲越忙，徽因就越孤单。她毕竟还只是个十几岁的孩子，白天上课还可以，夜里只剩下一个人，常常情不自禁开始想家。想北平的林家大院，想母亲幽怨的眼神，以及天真可爱的弟弟妹妹们。尤其到了周末和假期，大把大把的时光，像窗外淅淅沥沥的秋雨，湿漉漉的，仿佛可以滴出水来。

虽然嘴上不说，但是，父亲懂她。因为，女儿那双大大的眼睛，把什么心里话都说了。为了给女儿解乡愁，林长民借来很多书陪伴她。周末，还特意请了两位老师专门辅导她钢琴和外语。

日子流水般过去，虽然一个人的时光很寂寞，但是，经过一段时间的学习，徽因的外语和钢琴水平都有了突飞猛进的提高。每天一个人吃过晚饭，听着窗外嘀嘀嗒嗒的雨声，她练一会儿琴，再读几个小时书，读着读着，就睡着了。

关于在英国的独居生活，徽因在1937年写给沈从文的信中曾经回忆道：

　　"好比差不多二十年前，我独自坐在一间顶大的书房里看雨，那是英国的不断的雨。我爸爸到瑞士国联开会去，我能在楼上嗅到顶下层楼下厨房里炸牛腰子同洋咸肉，到晚上又是顶大的饭厅（点一盏顶暗的灯）独自坐着（垂着两条不着地的腿同刚刚垂肩的发辫），一个人吃饭一面咬着手指头哭，闷到实在不能不哭！理想的我老希望着生活有点浪漫的发生，或是有个人叩下门走进来坐在我对面同我谈话，或是同我同坐在楼上炉边给我讲故事，最要紧的还是有个人要来爱我。我做着所有女孩做的梦。而实际上却只是天天落雨，

我从不认识一个男朋友，从没有一个浪漫聪明的人走来同我

玩——实际生活上所认识的人从没有一个像我所想象的浪漫

人物，却还加上一大堆人事上的纠纷。"

16 岁的女孩，正是情窦初开，冥冥中，一颗心对爱情有了朦朦胧胧的期待。何况徽因那么聪慧，那么美丽，又受了西方文化影响，自然也不例外。不过，这个时候，她还没有想过跟谁谈一场恋爱。她只是想有个人陪自己说说话，以排遣漫无边际的寂寞。当然，如果这个人有才华，知识丰富、言语幽默，自然更好了。

只是，异国他乡，既没有亲戚又没有朋友，遇到这样的人谈何容易？

好在，女房东性格很开朗，学识也渊博，且非常喜欢徽因。有时，她会准备好小点心叫徽因过去喝下午茶。

闲聊中，女房东告诉徽因，她是一名建筑师。徽因第一次听说这个职业，心里颇不解。在她的意识里，建筑不就是泥瓦匠们聚在一起盖房子吗？在中国，拜个师傅，跟着干几个月就会了，难道还需要正正规规地学习吗？

未料，当女房东告诉她，人家不仅是建筑师，而且还拥有建筑专业的博士学位，更是让她惊讶得半天合不上嘴。

之后，她经常去找女房东聊天。谈起建筑，这位美丽的太太总是眉飞色舞，滔滔不绝。徽因从她的眼睛里，看到了热爱，看到了激情，同时，也看到了生命的火焰。从她这里，徽因第一次听说建筑美术、建筑艺术、建筑设计等词汇，也第一次明白，原来，建筑并不是简简单单地盖房子。建筑是人类创造的最伟大的奇迹和最古老的艺术之一。从古埃及的金字塔、罗马庞培城的斗兽场，到中国的万里长城等等，

数千年留存下来的珍贵建筑，无论哪一座都闪耀着人类智慧的光芒。

此时此刻，徽因脑海中飘过祖国宏阔显赫的故宫、圣洁高敞的天坛、诗情画意的苏州园林……双眸似映照了火光，刹那被点亮了。她突然明白，原来，真正的建筑跟音乐、美术、戏剧一样，是一门充满创造力的艺术。正如德国哲学家黑格尔所说：音乐是流动的建筑，建筑是凝固的音乐。据说贝多芬在创作著名的《英雄交响曲》时，就是受到了巴黎圣母院等建筑的启示。

女房东犹如上帝派来的天使，给徽因打开了一扇神秘的门。她背着画夹子跟着她去写生。伦敦的建筑丰富多彩，还有很多教堂，真是赏心悦目。站在泰晤士河边，望着独特雄伟的伦敦塔桥，她突然萌生了以后当个建筑师的念头。她被自己的想法吓了一跳。要知道，那时候中国的女孩子都在学女红，出来工作的都不多，学建筑更是闻所未闻。然而，她又因这个独特的愿望情不自禁沾沾自喜。是啊，每一个生命都是独特的，活得千篇一律有什么意思？把自己的独特发挥到极致，才是真正的成功。

人与人，人与事，不过一个缘字。缘分来了，躲都躲不开。缘定一生，起初，不过一念间。

自此，一个人待着时，徽因不再觉得无聊。她成了一个书痴。放了学，从图书馆借来砖头般的建筑书来看。真是不看不知道，一看真奇妙。如同发现了宝藏，她醉心其中，再也不想出来。

由于以前没有接触过，这样的专业书籍阅读起来肯定不容易懂。何况，还是英文书。读累了，她就拿起莎士比亚的戏剧、勃朗宁夫人的诗、萧伯纳的剧本来读。她一直喜欢文学作品，每当读到心有灵犀的妙句，都如同在沙漠上喝到了一杯解渴的水。那种感觉，真是享受。

更让徽因感到幸运的是，女房东很乐意做她的免费教师。每当心中有了不解，只要房东在家，她就欢喜地跑下楼去问，这位气质高雅的太太总是用不太流畅的中文耐心地给她讲解。

林长民回来，她开心地告诉父亲，他们的女房东是自己一生的贵人。她爱上了建筑艺术，并且，以后想当一名优秀的建筑师。

得知女儿发现了自己的兴趣所在，林长民由衷地替她感到高兴。人活一世，最重要的是知道自己想要什么，以后要成为什么。这个答案越早发现，对一个人而言就越幸运。因为，有目的的人生，会少走很多弯路。做自己热爱的事，才能坚持一生，才能有所成就。所以，听了女儿的话，这位开明的父亲没有惊讶。天才的女儿，必然会有与众不同的人生。这一点，他早有准备。作为父亲，他只想尽己之力，帮助女儿达成心愿。他在心里甚至暗暗想着，以后有机会，可以送徽徽去美国系统地学习建筑。

因此，当徽因眨着大眼睛，满目期待地问他，"爹，我真的可以成为建筑师吗？"他点点头，肯定地回答："当然，只要你愿意，只要你热爱，没有什么是干不成的。"

多年后，徽因在文章中回忆道：

> "我曾跟着父亲走遍了欧洲。在旅途中我第一次产生了学习建筑的梦想。现代西方的古典建筑启发了我，使我充满了要带一些回国的欲望。我们需要一种能使建筑物数百年不朽的良好建筑理论。"

像是老天安排好的，在伦敦与建筑师的偶然相遇，让徽因从此与建筑结缘。16岁立下的志向，从此跟随了她一生。而且，受了她的影响，丈夫梁思成后来也对建筑艺术无限痴迷。两人志同道合、同甘共苦，最终成了中国建筑史上的一代宗师。

偶遇『志摩叔』

徽因对写生上了瘾，那些英伦风格的建筑简直让她着了迷，吸引着她一有空就背着画夹子跑出去，常常一画就是一下午。

伦敦的深秋，落叶缤纷，阳光透过树叶的缝隙洒下来，在地上画出斑驳光影。那天，徽因坐在长椅上，望着不远处的教堂正画得痴迷，未料，刚刚还是晴好的天气，突然就下起雨来。她匆忙收起画夹，一路小跑往回赶。

推开家门，快人快语的她，一边甩着头发上的雨珠，一边跟父亲抱怨着伦敦的天气。一抬头，却发现客厅里除了父亲，还坐着两位年纪相仿的陌生男子。她不好意思地红了脸。父亲告诉她，这两位是伦敦大学政治经济学院的中国留学生，一位叫徐志摩，另一位叫张奚若。

林长民看到女儿淋雨了，心疼地提醒她去换衣服。接着，又自豪地对两位客人说，"这是我的大女儿徽徽。她的兴趣相当广泛，从音乐到文学，现在又疯狂地迷恋起了建筑艺术。我这个女儿，你们一定要好好认识一下。"得意之情，溢于言表。

初相见，徽因并未想到眼前这个穿着西装戴着玳瑁样黑框眼镜的男子后来会成为举世闻名的大诗人，更不可能想到他会跟自己结下不解之缘。她只是觉得这位男子举止儒雅，颇有绅士风度，另外，他的眼睛很特别，闪闪发光，像是能洞察一切。一个 16 岁的少女，对父亲的客人只有礼貌和尊敬，甚至，她差点叫了他一声"叔叔"。

徐志摩也一样。第一眼看到徽因，只觉得这个梳着两条麻花辫的小女孩很好看，也很可爱。不过，他的眼神只在她的身上稍做停留，就重新被谈吐清奇、魅力十足的林长民吸引过去了。

后来，他在回忆文章里曾经写道：

"宗孟的谈吐满缀警句与谐趣，对人生有着锐利的理智的解剖与抉剔，他真是豪爽、倜傥又幽默。"

这次拜访，徐志摩是慕名而来。

很早以前，他已久闻林长民的大名。他的恩师梁启超也多次向他推荐过此人，说林长民不仅是赫赫有名的政治家、社会活动家，而且在书法、文学方面也有很高的造诣。林长民集种种魅力于一身，天性浪漫的徐志摩对他越发感到崇拜和好奇。这次来英国留学，听说这位大名鼎鼎的宗孟先生恰巧也在伦敦，他兴奋得好几夜睡不好觉，终于盼到周末，拖着同学张奚若就过来了。

这次见面，两个人相谈甚欢。仿佛是早已熟识的故人，从时事政治，到诗词歌赋，再到中西方文化差异，整整一下午，一个滔滔不绝，一个酣畅淋漓，大有相见恨晚之感。

在林长民眼里，这个小他 20 岁的大男孩简直就是诗意的化身。他的举止，他的言谈，他的神态，优雅中带着诗情画意，跟他聊天，真是百年难遇的享受。

在徐志摩眼里，这位宗孟先生果然名不虚传。他的谈吐，他的容貌，他对世事独到的见解，如同一本从未读过的书，翻开每一页都是惊喜。

茫茫人海，难得遇到可以倾心相谈的人。自此，两人成了忘年交。

只是，让林长民没有想到的是，自己这位才华横溢、风流倜傥的小友，后来竟然会疯狂地爱上宝贝女儿徽徽。虽然他们一个郎才，一个女貌，且都喜爱文学，看上去真是佳偶天成。只可惜，当时徐志摩已是使君有妇，且膝下有子。

人与人的相遇，如果时间不对，再深的缘分最终也只能化为云烟。多年后，当人们读到徐志摩那首脍炙人口的著名诗作《再别康桥》时，几乎没有不动容的：

　　轻轻的我走了，
　　正如我轻轻的来；
　　我轻轻的招手，
　　作别西天的云彩。

　　那河畔的金柳，
　　是夕阳中的新娘；
　　波光里的艳影，
　　在我的心头荡漾。

　　软泥上的青荇，
　　油油的在水底招摇；
　　在康河的柔波里，
　　我甘心做一条水草！

那榆荫下的一潭，

不是清泉，是天上虹；

揉碎在浮藻间，

沉淀着彩虹似的梦。

寻梦？撑一支长篙，

向青草更青处漫溯；

满载一船星辉，

在星辉斑斓里放歌。

但我不能放歌，

悄悄是别离的笙箫；

夏虫也为我沉默，

沉默是今晚的康桥！

悄悄的我走了，

正如我悄悄的来；

我挥一挥衣袖，

不带走一片云彩。

　　这首诗与其说是对康桥的怀念，倒不如说是对徽因的爱恋。徐志摩一生都深爱着林徽因，只是，他是激情的，同时，也是克制的。当他明白自己不能给徽因一个未来之后，他把这份真爱深深地藏在了心底。最终，他们成了没有血缘的亲人。

第二章

康桥之恋，深情知几许

说也奇怪，竟像是第一次，我辨认星月的光明，草的青，花的香，流水的殷勤。

麒麟再生，
必成大器

　　一代诗魂徐志摩于 1897 年 1 月 15 日出生于风景秀丽的浙江省海宁县硖石镇。徐家世代经商，早年继承祖业，独资经营徐裕丰酱园。他的父亲徐申如是清末民初的实业家，不仅与人合股创办了硖石第一家钱庄——裕通钱庄，开设了人和绸布号，而且广泛投资商业、实业，成为远近闻名的硖石首富，在沪杭金融界也颇有名气。

　　徐志摩是家中独苗，徐申如 25 岁始得子，自然喜出望外。按族谱给志摩取名章垿，字槱森，因父名申如，故志摩小名又申。整个徐家自上至下对其百般宠爱，真是含在嘴里怕化了，捧在手里怕摔了。尤其是徐申如的母亲，一如大观园里的贾老夫人宝贝贾宝玉一般，对这个长孙更是视若珍宝，整日"申儿，申儿"欢喜地叫个不停。

　　徐志摩一岁时，家中为他举行了隆重的"抓周"仪式。旧时，小孩出生一周年有"抓周"的风俗。特别是有钱有地位的富庶人家，对此更为重视。在一个盘子里放上笔墨、算盘、钱币、书籍等，让孩子随意抓取，以此判定孩子将来的志向。据说，当时小志摩一把就把毛笔抓在了手里，之后一直死死地攥着，别人抢都抢不走。

徐申如看着活泼灵动的儿子，真是笑在眉头，喜在心里。徐家世代在商海拼搏，虽积累了万贯家财，却一直以"没有读书人"为憾事。因此，经商之余，他致力于广交名士，与当时政界、学界和商界名流张謇、汤寿潜、刘厚生等人交往甚密。其中，清末状元、实业家、教育家张謇的学问和功名最令他钦佩和仰慕。他希望宝贝儿子能像他那样，走"学而优则仕"之路，长大之后赫赫有名，光宗耀祖。

那一刻，一代惊世奇才，于瞬间定格。那一刻，脸上笑意盈盈的徐申如不可能想到，自己儿子的才华，多年后是可以照临千古的。虽不是在他最期待的商界，然而，他那一首首风格明丽、意象新颖、富于音乐美的诗歌，依旧惊艳了深情岁月。

另外，抓周那天，徐家还发生了一件奇异之事。当时，一位叫志恢的和尚恰好路过，看到徐家热闹非凡，问明情况后，他告诉管家，他会摸骨算命。徐申如虽不大相信，然而这样喜气洋洋的好日子，他决定让这个自天而降的和尚一试为快。接着，和尚口中念念有词，在小志摩光光的小头上轻轻抚摩了一番，随即向徐申如道喜，"此子系麒麟再生，将来必成大器"。仅这一句，令徐大老爷顿时心花怒放，赶紧命人对志恢和尚热情接待，并大大奖赏。

志摩小时念书一直都是用"章垿"这个名字，直到1918年赴美留学前，为了记下当年志恢和尚的预言，父亲郑重其事为儿子更名为"志摩"，从此"志摩"取代了"章垿"。只是，多年以后，他并没有成为父亲期待的实业家，而是成了不朽的诗人。

徐申如如此望子成龙，对志摩自然是要竭尽所能好好培养的。志摩刚满三岁，他便迫不及待请了家塾老师进行文化启蒙，有时，自己也会对儿子指点一二，颇有耐心。听说哪里有了学识渊博的好先生，赶紧请来给儿子当老师，真是可怜天下父母心。

志摩果然不负厚望。他自小聪明好学，悟性极好，过目不忘，老师称其"初学聪明超齐辈"。不过，由于他不听话，调皮，总是提一些莫名其妙的古怪问题，故经常受到老师训斥。

中国的传统，一直都是乖巧听话的孩子比较讨喜，但凡对长辈或老师稍有顶撞，就会被扣上忤逆的帽子，谓之不敬不孝。志摩儿时没少惹父亲生气。面对这个思维独特、极有主见的儿子，徐申如经常被气得吹胡子瞪眼。只是，祖母和母亲对志摩极其疼爱，她们总是当和事佬，劝徐申如不要为难儿子。尤其是祖母，对志摩更是极尽宠爱。正如他后来在文章中所写，"祖母是爱我疼我宠我的好祖母""早上走来祖母的床前，揭开帐子叫一声软和的奶奶，她也回叫了我一声，伸手到里床去摸给我一个蜜枣或是三片状元糕，我又叫了一声奶奶，出去玩了，那是如何可爱的辰光，如何可爱的天真……"与大多数孩子一样，志摩从小也享受着阳光般的隔代亲。

徐申如对这个不听话的儿子真是既头疼又疼爱。有时，看着他顽皮的样子，心想，唉，不听话就不听话吧，自己的儿子依旧是最亲的那一个。

志摩五岁时，他又请了当地名士查桐荪教他四书五经，为以后打下了良好的古文化基础。

志摩自小好动、贪玩、喜欢独立思考问题，最讨厌人云亦云。他不喜欢关在屋子里死读书，而是热衷于大自然的广袤无限。在他眼中，大自然始终有着无穷尽的神秘魅力，吸引着他靠近，再靠近。他经常趁家人不注意，偷偷跑到森林里去探险。有时，从早到晚在外面跑，急得父亲派人四处找他。他性格开朗，积极乐观，对生活充满激情和热爱，所以，他认为"生活应该是丰富的，是艺术的"。

　　11 岁时，志摩进入硖石开智学堂学习，从师张树森。这里除了古文，还开设了数学和地理学。他对每门课程都颇感兴趣，成绩总是全班第一，老师们都对他赞不绝口。

　　13 岁时，他考入杭州最负盛名的府中学堂，不久改为浙江一中。在这里，他广交朋友，认识了包括郁达夫在内的很多志同道合的朋友。这里虽然人才济济，他却依旧出类拔萃。尤其是作文，备受老师称赞。虽只有 13 岁，却在校刊《女声》上撰文，讨论起了小说与社会的关系。他认为小说对社会有益，"宜竭力提倡之"。在这里，他年年都当选班长，在同学中具有较高威信。当时，他最佩服的人是梁启超。后来，他的文章和思想皆深受梁启超的影响。另外，他对天文也极感兴趣，经常一个人站在夜空下观察天象，很多星宿的名字和方位，他都如数家珍。他一心渴望飞翔，认为"人生最大的使命是制造翅膀"。

若无相欠，哪有相见

1915 年夏天，志摩以优异的成绩毕业，考入上海浸信会学院暨神学院（沪江大学前身，现为上海理工大学）。此时的他，满怀爱国救民的雄心壮志，他要继续丰满自己的羽翼，向更高的地方飞去。

然而，生活的方向并不按照每个人既定的路线前行，父亲的一个突然决定让他的心像秋天的落叶，倏然间掉下去。

当他踌躇满志地回到家里，准备稍作停留，再次奔赴上海学府时，父亲却告诉他，家里已经给他定了一门亲事，很快就要成亲。

原来，浙江都督的秘书张嘉璈经常视察当地的学校。视察杭州府中学堂时，偶然发现众多文章中，有一篇文质俱佳，出类拔萃，如行云流水，令他实在爱不释手。当得知作者徐章垿是富裕人家的独子，且天赋极高、绝顶聪明，眼前不禁一亮，当晚即修书一封，替自己15 岁的二妹张幼仪求亲。

张幼仪 1900 年出生于江苏宝山县（现在上海）的名门世家，祖父是高官，父亲是名医，家境也颇为殷实。另外，二哥张君劢是民社党创立者，曾任中国民主社会党中央主席，是民国时期颇为活跃的政治家。四哥张嘉璈是政治金融的双栖明星。

徐申如收到信，不禁喜出望外。作为江南富商，和有着庞大政治经济地位的张家联姻，对他来说简直是求之不得，于是欣欣然为儿子订下了这门亲事。

父亲的话让志摩眼前一黑，整个人像被棍子闷头闷脑地敲了一下，瞬间就蒙了。他刚到家，就遭此意外打击，内心实在无法接受。成亲这么大的事，关系到自己一生的幸福，然而，父亲没跟他商量过，母亲和祖母也没跟他提起过，他一点思想准备没有。

不，这不是他想要的未来。他的未来在远方，应该有爱情的甜蜜，诗意的生活，理想的事业。另外，他的婚姻不需要父亲来安排，他的人生不需要父亲来定格，他要自己选择。他要去学法政，或者学财经，祖国特别需要这方面的人才。18岁的他，心在云端，满腔抱负。

纵然他一向被娇宠，在这件事上父亲却一语千金，不容更改。他是家中独苗，必须履行传宗接代的责任，不日必须完婚。

真是封建思想害死人。如果放到今天，儿子以这么优异的成绩考上了大学，绝对是做父母的梦寐以求之事，理应喜气洋洋地燃几挂鞭炮摆几桌酒席庆祝一番才是。然而在当时，不孝有三，无后为大。在徐申如心里，给祖上续香火显然比光宗耀祖更为重要。

只是，父亲怒目在上，志摩却依旧不从。他不明白，父亲年纪并不老，为何思想如此陈旧。他指靠自己什么不好，为何偏偏指靠生孩子？难道他们把自己生下来，就是为了传宗接代不成？望着桌上的大学录取通知书，这样的白纸黑字是多少孩子企盼的，然而，他却不能按时去报到了。

躺在床上，望着窗外瘦瘦的月牙儿，他怎么想都想不通，怎么想怎么不乐意。反正睡不着，于是背着家人，半夜三更悄悄跑出去和表兄、从小同教的发小沈叔薇去诉苦。

他告诉叔薇，自己绝不能向封建家庭妥协，绝不会屈从父母的安排，娶一个从未见过的女子为妻。他让叔薇帮他逃婚，帮助他离家出走。

志摩认为，婚姻里最悲凉的是，明明朝夕相对，却仿佛隔着山重水复。若是两不相知，必会两处伤心。作为有知识有文化的新青年，他期待的姻缘，不仅要两情相悦，而且要两心相知。更准确地说，他要的是精神上的门当户对，而不仅仅是财富和地位上的。

叔薇不同意他逃婚。从小到大，他觉得没有什么人、什么事能够拦住志摩的脚步。在他心里，志摩天生就是长着翅膀的，将来想飞到哪里就飞到哪里。成家是早晚的事，离家也是早晚的事，没有必要因为成个亲跟家里人闹得不可开交。

叔薇的话让志摩的心动了下。想想父母期盼的眼神，纵然心里千万个不愿意，还是选择妥协了。

当他第一次拿着张幼仪的照片，只看了一眼，就讥讽她是"乡下土包子"。可是，在同时代的人笔下，张幼仪长得不仅不丑，且是标准的大家闺秀：

> "其人线条甚美，雅爱淡妆，沉默寡言，举止端庄，秀外慧中。"

所以，并非张幼仪长得不堪，而是她不符合志摩心里对妻子的期待罢了。

不过，话又说回来，萝卜青菜各有所爱，这也无可厚非。爱情是刹那的烟花盛放，他俩却在瞬间埋下了雨雪风霜。这就是命。纵然近在咫尺，却仿佛隔着重重山峦。他不想跨过来，她竭尽全力，亦始终无法跨过去。

因此，成亲时，他极不情愿；掀盖头时，他的眼中写满了失望；新婚之夜，为了离这个"土包子"远一点，他偷偷地睡到了祖母的房间里。真是可怜了新娘幼仪，只能望着燃了一夜的蜡烛黯然神伤。那一晚，她在心里隐隐感到不安，仿佛预料到了以后惨淡的生活。

女人的第六感觉总是很准。婚后，志摩对这个缺乏魅力的妻子极少正眼相视，在她身上，他既看不到诗情画意，又看不到风情万种。虽然在那个年代，幼仪是标配的"贤良淑德"型女子，只是，在诗人眼中，她从里至外都旧得发霉。

他曾跟朋友说过，他俩的搭配是小脚配西服。虽然，事实上幼仪并不是小脚。出嫁之前，她千方百计获得了上学的机会，四五岁时，又在二哥的帮助下，逃脱了裹脚的命运。当一个人觉得你不对的时候，你做什么都是错的。毋庸置疑，志摩对幼仪是因嫌弃而嫌弃。从根本上说，他嫌弃的是包办婚姻，嫌弃的是利益结盟，嫌弃的是封建思想。可以说，当父亲强迫他完婚时，就注定了幼仪一生的悲剧。

因此，纵然志摩为了迎合父母，让他们享受含饴弄孙的天伦之乐，依旧会在这桩婚姻里尽夫妻义务，但是，他对幼仪却是无视和冷漠的。她的穿着他不喜欢，她说出的话他不爱听，她不说话他同样厌烦。所以，婚后没几天，他就离开家去上海读书了。只是，生性好动的他并没有安心念完浸信会学院的课程，而是于1916年秋天离沪北上，又到天津的北洋大学（天津大学）的预科班去攻读法科了。

1917年，天津北洋大学法科并入北京大学，于是，他也随着转入北大就读。在北大，他不仅钻研法学，而且攻读日文、法文及政治学，并涉猎中外文学。他对文学的兴趣就是从这里开始的。另外，在北平他广交朋友，结识名流，经张幼仪的二哥张君劢介绍，认识了政学两界的重量级人物——梁启超。因对其十分仰慕，遂拜梁启超为师，并举行了隆重的拜师大礼。徐申如得知此事，大喜，欣然拿出1000银圆给梁启超送到府上，作为宝贝儿子的拜师礼。可见，他在志摩的教育与前途上，的确是一掷千金。

彼时，北平并不太平。志摩亲身经历了军阀混战的硝烟弥漫，目睹了祖国在纷扰与争斗中的风雨飘摇，真是看在眼里，急在心里。作为新时代的有志青年，他认为自己必须为祖国做些什么，决不能麻木地苟活于世。

当时，出洋热正掀起。志摩又是个思想前卫，喜欢追赶时髦的人。于是，满怀抱负的他，决定出国留学，去西方寻求改变现实中国的药方，实现自己的理想。

1918年，他离开北大，与家人告别，从上海启程赴美国留学。彼时，他和幼仪的儿子徐积锴刚刚四个月。山高水长，志摩走得很轻松。他心里只有自己的远方和理想，根本看不到身后妻子眼里的不舍与哀愁。

幼仪抱着小儿，含着泪，目不转睛地望着他的背影越来越小，直至消失。那一刻，她深深知道，这个男人的脚步从来不会为她停留。

原本，父母让他早早成亲，是想着娶个媳妇能拴住他。只是，他们忘记了，自己的儿子从小是个插上翅膀就能飞的人。他的心长在云端，没有任何人、任何事能拴得住他。

据说，人的一生会遇到约2920万人，两个人相识的概率只有千万分之五，相知的概率只有十亿分之三。所以，世间所有相遇，皆有因由。正如佛家所言，若无相欠，哪有相见。生而为人，一场场因缘，都是必然。

忘年之交

　　志摩是怀揣"善用其所学，以利导我国家"的爱国热情出国留学的。军阀混战令他憎恨，民不聊生使他担忧，他要去发达的美国好好地取取经，以期学成归来，能报效祖国，改良社会。

　　徐申如送儿子出国留学，目的是想让他成为银行家、实业家，殊不知，思想精进，对社会有责任、有担当的志摩却立志要成为中国的汉密尔顿。汉密尔顿是美国开国元勋、首任财政部部长，他的贡献仅次于华盛顿，尤其在文化建设上，办报纸、开民智，在美国历史上立下了不朽功勋。当时，志摩的理想是做中国的社会领袖，对中国文化建设和制度建设做出贡献。甚至，极少有人知道，为了这个理想，在美国，他还给自己取了个英文名叫"汉密尔顿·徐"。

　　因此，在赴美的轮船上，他用深厚的文言文功底抒发着自己内心的抱负：

　　"岂无志士，曷不急起直追，取法意大利之三杰，而犹徘徊因循，岂待穷途日暮而后奋搏浪之椎、效韩安之狙，须知世杰秀夫不得回珠崖之飓，哥修士哥不获续波兰之祀，所谓青年爱国者何如？"

从他引用的中外历史典故来看，志摩的确是满腔家国之志。

根据内心设计的蓝图，到了美国，他首先进了克拉克大学，选读社会学、经济学、历史学等课程。十个月后就毕业了，获得学士学位，还得了一等荣誉奖。接着，他又雄心勃勃地转入哥伦比亚大学研究院，进经济系，攻读政治学。这里，为他打开了一片新天地，他如饥似渴投入其中，获得了广泛的哲学思想和政治知识。

1919年，五四运动在北平爆发，汹涌的革命浪潮也波及了美国的中国留学生。志摩这个热血青年，自然也参加了当地留学生组织的爱国活动。当时，他和同学们最喜欢看《新青年》杂志，总是千方百计找来阅读。在创刊号上，陈独秀号召中国的青年要做"新青年"，且对新青年提出了三个标准：生理上身体强壮；心理上是"斩尽涤绝做官发财思想"，而"内图个性之发展，外图贡献于其群"；以自力创造幸福，而"不以个人幸福损害国家社会"。

这本杂志让志摩爱不释手。其中，李大钊发表的《青春》一文，更是令他热血沸腾。文中揭露了封建制度给中国带来的危害，并强调要寄希望于"青春中国之再生"；号召青年"冲决过去历史之网罗，破坏陈腐学说之囹圄""本其理性，加以努力，进前而勿顾后，背黑暗而向光明，为世界文明，为人类造幸福"。另外，鲁迅先生的《狂人日记》，更是让他看到了文字的力量。读着一串串闪光的句子，他的心里汹涌澎湃。自此，他的学习兴趣，渐渐由政治转向文学，通过学习，还取得了文学硕士学位。

在美国，志摩如鱼得水，自由自在地在知识的海洋里遨游。他想学什么就学什么，想选修什么课就选修什么课，且学无不精，精无不通。这位才华横溢的魅力男生，不仅受到众多同学的追捧，也让教授们赞不绝口。

另外，美国带给志摩的不仅仅是丰富的知识，还点燃了他的爱国热情。美国当时正经历一战的冲击，物价上涨，物资匮乏，可是这里的人们却全盘接受，看不出内心有丝毫怨言。1918年11月，一战胜利的消息传来，人们涌上街头欢呼庆祝，发自肺腑地为自己的国家感到骄傲。志摩刚到美国就目睹了这令人难忘的一幕，内心感触颇深。

这次偶遇更增强了他发奋图强，报效祖国的决心。他与住在一个宿舍的董任坚等同学立即订立了生活章程。章程的内容有早起晚睡、多运动、多学习，以及每天7点的激耻发心朝会，傍晚面对祖国方向高唱国歌等。由此可见，他对改良中国社会的满腔抱负和由衷激情。

只是，美国一方面让志摩满怀希望，另一方面也使他感到深深的失望。留学两年，他对资本主义社会资产阶级掠夺的疯狂和贪婪，以及利欲熏心的利益至上早已深感厌倦。在这里，除了政治经济方面的知识，似乎得不到他内心真正想要的。正如他后来和朋友所说的"如果到美国的时候是一个不含糊的草包，我离开自由女神的时候也还是那原封没有动"。在精神迷茫的时候，英国剑桥大学教授罗素用两本著作《哲学问题》和《自由之路》吸引了他。"夏日黄昏时穿透海上乌云的金色光芒——冷静、锐利、千变万化。"他用诗意的语言评价着罗素的思想，被他充满魅力的文字所折服。为此，他决定放弃在哥伦比亚继续攻读博士学位的计划，只身去往英国，只为"想跟这位二十世纪的伏尔泰认真念一点书"。

彼时，徐申如在家里正盼着宝贝儿子学成归来，顺利地接他的班，与张家联袂，以后在江南的商界、政界大展宏图。在他眼中，未来之路一片辉煌。

看着膝前越长越高的孙子，再想想大洋彼岸正在求学的儿子，幸福的晚年，在他的眼前缓缓展开，那一段辰光，是让他最欣慰的。

只是，如果生活都按照提前描绘好的路线去走，或者是父母安排好的方向前进，一定会错过拐弯处的很多风景。志摩这样思维独特之人，不可能让生活按部就班，更不可能安于现状，让日子过得白水般乏味。这一世，他确定是要去见大世面的。因此，当他觉得罗素可以带给他不一样的见解，引领他走向与众不同的道路时，他早把父亲的叮嘱、家中的妻儿抛到了九霄云外。所以，他毫不留恋地放弃了美国的学业，买船票横渡大西洋，直接投奔罗素去了。

不过，事实证明，他的决定还是太鲁莽了。因为，当他千辛万苦抵达伦敦，却被告知自己的偶像由于被剑桥解聘，已经离开英国了。原因是剑桥大学的同事们不赞成罗素在第一次世界大战期间所持的和平主义观点，同时，也反对他的离婚行为。

他的心瞬间滑落下去，真是希望多大，失望就有多大。再回美国是不可能了，无奈，他只好暂时进入伦敦政治经济学院继续攻读经济学。

然而，正是这次阴错阳差地选择，让他遇见了自己生命中的女神——林徽因。同时，也正是在英国，他写出了今生最浪漫的诗句。

初相见，虽然徽因长得很美，他却并未对这个 16 岁的小丫头特别留意。在他眼中，她不过是个不谙世事的孩子，如同春天开满枝头的花朵，只是对她有一种看待晚辈般的欢喜。那时，他的目光更多地被林长民吸引了去。他们经常在一起谈时事，喝茶聊天，把酒言欢。

后来，林长民介绍他认识了英国作家狄更生。通过狄更生强力推荐，又以特别生的身份进了康桥大学（现剑桥大学）皇家学院研究政治经济学。在这里，由于受到西方教育的熏陶以及欧美浪漫主义和唯美派诗人的影响，志摩疯狂地迷恋起文学，并开始创作新诗。

蓝天白云下，阳光好得无法形容。他对狄更生说："先生，虽然我无缘追随罗素先生读书，但我仍然向往剑桥追求真知真理和自由的学术精神。我在美国念了两年书，发觉自己像是囚禁在一个知识的牢笼，但是，在这里，我像一只鹰。我觉得我可以展翅高飞。如果先生愿意收下我这个学生，我相信我不会让您失望的。"狄更生望着他，微笑着答："小伙子，我这一生，从来没有对任何人失望过，除了我自己。"

狄更生的这句话很扎心。是啊，为何要对他人失望呢？每个人都有自己的道路。我们要允许自己走自己的路，同时，也要允许别人走别人的路。其实，每个人最难超越、最难驾驭的只有自己。每个人可以指靠一生的也只有自己。所以，要把希望放到自己身上，而不是他人身上。总之，自己是自己唯一的终身伴侣，只有明白了这一点，我们才会从对他人失望的漩涡里跳出来。遗憾的是，志摩可能直到生命的最后一刻也没能明白，他短暂的一生，活出了一般人难以抵达的激情昂扬、纯美率真，同时，也在得不到和已失去之间备受折磨。

彼时，罗素在西方很盛行。他在《婚姻与道德》一书中所宣扬的爱的观念，正在改变年轻人的爱情观。林长民和徐志摩身在异乡，难免受到影响。渐渐地，两人发现，他们在对待罗素爱情观的观点上竟然惊人的相似。一念生起，为了调剂生活，忙碌之余，这对忘年交竟然奇葩地模拟起了"恋爱游戏"，互相写起了情书。

几年后，徐志摩在《林长民·一封情书·附记》中还曾经写道，

　　"有一次我们说着玩，商量彼此装假通情书。我们设想一个情节，我算是女的，一个有夫之妇。他装男的，也算有妇之夫。在这双方不自由的境遇下彼此虚设通信讲恋爱，好在彼此同感万种风情无地着的情调。"

　　就这样，他们一个在伦敦，一个在剑桥，开始鸿雁传书了。每次收到"情书"，志摩都会为林长民真挚且富有感染力的文字所折服。同时，林长民也会为小友富有意境美和节奏美的语句所折服。很长一段时间，这个游戏成了他们在异国他乡消除烦恼、化解寂寞的主要途径。寂静的深夜，两人常常执笔成书，乐此不疲。

　　那时，徽因作为旁观者，看着他们玩得开心，只觉得新鲜好奇。在她眼中，志摩像个兄长，甚或长辈，她一方面尊敬他，另一方面，又欣赏他的才华与真挚。

　　对，就是真挚。徽因后来不愧成为志摩的灵魂伴侣。她懂他，对他的定义非常到位。毋庸置疑，徐志摩最大的魅力就是真挚。真挚地对待爱情、对待朋友、对待社会，同时，也真挚地对待自己。这一世，他不能忍受虚伪，更不能接受苟活。浊浊尘世，他活得坦坦荡荡、爱憎分明。他像一面迎风飞扬的旗帜，让太多胆小懦弱、委曲求全的人羡慕不已。

只是，没过多久，这一切就发生了变化。每次来拜访，志摩的目光渐渐从林长民那里移开了，而是情不自禁落到了清丽可人的徽因身上。他发觉，这个女孩年纪虽小，却是难得的可以和自己交流说话的人。她的活泼伶俐，她的灵动俏皮，她的睿智聪慧，她的落落大方，以及她自内而外散发的诗情画意，都像一个神秘的宝藏，让他想去挖掘，想去靠近。

一天晚上，父亲和志摩下围棋，徽因在一旁弹琴。下着下着，志摩突然放下手中的棋子，痴痴地望着徽因的背影，整个人沉浸在悠扬的琴声中。那琴声真是太美了，如倾泻一地的月光，缓缓移至心房，照亮了那些许久不曾碰触的角落，勾起联翩的回忆。

过了一会儿，他情不自禁走到她身边，在动人的旋律中，开始用英文读诗。那种感觉，如同小舟在月光映照的湖面上轻轻荡漾……诗读完了，徽因的曲子也结束了。她望着他说："贝多芬的《月光》和济慈的《夜莺》，还有什么比这个更契合的？"

只这一句，瞬间俘获了他的心。

　　那一刻，四目相对，仿佛已是千年。温文尔雅的他，轻盈飘逸的她，相逢美丽如谜。

　　贝多芬的《月光》是徽因最喜欢的曲子，创作于 1801 年。当时他的耳聋疾患日渐严重，失恋的创痛尚未平复，在痛苦的心境中，写出了这首钢琴奏鸣曲。朱丽叶·圭查蒂是伯爵的女儿，比贝多芬小 14 岁，两人真诚相爱，因门第的鸿沟，却不得不分手。贝多芬在遭受这一沉重打击之后，把由封建等级制度造成的内心痛苦和强烈悲愤全部倾泻在这首感情激切、炽热的钢琴曲中。纵观古今，可以说，没有一首名曲能像这首奏鸣曲一样，因"月光"这一俗称而名满天下、家喻户晓。

　　以前，志摩虽与徽因见过几次，每次却都是匆匆一瞥，只把她当作小孩。这一次，时光定格，他仔细打量着眼前这位美丽的女孩，瞬间惊为天人。原来，她是近在眼前的金矿啊，他不过轻轻挖了一下，就是满眼惊喜。

　　或许，漂洋过海，千辛万苦，最终都是为了这一场遇见。从此，他们的名字再也不曾分开。此去经年，人们提起徐志摩，就会想到林徽因；提到林徽因，同时，也一定会想起徐志摩。

　　自此，林徽因这三个字，成了志摩一生的情，一世的痛。就像作家沈从文所说："行过许多地方的桥，看过许多次数的云，喝过许多种类的酒，却只爱过一个正当最好年龄的人。"

　　人生一世，由于不同的环境和际遇，可能会遇到很多人。有的人，擦肩之后，瞬间不见；有的人，稍作停留，很快离开；只有一个人，会一直深藏在我们的心里，无人替代。千帆过尽，我们终将明白，谁才是自己一生唯一的风景。

　　林徽因遇见徐志摩时，年华正好，情窦初开。16 岁的女孩，虽然在心里也朦胧地期待过爱情，只是，来伦敦之前，她一点也没想过会在异国恋爱。正如父亲所愿，她是来学习、来增长见识的。何况，她一直把志摩当叔叔，当长辈。而且，她知道，他在家乡是有妻儿的。她与他，只是朋友般的相处。父亲出去讲学时，她喜欢与志摩一起谈古论今，聊文学，聊绘画，聊音乐。他的博学多才，他的绅士风度，他的爱国热情，对这个小女孩而言，除了欣赏，就是深深的敬佩。

两人独处的时候，志摩喜欢望着她。远远地，或者近近地。目光里满是炽热，满是深情。多数时候，他不说话，但那双大大的眼睛会说。他的眼睛虽然近视，却在眼镜片后面闪动着明亮的光。那种明亮，那种率真，那种坦荡，她在别人身上从来不曾见过。

有时，她被他注视得心慌，蓦然低下头，脸上飞上红晕。

然后，她听到他柔柔的声音，"喜欢建筑，不能不去康桥，更不能不画康桥。"

她怦然心动。忽然发觉，他那么懂她。长这么大，除了父亲，他是第二个懂自己的人。

举世闻名的康桥（剑桥大学）既没有围墙，也没有校牌，而是镇校一体。整座校园郁郁葱葱、古色古香，别具一格。康桥之美融合了乡间的宁静和古典建筑的精致，更突显出其跨越时代的独特气质。康河两侧，在大片的公园和大面积的草坪中，点缀着一座座古色古香的教堂和学院建筑，令人宛如置身于久远的王朝年代，思古之情油然而生。

康河弯弯曲曲穿城而过，两岸绿草如茵，杨柳依依。在学院之间漫步，情不自禁会想到牛顿、达尔文等科学家在此追求学术、奋力攀登科学高峰的情景。徽因暗自感叹，原来，历史与现实终究不曾分开。一切发生过的，虽早已时过境迁、物是人非，却依旧会以另一种形式长久存在。

志摩带着她在康河里撑船。阳光洒落下来，亮亮的，暖暖地铺了徽因一身。在清澈河水的衬托下，白衣黑裙的她，宛若仙女下凡，志摩痴痴望着，一颗心早已不知醉了几回。

虽然认识时间不长，不知为何，徽因却是从心里十二分的信任这位大她8岁的小叔叔。令她惊讶的是，在他面前，自己竟是如此滔滔不绝。她跟他回忆自己童年的时光、疼她的祖父祖母、懂她的父亲。当然，也聊起了郁郁寡欢的母亲，以及备受父亲宠爱的三娘。她还和他说了祖父祖母的离世带给她的悲伤，北平的前院和后院带给她的痛苦，以及全家在天津流离时落在她瘦弱肩头的重担。看得出，他是她最忠实的听众。他喜欢听她说话，耐心地听，专注地听，倾心地听。无论她说到哪里，他都能及时给予回应，每一句，徽因听了都感到妥当舒适。聊到读过的书，志摩发现，他们的情趣竟是那般相投，他的精神家园，顷刻被她照亮。

后来，两个人又聊起了罗素，以及国内的《新青年》杂志，不知不觉，头顶已是星光闪烁。徽因说："这么静好的夜色，除了诗，还能配什么呢？"志摩会意，吟了几句自己刚写的诗。未料，他刚吟了上句，徽因马上就接了下句。原来，上次她和父亲来拜访时，只是在他的书桌前稍事停留，目光不经意地在稿纸上轻轻掠过，竟已把诗句记在了心里。

上了岸，徽因站在康桥上，迎风而立。这个时候，她什么也没想。她只是向目光所及之处眺望着。似乎在望着自己的未来，又或者，在望着自己的过去。

志摩站在不远处，斜倚着栏杆，静静地望着她。不知过了多久，她终于发现了他的目光。四目相对，那一刻，她的心里突然升起了异样的感觉，如同倾泻在河面上的月光，一朵一朵，盛开在康河柔柔的水波里……

女儿的心事，林长民尽收眼底。作为过来人，他知道徽因恋爱了。一方面，他暗自为女儿高兴。是啊，他的小徽徽已经长大了。另一方面，他又为女儿颇为担心。虽然他很欣赏志摩，这个男人散发出的魅力令太多人折服，何况自己的徽徽还是个不谙世事的小姑娘。只是，志摩有妻有子，这样的事传出去总是不大光彩。另外，志摩与自己一样，都是追求极致浪漫的人。由于太过注重精神生活，在现实世界里难免会吃苦头。也就是说，志摩更适合爱情，而不适合婚姻。作为疼爱女儿的父亲，他知道对一个女人而言，爱情只是生活的点缀，踏实安稳的婚姻才是最重要的。所以，跟徽因郑重地交谈之后，他代女儿给志摩写了一封信，给他的炽烈之爱降温：

> 志摩足下：长函敬悉。足下用情之烈，令人感悚，徽亦惶恐不知何以为答，并无丝毫 mockery(嘲笑)，想足下误解耳。星期日（十二月三日）午饭，盼君来谈，并约博生夫妇。友谊长葆，此意幸亮察之。敬颂文安。弟长民顿首。十二月一日。徽音附候。

此时的志摩，一颗心正爱得如火如荼，这几句话哪里能挡得住他。他不仅没有退缩，反而愈加热烈。旋即复信给林长民，索性直接袒露内心，表白了对徽因的心意。

在志摩这个视爱情和自由为朝圣的人面前，林长民亦是无奈的。不过，作为一个思想开明的父亲，他只是跟女儿把道理讲清楚，最终的决定，还是要徽因自己来选择。他相信女儿，一定能处理好自己的感情。

康河之恋

虽然康桥大学校风严谨、纪律严明，志摩在这里受到的熏陶却是浪漫主义的。也许由于他是特别生，没有太多的课业压力，康桥成了他自由自在的新天地。

在这里，他散步、划船、骑自行车、吃五点钟茶牛油烤饼；在这里，他有充足的时间阅读唯美派诗人雪莱、拜伦的作品；在这里，他喜悦着，甜蜜着，自由着，像一只挥动翅膀的鹰，随心所欲地翱翔。

康桥，是志摩的标志，也是他短暂一生中最美、最值得留恋的时光。后来，他在《我所认识的康桥》中写道：

"我这一辈子也就那一春，说也可怜，算是不曾虚度。就只那一春，我的生活是自然的，是真愉快的！（虽则碰巧也是我最感受人生痛苦的时期。）我那时有的是闲暇，有的是自由，有的是绝对单独的机会。说也奇怪，竟像是第一次，我辨认星月的光明，草的青，花的香，流水的殷勤。"

　　不得不说，志摩的文字有一种在其他人笔下感受不到的魔力。那么灵动，那么芬芳，那么深挚，让你不得不深陷其中，遐想复遐想。

　　在康河上游的参天古树之间，有一眼小潭，潭水清澈得像一面镜子。据说，当年自由主义诗人拜伦尤其喜欢这里。闲暇时经常跑来游泳、泡澡、发呆。有时，一待就是一下午。听说，他笔下的英雄人物很多都是在泡澡时沉思出来的，所以这个潭被称作拜伦潭。潺潺溪水在拜伦潭汇集，向北流向一个名叫格兰彻斯特的小镇。小镇坐落于大面积的草地之间，干净整洁，古香古色。人们撑着小船，沿着康河顺流而下，一路上芳草萋萋，垂柳依依，那种置身大自然的清新欢喜，真是莫大的享受。小镇上有一个很大的果园。春天朵朵花开，秋天硕果累累，总是吸引着人们来此休闲小憩。

　　生性好动的志摩本来就闲不住，他经常来这边玩。当听说自己的偶像、著名哲学家罗素先生以前也常在这里的果树下与人探讨学术问题时，更是欣喜若狂。他躺在花树下晒太阳，冥冥中似乎能听到罗素的声音。那是他在书里说过的话，因为喜爱至极，很多语句志摩都能背下来。

　　来的次数多了，他知道镇子里流传着一首爱情民谣：

　　　　薰衣草呀，遍地开放。

　　　　蓝花绿叶，清香满怀。

　　　　我为国王，你是王后。

　　　　抛下硬币，许个心愿。

　　　　爱你一生，此情不渝。

眼前浮现出徽因灵动会说话的大眼睛，俏皮的嘴角，轻盈的身姿，他幸福地笑了。坐在康河边，闻着植物的芬芳，他给心中的女神写信，信末，附上了这首民谣。

这简直就是在示爱了。如此热烈，又如此直白。

徽因收到信，一颗心顷刻慌了神，不知怎么办才好。

虽然多年后，她这样回忆此时的心情："这不是初恋，是未恋，正自觉'解看花意'的时代。"然而，只有她自己知道，康河的时光对她这一生的影响有多深。那个给她读诗、为她撑篙、魅力四射的诗人，在她的心里分量究竟有多重。

如若不然，她怎会夜夜捧着他寄来的诗集入睡？怎会在弹琴的时候突然间走了神？怎会心里像揣了只小兔子，诚惶诚恐、无法平静？

只是，她不敢。不敢承认，不敢接受，更不敢去爱。

纵观徽因的一生，她并非胆小懦弱之人，而是真正的巾帼不让须眉。除了爱情，她在其他方面一直都是向前，再向前。她脾气急、说话快，在原则问题上定会与他人据理力争。只是，唯独在情感上，她顾虑重重，终其一生都是在向后退。

没办法，童年的阴影对她影响太深。看到志摩，她就会想到自己缺少阳光的家庭。失宠的母亲、漠然的父亲、受宠的三娘，还有左右为难的自己，全部都定格在记忆里，轻轻一碰，就会疼。在情感制造的漩涡中，她已经吃了太多苦，受了太多罪，所以，她不能让同样的悲剧再发生在其他人身上，纵然，这个理由是爱情。

所以，当志摩捉起她的手表白"徽徽，我跌进去了。我上不了岸，漩涡将我整个人漩进去，我喘不过气，几乎要窒息。我觉得自己在沉，沉到一种莫名的狂喜与痛苦里。徽徽，我什么也不求，只求你明白我的心"时，经过几秒钟心理挣扎，最终，她还是果断地抽回了

自己的手，漠然拒绝道："对不起，我不能留你了，你走吧。"虽然说
这话时，每说一个字，都像针扎一样痛。

　　这样的结果，完全出乎志摩的预料。他像个做错事的孩子，低着
头仓皇离开。纵然他知道追求真爱是新青年的权利，是他毕生的信
仰，但是，如果自己的表达让徽徽感到痛苦或者无法接受，那么，错
一定在自己。爱是两情相悦，是甜蜜，是快乐，如果这些徽徽都没有
感受到，那一定是自己哪里做得不对。

　　虽然他那么渴望见到徽徽，虽然他每天想她、念她，心里那团火
灼得他难受，但是，他也只能暂时克制着。他不允许自己吓着心爱的
人，哪怕一点点。

断肠人自飘零

恰在这时，徐志摩收到了父亲的信：

> "志摩吾儿：自汝舍哥伦比亚大学学业，赴英伦改习哲学，吾与汝母为汝孤身在欧陆求学之苦同感忧虑。今幼仪二哥君劢先生建议幼仪前往英伦伴读，为父决意让幼仪赴英伦与汝团聚，船期定于下月中旬，儿当为此事于伦敦稍做安排，并复信禀明。父字。"

虽然他心里一点也不想让幼仪来伦敦，其一，她什么都不懂，也不会说英语，来了只能给自己添乱；其二，现在他的心里已经有了心爱的人，他不知道如何面对这个自己从来没有爱过的妻子；其三，他的生活根本不需要她，所以没必要绑在一起，两相为难。只是，父亲的性情他了解，他决定的事很难更改。何况，之前张君劢也几次写信来提到此事。君劢不仅是他的挚友，还是求学路上的领路人，因了他的引荐，他才得以做了梁启超的学生。因此，纵然他心里一千个不愿意，也只好接受了。

幼仪就这样出国了。可以想象，像她这样没有离开过家门的闺中女子，让她离开熟悉的一切，离开疼爱的儿子阿欢，只身一人前往异国他乡，需要鼓起多大的勇气。

想念一个人，就跋山涉水去看他。这句话用在幼仪身上如此恰如其分。为了与深爱的那个人团聚，路途遥远算什么，漂洋过海算什么，他在哪里，哪里就是天堂。所以，数十年后，她在自述中说：

> "你总是问我爱不爱徐志摩。你晓得，我没办法回答这问题。我对这问题很迷惑，因为每个人总是告诉我，我为徐志摩做了这么多事，我一定是爱他的。可是，我没办法说什么叫爱，我这辈子从没跟什么人说过'我爱你'。如果照顾徐志摩和他的家人可称为'爱'的话，那我大概是爱他吧。在他一生当中遇到的几个女人里面，说不定我最爱他。"

因了爱，她在他面前显得很拘束，总是小心翼翼、欲言又止，因为担心说错话惹他不高兴。只是，她不知道，在洒脱奔放、崇尚自由的徐志摩眼里，她越是这样，越显得木讷，越不入他的眼。他一直认为，他们是不在同一频道的两个人，是封建制度的悲剧产物，因此，他一直想远离，甚至想挣脱婚姻这个令人窒息的牢笼。

所以，当她风尘仆仆赶来，在码头见到丈夫的第一眼，竟像是晴好天气突然遭遇了一场冷雨：

> "我斜倚着尾甲板，不耐烦地等着上岸，然后看到徐志

摩站在东张西望的人群里。就在这时候，我的心凉了一大
截。他穿着一件瘦长的黑色毛大衣，脖子上围了条白丝巾。
虽然我从没看过他穿西装的样子，可是我晓得那是他。他的
态度我一眼就看得出来，不会搞错的，因为他是那堆接船的
人当中唯一露出不想到那儿的表情的人。"

　　所以，相聚后的第一件事，丈夫没有问她饿不饿、渴不渴，没有
安排她去吃饭、去休息，而是匆匆忙忙带她去商场买西式服装。他是
担心她的中式袍子太土了，朋友们见了会笑话。换上新衣服，又例行
公事一般带她去照相，拍照的目的，只是为了完成父亲交给的任务。
这是他们一辈子唯一的一张合影。拍照时，摄影师几次让他们挨得近
一些，再近一些。此时，他们已结婚六年，儿子阿欢都已经2岁了，
然而，坐在一起却依旧像陌生人一样拘谨……然后，她看到摄影师嘴
里的"ok"尚未落尽，他已起身离开。他的背影硬硬的，走得那么迫
不及待，很是缺乏耐心。

　　原本，她以为，来到异国，他们有了独处的空间，他对她的感情
会升温。只是，事实证明，一切都只是她的一厢情愿。跟以前一样，
他每天早出晚归，除了尽那点夫妻义务，极少和她交流。甚至，连与
她对视都少得可怜。为了上学方便，搬到沙士顿居住之后，她更是
经常一个人待着。即使志摩在家，也跟没在家一样。他对她沉默、冷
淡，即使共进晚餐时也不说话。吃过晚饭，他总是把自己关进书房，
看书、写诗、翻译，总之，他总有事情在忙。

　　一天，她半夜醒来，发现身边空着。披衣下床，几间屋找遍，都
寻他不见。最后，竟发现他一个人坐在外面的台阶上。她再也控制不
住，眼泪像断了线的珠子，簌簌滑落。那一刻，望着志摩沉默的背

影，她的心里升起从未有过的绝望。她的心比窗外的夜还要黑，看不到一丝明亮。她终于明白，自己在这里是多么的多余。

只是，她实在不理解，自己究竟哪里做错了，为何丈夫要如此对她？自从嫁进徐家，她就竭尽全力做个好媳妇。丈夫常年不在家，徐家的生意需要打理，家事人际需要操持。公婆年事已高，体力精力都不够，多数事情只能由她去安排处理。另外，婆婆和阿奶身体不好，也需要她长年侍候。甚至，为了照顾老人，她放弃了继续到女子师范大学上学的机会。所以，3 岁时二哥帮她解开的裹脚布，并没有让她有勇气走向成为自己的道路。"责任"二字早已把她深锁于徐家老宅，正如她对志摩所说的"不管怎样，我都是你的人啊"！也许，这一世，她到徐家就是为了还债吧，前世欠下的债，今生用一辈子来偿还，直到徐志摩死去，依旧没有停止。

然而，公婆眼里的好媳妇、众人眼中的好女人，却不是丈夫眼中的好妻子。对志摩而言，她不过是封建制度的木偶，旧式婚姻的傀儡。她从里至外都像徐家的老宅，那么老式、那么陈旧。他一看到她心里就憋得慌，他觉得，只有远离这个名义上的妻子，才能呼吸到新鲜空气，才能实现自己反旧、反封建的理想，才能摆脱生活的乏味和平庸，才能得到梦想的自由。

这样看来，虽同床共枕，幼仪却一点也不了解自己的丈夫。她不知道，所有的悲剧，原因并不在她。即使当时他娶的不是她，而是另一个女人，极有可能也是和她一样的命运。因为，他厌恶的是封建制度，是包办婚姻，是强加在他身上的一切枷锁。正如胡适所言：

"志摩的人生观真是一种单纯信仰，这其中只有三个词，一个是爱，一个是自由，一个是美。他梦想这三个理想的条件能汇合在一个人的生命中，这是他的单纯信仰。"

"爱、自由和美"，在志摩眼里，张幼仪一个也没有。所以，他不爱她，一点也不爱。

因此，当他在图书馆与徽因偶遇，这段时间一直努力克制的爱的火焰顷刻又重新燃烧起来。

他紧紧跟在徽因身后，苦苦地追问："徽徽，你还想再见到我吗？在我，这答案简直是绝望的。"

徽因停下来，微笑着说，"我去你的住处找过你，可是你已经搬走了。"

只这一个和煦的微笑，只这一句暖心的话，他的心顷刻就飞起来了。他明白，徽因的心里有他，他还可以再见到她。

只是，这一次，他又误会了。徽因去找他，只是为了告别。

当他几次去伦敦找徽因都吃了闭门羹，当宗孟先生委婉地告诉他，徽徽已经转到北苏格兰女子技术学院去读书了，他隐隐感觉到，她在故意躲着他。只是，这样的躲避根本不足以让为爱而生的他退却。虽然路途遥远不能相见，但是，他可以写信倾诉自己的思念与爱情，每天一封，从未间断。他在信中写道：

> "即使我小心翼翼踩在悬崖的边沿，你依然远走苏格兰了。何不就让我粉身碎骨相随，让我失去一切而保留我灵魂的完整。徽徽，告诉我，在四月天的树梢上你看见了什么？在我的低语里你听见了什么？我不信，苏格兰没有春天。"

> "徽徽，我知道，我生就是为了来遇你的。否则我也不

会鬼使神差一念之间跑到伦敦来，而你也来了。这几万里的海洋，不是缘分是什么？我不宿命，我也不需要宿命。我只遵循我自己心里的声音，它告诉我是你，是你，那个以灵魂和我相遇，让我敢舍生命以求的人是你。徽徽，你能听到你心里的声音吗？不要关上你的耳朵。不要怕。路上有荆棘，我在前面，我来开路。徽徽，给我一个未来吧。你给我一个未来，我就能找到方向，就能找到力量。"

只是，纵然徽因在回信里已经写得很清楚"我不许你未来，因为，这不是一个人的未来，也不是两个人的未来，而是三个人的未来。我是绝对不会嫁给有妻子的男人的。友谊是我们唯一可以握有的，一旦它受到丝毫的沾染，我们之间就只配一无所有了"。虽然如此，却依旧无法熄灭他燃得正烈的爱的火焰。他写信告诉她"我要做中国历史上第一个离婚的男人"。这个决定一是为了追求真爱，二是为了获得自由。只是，他一直觉得张幼仪是自己追求幸福的绊脚石，却忽略了早年的家庭阴影，让他心中的女神再也无法接受任何形式的家庭破裂。说到底，他对徽因虽然爱得炽烈，虽然他们性灵相通，却离彼此懂得还差了点。总之，时间不对，一切就都不对了。阴错阳差，这就是生活。

中国离婚第一人

　　离婚这件事，现在看起来很平常，有的夫妻刚领结婚证没几天就离了。然而，民国却没有这个先例。那时，男人可以娶二房、迎三房，就是没有人离过婚。但是，为了追求自由，拥有真正的爱情，徐志摩铁定了心要当中国历史上离婚第一人。

　　然而，他的妻子张幼仪却没有一点思想准备。她只知道，丈夫不爱她，他们的身体很近，灵魂却隔着山重水远的距离。但是，一日夫妻百日恩啊，他们结婚六年了，还有了儿子阿欢，纵然没有爱情，也有着须须环抱的亲情。所以，虽然她看到每天晚上他给同一个地址写信，隐隐知道他在外面有了新的女朋友，而且，这个女朋友让他很痴爱，很用情，她也只是默默接受，心想，可能自己的丈夫要娶二太太进门了。纵然心中五味杂陈，她也没有太多怨恨。自古以来，中国大多数家庭不都是这样吗？就连自己的婆婆、婆婆的婆婆不也都是二房，而并非原配吗？

　　这样想着，她心里的难过缓和了些。没有人倾诉，她就自己安慰自己，自己劝自己。是啊，在那个男尊女卑的年代，除了接受，她这个爱得低到尘埃里的弱女子又能改变得了什么呢？渐渐地，她对他的要求越来越少，只要每天回来吃她做的饭，晚上和她同床共枕，对她而言，已是知足。退而求其次，即使以后他夜夜睡在二太太房里，她也还是他的原配，这一点始终无法更改。她一边做着家务，一边想着，最坏的结局莫过于此了。甚至，她还想到了以后如何跟二太太相处，身为比她大几岁的姐姐，她不能跟女孩子太斤斤计较，一定要大度些。这样，志摩就不至于左右为难。

一个人要多爱另一个人，才能做到如此善解人意？所有的委曲求全，所有的隐忍包容，所有的黯然流泪，除了深爱，还会有第二个原因吗？如果徐志摩能走到她的心里，听听她的倾诉和想法，纵然是一块石头，也会被感动得流泪吧？只可惜，他心里的叛逆，让他在幼仪身上只看到了桎梏，却忽略了这个女人本身。所以，有时我想，他对幼仪说的那些令人无法理解的狠话，做的那些与平时判若两人的狠心事，归根到底，还是缘于他的反叛精神。也就是说，自从成亲那一天起，他就没把幼仪当成女人，当成妻子，在他眼里，她只是封建制度、包办婚姻的化身。所以，无论付出多大的辛苦和代价，他都一定要摆脱和远离。

只是，幼仪这个牺牲品却太惨了。她做梦都没想到，志摩不仅爱上了别人，而且还要跟她离婚，让那个人取代自己的位置。在那个年代，这对一个女人而言，比丈夫娶二房不知要可怕多少倍。她一下子慌了神，面对即将被遗弃的命运，不知怎么办才好。

就在这时，她发觉自己怀孕了。眼前倏忽闪过一丝光亮。心里想着，也许这个孩子正是老天派到人间专门来救她的，因了这个孩子，志摩应该会改变主意。毕竟，孩子是他的骨肉，是无辜的。何况，丈夫又是家里的独苗。她赶紧写信给公婆报了喜，只等着晚上志摩回来，把这个好消息告诉他。

未料，丈夫的反应竟是让她绝望到了极点。听说她怀孕了，他脸色大变，目光瞬间乌云滚滚，如同听到了天下最坏的消息。

"拿掉他！"他斩钉截铁地说出三个字。

不容置疑，在他心里，这婚姻根本就是多余的，所以，他并不需要这个孩子。无论怎样，他是一定要离婚的。现在，他只渴望脱离婚姻的牢笼，拥有自由身，奔向自己理想的幸福。他要娶深爱的女孩为妻，他要生下来的孩子是爱的结晶。

幼仪蒙了，脑子一片空白。她设想了千万种结果，却唯独没想过这一个。她很害怕，浑身哆嗦着说："听说打胎是会死人的。"

志摩竟冷漠地回了句："还有人坐火车死掉的，难道人们就不坐火车了吗？"

也许这是志摩情急之下说出的赌气话，又或者，他对幼仪从始至终就不曾怜惜过。总之，话一出口，如同泼出去的水，就再也收不回来了。

语言对人的伤害程度，并不比刀子轻。幼仪听了，真是一字一痛。事情发展到现在，她真的彻底死了心。一切幻想都破灭了，所有的希望都成了泡影。此时此刻，不仅志摩觉得她多余，她自己也觉得自己是多余的。刹那间，她想到了死。她想，只有死能够结束所有的痛苦，离开这个世界才是她最好的归宿。

她疯了般跑出去，只盼着一头栽进不远处的池塘里，马上结束这一切。志摩仿佛感觉到了什么，一边在后边追，一边喊着她的名字。他拉住她，喘着气说："就算我们做不成夫妻，也还可以做兄妹、做朋友！也许这样倒可以让我们彼此之间更舒坦一些！"

只是，这样的话，说起来轻描淡写，做起来又谈何容易。之后，两个人陷入冷战，再没说过一句话。也许是不知如何彼此面对，一星期后，志摩竟然不辞而别，再也没有回来。

就这样，幼仪一个人，守着空荡荡的房子，抚摸着一天天大起来的肚子，真是既恐惧又担心。她真的是心寒了。长到 21 岁，她第一次体会到世事无常，人情凉薄。虽然还是秋天，整个人却冷得瑟瑟发抖。悲伤落地，寂寞无言，她的世界，随着丈夫的离开，真正地陷落了。

在英国，幼仪无依无靠、举目无亲，甚至不知道去哪里生孩子。没办法，她只好给在法国考察的二哥君劢写信求助。同时，她也想给公婆写一封，把事情原原本本地向二老禀明。虽然她知道，志摩一向来去自由，没有人能绊得住他。他想走就走，想飞就飞，即使是公婆，也不能奈他何。但是，她肚子里怀着徐家的后代，公婆有权利知道真相，也应该了解事情的原委。只是，左思右想好几天，由于担心公婆年老体弱，难以接受这样的打击，最终还是打消了这个念头。只是，彼时她不知道，在此之前，志摩早已在家信里向父母告知了想离婚的意愿，并以"儿意已坚，后果将自行承担"来表明决心，只不过，为了息事宁人，志摩的母亲看后把这封信暂时藏了起来，没让他的父亲看到罢了。

给二哥写信的时候，幼仪的泪一直没有停。其实，她并不想让泪水滴到信纸上，更不想让二哥看到自己痛入骨髓的悲伤，然而，她发觉自己做不到。泪水一边擦一边流，如同坏掉的水龙头，怎么都关不住。

好在，二哥的回信很快就到了。她迫不及待打开信，看到的第一句话竟是"张家失徐志摩之痛，如丧考妣"，接着让她马上收拾行李到巴黎去，并嘱咐千万留住腹中的孩子，他帮着养。

"如丧考妣"是什么意思？就是心里很惋惜，很难过，像失去了父母一样伤心。按理说，志摩把妹妹抛弃了，而且是在她怀有身孕时抛弃的，作为疼爱她的哥哥，恨他都嫌不够，又为何会感到难过和遗憾呢？要知道，君劢是几个哥哥中最疼幼仪的。3 岁时，是他解开了家人缠在小幼仪脚上的白布，让她摆脱了裹小脚的命运。虽然小时候很多人笑话幼仪的大脚丫，但是，由于可以想跑就跑，想跳就跳，她对二哥这个呵护自己的举动一直满怀感激。12 岁时，又是在二哥的帮助下，幼仪得以进入江苏省立第二女子师范学校读书，学到了不少文化知识。由此看出，君劢对这个妹妹多重视，多心疼。然而，收到妹妹泡在泪水里的信，他却没有首先为妹妹鸣不平，而是为失去志摩这个妹夫感到难过和惋惜。由此可以看出，他对志摩多么的尊重，又是多么的珍视。

这就是志摩的人格魅力，几乎所有人对他都恨不起来。甚至，五年后徐志摩和陆小曼在北京结婚，幼仪的八哥张嘉铸还盛装出席了二人的婚礼。更让人叹为观止的是，多年后他在临死前曾吩咐家人，丧礼上不必放哀乐，只要朗诵几首志摩的诗就行了。而张幼仪本人，纵然丈夫对她绝情至此，在内心深处，她依旧选择了宽恕，认为是自己配不上他的才华横溢。

如此，按照二哥的安排，幼仪挺着大肚子离开了沙士顿，提着两个沉重的行李箱去了法国。之后，又跟随七弟去了柏林。身后的门轻轻关上，自此隔开了她最不忍回忆的旧日生活。

晚年，张幼仪在自述里把自己的人生分为两个阶段：去德国前和去德国后。去德国前，她是徐志摩的太太。那时，她什么都怕。怕说错话，怕做错事，怕丈夫不喜欢自己。去德国后，经历了一场又一场剧痛，她越发变得坚强独立，无所畏惧。在疼痛而华丽的蜕变中，最终，成就了不一样的自己。

不久，志摩就收到了二哥君劢的信：

　　"志摩吾弟：幼仪已在巴黎安顿妥当，在我处一切安好勿念。家中亦去信，称你有游学之计划不便照顾。弟之谓此婚姻称无爱之结果，对此非身在其中便无可置喙。然幼仪处境实可怜，弟当设身处地为之思量，况张家向来视弟非是姻亲而等同于手足，若彼离异则有如痛失手足，故盼弟能三思而后行。二哥。"

然而，彼时的志摩，为了追求自由与收获渴望的爱情，内心是何等的激情昂扬，他决定的事，纵使撞了南墙也不会回头。所以，他在回信中这样写道：

　　"君劢二哥，幼仪有你照顾至为感激，对她的伤害我自知无可弥补，但若要以延续婚姻关系作为内心亏欠的补偿，只恐怕亏欠更深伤害更大，短痛亦将成为长痛。弟在剑桥受其性灵之启发非三言两语能尽述，唯其治学治性的根本，都在于尊重人格之自由完整与差异，这在中国社会是最被忽视的一件事。在媒妁之言父母之命的婚姻中，更是首先被牺牲的关键。弟与幼仪之婚姻痛苦始肇于此，清醒了岂能再昏睡？觉知了岂能再愚昧？弟之愚情盼兄能体解。志摩。"

看，他的内心是如此确定，没有犹疑的确定，不容更改的确定。

因了这份确定，他的一生始终一往无前，从不苟且。

1922 年 2 月，张幼仪在柏林生下次子彼得，徐志摩在第一时间赶来。只是，她并没有因此感到丝毫的惊喜。因为，她知道他来德国并非为了探望妻儿，而是为了签署离婚协议。其实，他的离婚信已经提前到了，是幼仪主动要求跟他见上一面，他才出现在了这里。

在志摩的劝说下，幼仪擦干眼泪，终于在离婚协议上签了字。当志摩感激地向她道谢时，她却冷静地说了句："是我该谢谢你，这是我第一次知道'张幼仪'这三个字，可以完整地代表我自己。"志摩想送她回家，也被她拒绝了。她说："如果我必须学习不再依附什么过一辈子的话，就从现在开始吧。"语气出奇地平静。

是啊，以前她一直以为，自己的人生除了服从丈夫就别无选择了。现在，她终于能够鼓起勇气，像志摩一样，服从自己的选择，决定自己的人生。她的这一改变，让志摩颇感意外且暗生佩服，于是，更坚定了自己的选择是正确的。

自此，诗情画意，山高水远，冲出婚姻牢笼的徐志摩，将要跟着自己的性灵，循着爱情的方向，策马扬鞭，振翅高飞。

小船儿飘啊飘

　　志摩之所以这么急着离婚，是因为彼时徽因已经和父亲回国，且没有跟他告别。最让他不安的是，他给北平写了很多信，竟然全部石沉大海、杳无音讯。徽因的突然消失让他不知所措，日日茶不思饭不想，甚至连学业都要无法继续下去了。他知道她是故意躲着他，他更明白，自己只有尽快拿到离婚证书才有资格去见她。遗憾的是，那般聪明的他，在痴爱的时候，又一次把方向想偏了。他不明白，徽因从未产生过让他离婚的念头。他更不明白，即使离了婚，徽因也不会嫁给他。因为，她从来没有许过一个未来给他。

　　回到伦敦，他第一时间把离婚的消息写信告诉了徽因，但是，日复一日，等得树叶都变了颜色，等得生命都快要萎谢了，他依旧没有收到心爱的人的只言片语。一向笃定的诗人慌了神，他的心从未像现在这样没着没落过，终日恍恍惚惚，仿佛自己的魂已经被人带走了。此时此刻，他只想马上回国去见徽因，问问她到底是怎么了。无论遇到什么事，他都会义无反顾地与她一起面对。他是如此想她，念她，他整个身体、整颗心都跟了她去，在剑桥的这个志摩，只不过是个躯壳。

　　一个又一个夜晚，他躺在康河的小舟上，望着满天繁星，感觉每一颗都像徽因会说话的眼睛。小船儿飘啊飘，他的思念却决了堤，一发而不可收。想来，1923年3月29日发表在《时事新报·学灯》上的那首《月下待杜鹃不来》最能体现他当时的心境：

　　　　看一回凝静的桥影，
　　　　数一数螺钿的波纹，
　　　　我倚暖了石栏的青苔，
　　　　青苔凉透了我的心坎；

　　　　月儿，你休学新娘羞，
　　　　把锦被掩盖你光艳首，
　　　　你昨宵也在此勾留，
　　　　可听她允许今夜来否？

　　　　听远村寺塔的钟声，
　　　　像梦里的轻涛吐复收，
　　　　省心海念潮的涨歌，
　　　　依稀漂泊踉跄的孤舟！

　　　　水粼粼，夜冥冥，思悠悠，
　　　　何处是我恋的多情友，
　　　　风飕飕，柳飘飘，榆钱斗斗，
　　　　令人长忆伤春的歌喉。

这首诗以饱满的情感唱出了志摩婉转低回、伤感惆怅、患得患失的心灵悲歌。

说实在的，当时若不是父亲一次次来信勒令他必须完成剑桥的学业，若不是这个时候恰好他的偶像罗素先生已从中国返回了英国，他早就追随心中的女神飞走了。好在，这个时候有罗素在，他的思想，他的魅力，他对哲学独特的见解，给了他心灵无比的慰藉，使他得以暂时在剑桥继续待下去。

罗素是英国著名哲学家、数学家、文学家。年少时，家里给他请了私塾先生。先是让他读了欧几里得，激发起对数学的无限兴趣，后来又让他读马克思，对他的意识形态进行启蒙。17岁，他考入剑桥大学，并遇到了老师怀特海，他是他一生的伯乐。剑桥的数学在英国高校中独领风骚，而罗素的数学成绩在剑桥首屈一指。后来，师生二人用了长达十年的时间，共同完成了伟大的论著《数学原理》。

1914年，一战爆发，罗素的兴趣立即从哲学转向对人类苦难的关注。他以写作、演说和组织活动等方式积极投身反战宣传，纵然因此身陷囹圄也矢志不渝。1915年，他写了一本反战的小册子《战争恐惧之源》，影响很大。1920年，被剑桥除名后，他开始访问俄国和中国。在北京讲学期间，曾受邀到湖南长沙做题为《布尔什维克与世界政治》的演讲。据记载，当时毛泽东还到现场兴致勃勃地聆听过。回到英国后，罗素又写了《中国问题》一书，孙中山给予此书相当高的评价，称他是"唯一真正了解中国的西方人"。

罗素曾经说"对知识的研究、对痛苦的恻隐之心以及对爱的渴望"是支撑他生命的三大激情。可以说，罗素对徐志摩的影响是巨大的。没有罗素就没有他的英国之行，正是追寻罗素的初衷，使他与康桥结下了不解之缘。康桥的文化艺术氛围一直浸染着志摩，给了他无尽的创作灵感。所以他说："我的眼是康桥教我睁的，我的求知欲是康桥给我拨动的，我的自我意识是康桥给我胚胎的，我在康桥的日子，可真幸福，深怕这辈子再也得不到那样甜蜜的洗礼。"

志摩待人诚挚，行为坦荡，再加上才华横溢，因此在剑桥的朋友很多。得到罗素回英的消息后，他很快寻到偶像的地址，不久就如愿以偿地见到了这位神往已久的二十世纪的伏尔泰。此后，他经常与罗素见面、通信、聆听教诲，并积极参加罗素倡导的各项活动。那段时间，罗素的思想光辉照亮着志摩的人生。他追求平等、维护和平、反对战争、渴望爱，以及对人类苦难的深切同情，没有一样不令志摩的内心感到震撼。在诗人心里，罗素是"现代最莹澈的一切理智结晶，而离了他的名学数理，又是火热的情感，再加之抗世无畏道德的勇敢，实在是一个可做榜样的伟大人格，古今罕见"。看得出，志摩对罗素这位精神导师，几乎到了顶礼膜拜的程度。

虽然，在徐志摩的文学创作方面，罗素对他并无直接的推动，但是，他的个性气质，尤其是对待情感的勇敢，着实让志摩佩服不已。诗人那种不管不顾奋勇向前的执着，简直就是罗素的翻版。

康桥，再会吧

在英国，还有一个人对志摩影响极大。她就是著名女作家曼殊斐儿。实际上，她的原名是凯瑟琳·曼斯菲尔德，曼殊斐儿是志摩翻译过来的昵称。

如果说罗素给了志摩敏锐的社会意识，那么，曼殊斐儿则给了他真正的艺术感觉。1922年夏天，志摩和朋友麦雷在伦敦一家茶店里一边喝茶，一边谈论英法文坛的现状。麦雷是曼殊斐儿的丈夫，也是诗人，同时还是《雅典娜》杂志的主编。志摩谈到俄国文学对中国的小说影响极大，麦雷表示赞同，并且告诉志摩，他们夫妻两个都特别崇拜俄国作家契诃夫。两人相谈甚欢，听说麦雷的妻子曼殊斐儿身体不好，正在家中养病，志摩马上约好了时间前去探望。

见面时是个阴雨天，到处都湿漉漉的。曼殊斐儿因罹患肺结核，说话声音较高，气管里像安了风箱，每说一句，都会呼呼作响。为了让她省些力气，细心的志摩把说话的声音故意放低了，果然，曼殊斐儿的声音也降低了些。两人聊得很投机，一起讨论了当下的文坛现状。曼殊斐儿不仅坦诚地批评了几个风头正劲的小说家，还表达了她对中国诗词的景仰和爱慕，盛赞中国古诗词绝对是一个奇迹。另外，她还劝志摩去做翻译中国诗词这项工作，因为中国诗只有中国人才能译得最好。他们谈文学，谈生活，谈社会，谈人生，也谈政治。但曼殊斐儿希望徐志摩"不近政治"。而这时的徐志摩，对政界也已兴致大减，他早已把自己定位为诗人。虽然，在很多人眼中，这根本不算什么正事。

因为曼殊斐儿的身体需要休息，两人在病室里只谈了有限的二十分钟。然而，正是这短短的二十分钟，她高雅脱俗的文学见地以及令人过目不忘的美貌已经牢牢定格在诗人的脑海中。当时，仅仅因为志摩跟曼殊斐儿说想翻译她的作品，回国后，他居然真的一口气翻译了她九篇小说和十首诗歌，并且还结集出版了她的小说。不得不说，短暂的相见使他产生了一种朦胧的感情。正如他自己所说："真怪，山是有高的，人是有不凡的！我见曼殊斐儿，比方说，只不过二十分钟模样的谈话，但我怎么能形容我那时在美的神奇的启示中的全身的震荡？"

也许，正是由于这个原因，半年后，当曼殊斐儿病逝的消息传来，才使他在深深的悲痛中写了那首凄美的悼亡诗《哀曼殊斐儿》：

我昨夜梦入幽谷，
听子规在百合丛中泣血，
我昨夜梦登高峰，
见一颗光明泪自天坠落。
罗马西郊有座墓园，
芝罗兰静掩着客殇的诗骸；

百年后海岱士黑辇之轮。
又喧响于芳丹卜罗榆青之间。
说宇宙是无情的机械，
为甚明灯似的理想闪耀在前；
说造化是真善美之创现，
为甚五彩虹不常住天边？
我与你虽仅一度相见——
但那二十分不死的时间！
谁能信你那仙姿灵态，
竟已朝露似的永别人间？
非也！生命只是个实体的幻梦；
美丽的灵魂，永承上帝的爱宠；
三十年小住，只似昙花之偶现，
泪花里我想见你笑归仙宫。
你记否伦敦约言，曼殊斐儿！
今夏再见于琴妮湖之边；
琴妮湖永抱着白朗矶的雪影，
此日我怅望云天，泪下点点！
我当年初临生命的消息，
梦觉似的骤感恋爱之庄严；
生命的觉悟是爱之成年，
我今又因死而感生与恋之涯沿！
因情是掼不破的纯晶，
爱是实现生命之唯一途径：
死是座伟秘的洪炉，此中

> 凝练万象所从来之神明。
> 我哀思焉能电花似的飞聘，
> 感动你在天日遥远的灵魂？
> 我洒泪向风中遥送，
> 问何时能戡破生死之门？

志摩是中国作家中唯一见过曼殊斐儿的，虽然只有一面之缘，且仅仅交谈了二十分钟。只是，世间的缘分就是这样奇怪，有白首如新，相处多年却形同陌路，恰如他和张幼仪；亦有倾盖如故，惊鸿一瞥却刻骨铭心，恰如他和曼殊菲儿。所有的奇缘，徐志摩都遇到了，于诗人而言，这何尝不是一种幸运？

等得快要绝望的时候，徽因终于来信了。那一刻，志摩像拿到糖果的小孩，心里别提多开心了，恨不得马上把糖纸剥开。只可惜，迫不及待拆开信，内容却不是他想看到的。

信上只有十二个字：

朋友：莫再来信，善自珍重。徽徽。

这短短的一行字，让志摩的心顷刻碎了一地。徽因回国的这几个月，他写了那么多信，没有等到回信不说，现在，竟是连信也不让他写了。徽徽这是怎么了？她为何要称呼他"朋友"？难道他们之间再也不能爱了吗？不行，绝对不行！爱是他的信仰，他抛妻弃子，顶着莫大的压力，所做的一切都是为了跟心爱的徽徽在一起。他怎么能跟她仅仅做朋友呢？他怎么能不再写信给她呢？不，徽徽一定是遇到什么阻碍了。眼前仿佛浮现出她忧伤的大眼睛，里面水汪汪的，都是泪。他不能在英国再待下去了，他要回国，回到徽徽身边，给她力量，给她拥有爱的勇气。

只是，剑桥的学业还没完成，而且，通过努力，他刚刚由特别生转为正式研究生，很快就可以拿到博士学位了。这样离开，是不是太可惜了？何况，前几年为了追随罗素，他已经放弃了美国哥伦比亚大学的博士头衔，现在如若再放弃一次，不仅回去和父亲没法交代，也对不起自己这几年的辛苦啊！

如若换作别人，权衡利弊之后，大多数都会选择留下来。毕竟，未来变数太多，只有把握当下，才是最明智的选择。然而，他不是别人，他是徐志摩。深受罗素、狄更生等浪漫主义思想影响的为爱而生的诗人。正如他的发小叔薇所言："他是插上翅膀就能飞的人，理想与激情一旦迸发，没有什么能拦得住。"

1922 年 9 月，归心似箭的徐志摩，果断放弃了即将收入囊中的剑桥大学的博士学位，乘船起程回国。他心里盘算着，等回国把感情的事梳理清楚，来年他将和徽徽一起重返剑桥，再拿到博士学位也不迟。他对康桥的钟爱，远远超过了一般人。对他而言，康桥是他在异国他乡"难得的知己"，是他精神上的良师益友。康桥的美，让他发现了灵性，找到了天人合一的神境。所以，这次回国，在他眼里只是与康桥暂时的分别，来日必将再次相聚。

出于对康桥的依依不舍，他写下了那首长长的《康桥，再会吧》，以此明志：

康桥，再会吧；
我心头盛满了别离的情绪，
你是我难得的知己，我当年

辞别家乡父母，登太平洋去，
（算来一秋二秋，已过了四度
春秋，浪迹在海外，美土欧洲）
扶桑风色，檀香山芭蕉况味，
平波大海，开拓我心胸神意，
如今都变了梦里的山河，
渺茫明灭，在我灵府的底里；
我母亲临别的泪痕，她弱手
向波轮远去送爱儿的巾色，
海风咸味，海鸟依恋的雅意，
尽是我记忆的珍藏，我每次
摩按，总不免心酸泪落，便想
理箧归家，重向母怀中匐伏，
回复我天伦挚爱的幸福；
我每想人生多少跋涉劳苦，
多少牺牲，都只是枉费无补，
我四载奔波，称名求学，毕竟
在知识道上，采得几茎花草，
在真理山中，爬上几个峰腰，
钧天妙乐，曾否闻得，彩虹色，
可仍记得？——但我如何能回答？
我但自喜楼高车快的文明，
不曾将我的心灵污抹，今日
我对此古风古色，桥影藻密，
依然能坦胸相见，惺惺惜别。

康桥，再会吧！
你我相知虽迟，然这一年中
我心灵革命的怒潮，尽冲泻
在你妩媚河身的两岸，此后
清风明月夜，当照见我情热
狂溢的旧痕，尚留草底桥边，
明年燕子归来，当记我幽叹
音节，歌吟声息，缦烂的云纹
霞彩，应反映我的思想情感，
此日撒向天空的恋意诗心，
赞颂穆静腾辉的晚景，清晨
富丽的温柔；听！那和缓的钟声
解释了新秋凉绪，旅人别意，
我精魂腾跃，满想化人音波，
震天彻地，弥盖我爱的康桥，
如慈母之于睡儿，缓抱软吻；
康桥！汝永为我精神依恋之乡！
此去身虽万里，梦魂必常绕
汝左右，任地中海疾风东指，
我亦必纡道西回，瞻望颜色；
归家后我母若问海外交好，
我必首数康桥，在温清冬夜
蜡梅前，再细辨此日相与况味；
设如我星明有福，素愿竟酬，
则来春花香时节，当复西航，

重来此地，再捡起诗针诗线，
绣我理想生命的鲜花，实现
年来梦境缠绵的销魂足迹，
散香柔韵节，增媚河上风流；
故我别意虽深，我愿望亦密，
昨宵明月照林，我已向倾吐
心胸的蕴积，今晨雨色凄清，
小鸟无欢，难道也为是怅别
情深，累藤长草茂，涕泪交零！
康桥！山中有黄金，天上有明星，
人生至宝是情爱交感，即使
山中金尽，天上星散，同情还
永远是宇宙间不尽的黄金，
不昧的明星；赖你和悦宁静
的环境，和圣洁欢乐的光阴，
我心我智，方始经爬梳洗涤，
灵苗随春草怒生，沐日月光辉，
听自然音乐，哺啜古今不朽
——强半汝亲栽育——的文艺精英；
恍登万丈高峰，猛回头惊见
真善美浩瀚的光华，覆翼在
人道蠕动的下界，朗然照出
生命的经纬脉络，血赤金黄，
尽是爱主恋神的辛勤手绩；
康桥！你岂非是我生命的泉源？

你惠我珍品，数不胜数；最难忘
骞士德顿桥下的星磷坝乐，
弹舞殷勤，我常夜半凭阑干，
倾听牧地黑野中倦牛夜嚼，
水草间鱼跃虫嘘，轻挑静寞；
难忘春阳晚照，泼翻一海纯金，
淹没了寺塔钟楼，长垣短堞，
千百家屋顶烟突，白水青田，
难忘茂林中老树纵横；巨干上
黛薄茶青，却教斜刺的朝霞，
抹上些微胭脂春意，忸怩神色；
难忘七月的黄昏，远树凝寂，
像墨泼的山形，衬出轻柔螟色，
密稠稠，七分鹅黄，三分桔绿，
那妙意只可去秋梦边缘捕捉；
难忘榆荫中深宵清唳的诗禽，
一腔情热，教玫瑰噙泪点首，
满天星环舞幽吟，款住远近
浪漫的梦魂，深深迷恋香境；
难忘村里姑娘的腮红颈白；
难忘屏绣康河的垂柳婆娑，
娜娜的克莱亚，硕美的校友居；
——但我如何能尽数，总之此地
人天妙合，虽微如寸芥残垣，
亦不乏纯美精神：流贯其间，

而此精神，正如宛次宛土所谓
"通我血液，浃我心脏"，
有"镇驯娇饬之功"；
我此去虽归乡土，
而临行怫怫，转若离家赴远；
康桥！我故里闻此，能弗怨汝
僭爱，然我自有谎言代汝答付；
我今去了，记好明春新杨梅
上市时节，盼望我含笑归来，
再见吧，我爱的康桥。

第四章

心有所属，人在飞花处

是你在笑，仰脸望，
多少勇敢话那天，你我
全说了，——像张风筝
向蓝穹，凭一线力量。

没有拆封的信

1922年10月中旬，船在上海靠了岸。因为一些事情拖住了脚步，他不得不暂缓去北平。但是，那个叫徽徽的女孩，是他夜里的光，每一晚都萦萦绕绕，到他的梦里徘徊。他一件件抓紧处理手头的事，只盼着早日见到心爱的女神。

然而，竟有朋友告诉他，徽因早在年初已经和任公的大儿子梁思成定了亲。他瞬间呆住，竟一时间恍然不知身在何处。转过神来，他第一个念头就是不相信。他怎么会相信呢？他对徽因的爱，对徽因的情，她是知道的。她的父亲宗孟先生也是看在眼底的，一年来，他顶着重重压力跟妻子离了婚，就是为了回来娶她啊！他想，这一定是谣传，绝对不可能是真的。

只是，冷静下来，他又担心得坐立不安。无根不长草，他必须马上去北平问个清楚，否则每一天都是煎熬。

就这样，他放下上海的一切，匆匆赶到北平，顾不上吃饭，第一时间来到了景山西街雪池胡同 7 号的林宅。徽因不在家，时隔一年，他与宗孟再次相见。

话未开口，挂在书房墙上的署名陈石遗的一首诗，如同一束闪电，瞬间将他击傻了。诗中写道：

> 长者有女年十八，游学欧洲高志行。
> 挚交新会梁氏子，已许为婚但未聘。

他心里咯噔一声，天啊，看来消息不是谣传！顷刻一声锣鼓歇，他望着宗孟，目光泊满了疑问与疼痛。

宗孟告诉他："这是徽徽自己的选择。作为父亲，我没有干涉女儿的决定，女儿也没有告诉我原因……事情就是这样了。"

他的心再次跌落，这一次，真的是落入了万丈深渊。事情就是这样了。这一路，他漂洋过海，踏遍荆棘，经历了万水千山，最终，却只换来这一句。泪水无声地淌下来，他不知道是怎么走出林家的，只觉得双腿像灌了铅，沉甸甸的，步步维艰。

也许你会想，心上人已经名花有主了，这下志摩应该死心了。一般情况下事态会沿着这个方向发展，只是，大家不要忘记了，志摩之所以是志摩，就是因为他跟一般人的想法不一样。他的人生字典里没有死心二字，更没有放弃二字。何况，定亲算什么？结了婚不是还可以离吗？再说，他还没见到徽因。他一定要亲耳听她说出理由。

可是，没想到，刚一出门徽因就给了他一个充足的理由。因为，他看到她和梁思成成双成对地回来了。两个人一边走，一边说说笑笑，在一起那样自然亲密，看上去真的很般配。

　　他没有说一句话，只是默默地离开了。那一刻，一向据理力争的志摩真的无语了。一切都不是他想象的样子。一年来，他无数次梦到和徽因重逢时的样子，却从未想到，时过境迁，物是人非，事事休矣。

　　望着志摩渐行渐远的背影，徽因的心里早已泪流成河。分别一年多，她有很多话想和他说。她想告诉他，将近四百天，她没有一天忘记康河。可是，她不能。

　　为了逃避志摩，自从离开英国那一天起，她就告诉自己，让一切就到此为止吧。她不想伤害任何人，更不允许自己伤害任何人。她知道志摩有多爱她，她也知道，为了跟她在一起，他可以不顾一切。他是爱的朝圣者，为了爱，他真的什么都能放下。正因为如此，她才更要远离他。这世间，仅有爱是不够的。除了爱情，还有道德，还有大义，还有责任。为了这些，她只能让自己后退，再后退。所以，回国之后，志摩寄来那么多信，她一封都没有拆。她不敢看，哪怕一句也不敢。因为她知道，只要看了他的信，那诗意的语言就会将她融化。就在前几天，她把那些没有拆封的信全部付之一炬。熊熊火焰映红了她的脸，一点点烤干了脸上的泪。

　　所以，再见志摩，她必须保持平静和冷淡，不能让他看出端倪。因为，只有这样，才能慢慢冷却他炽热的爱，才能让他理智地处理他们之间的关系，最终回到妻儿身边。只有这样，她的心才能安然。纵然他和妻子已经离婚了，她依旧希望他能重新与妻儿团圆。因为，家是每个人最终的归宿。家在，幸福才在。

　　到了北平没几天，清华文学社邀请志摩去演讲。当时，在大家眼中，他已是名家：一是他是梁启超的得意门生。二是刚从海外留学归来的他，既是哥伦比亚大学硕士，又是剑桥大学高才生。三是他是赫赫有名的民国离婚第一人，很多人对他充满好奇。四是他创作的新诗以其特有的形式和激情引起广大文学青年的景仰和青睐，使得清华学子们都想一睹他的风采。

初相见，梁实秋用"飘然而至"形容他的到来。这个词语非常符合诗人的气质。当时，清华小礼堂挤满了慕名而来的学生。徐志摩这次演讲的主题是《艺术与人生》，可能由于他是用英文宣读提前打印好的稿子，致使效果并不理想。很多人不明白他讲的是什么，有的人听到一半就离场了。但是，志摩仍然非常开心。因为，他在小礼堂的最后一排发现了心爱的徽徽。她静静地坐在那里，亮亮的眼睛闪着动人的光芒。她来给自己捧场了！而且，从头至尾一直在专心地听他讲话，直到结束才离开。

为爱而生

　　徽因的出现，如同盛开在心头的焰火，再一次照亮了他的心。他确定她的心里还是有他的。他要给她勇气，帮她移开所有的顾虑，让她感知爱情的醉人与魔力。他要继续追求自己的女神。她是他灵魂之唯一伴侣，他一定要跟她在一起。

　　他果然重新开始追求徽因了。徽因去清华听课，他也跑去听。徽因去图书馆，他也跟着去。完全不顾旁人的眼光，更无视梁思成这个护花使者的感受。

　　很快，一些关于林徽因的风言风语弥漫在北平上空。熟悉的人都知道，她和梁思成已经定了亲，不久就要成为任公的准儿媳了。现在，却又跟海外归来的大诗人纠缠不清，在那个女子无才便是德的年代，这样的暧昧绝对有辱门庭。为了避免节外生枝，同时，也为了躲志摩，她暂时搬到大姑家去住了。

　　志摩来家里找了几次，都没能见到徽因。他明白徽因又在躲他，但是，他不气馁。他对宗孟说，只要徽徽一天没有结婚，他就拥有奋力一搏的机会。宗孟理解他。他在志摩身上，看到了自己年轻时的影子。他一生性格不羁、恣意纵情，这一点，作为忘年交，志摩也很清楚。但是，女儿却与他不同。她在做任何选择时，首先考虑的是他人的感受。这个总是为他人着想的性情，可能会让她一辈子过得很辛苦。

临别，他眼含深意地对志摩说："我们父女俩同时把你当成挚友，也许是你最大的不幸。"

是的，因为是挚友，所以彼此心疼，互相尊重。因为是挚友，很多话不能说得太透彻，只能靠自己去体悟。悟了，也就真正地放下了。

可是，徽因的母亲却不这么想。这个长年被丈夫冷落在后院的女人，一看到那个穿着长袍、戴着眼镜的诗人就浑身不舒服。这个林长民很看重的小友，一直让她很反感。在她眼里，什么渴望自由、追求真爱，不过都是男人玩弄女性的借口。这样的男人根本靠不住，她绝不允许他败坏女儿的名声。于是，每次志摩来访后她都会跟林长民哭诉一番，埋怨他不为女儿着想。这次，她干脆建议丈夫以后不要让这个人再来家里。林长民这样思想开明又有胸怀的人，怎么会把朋友拒之门外呢？听何雪媛这样说，本来也在为女儿忧心的他，心里的火气一下子被点燃起来。他当着三太太程桂林的面，劈头盖脸对她就是一通训斥。何雪媛哭着跑回了后院。留下林长民，抽着烟，一声接一声叹息。

有时，他也想不通，徽徽这样冰雪聪明的孩子，怎么会摊上这样一个心胸狭隘、愚昧无知的娘呢？这辈子，真是苦了女儿了。因为他知道，徽徽在做出选择的很多时候，首先考虑的就是这个娘。为了替娘抱不平，她甚至在心里一直跟他这个父亲别扭着。哎，每个人都有一本难念的经。谁也逃不脱，谁也不例外。

这边风波未平，那边思成的母亲也闹开了。徽因和思成的亲事，她一直反对。在梁启超眼中，徽因不仅才貌双全，而且懂事能干，然而，她却不这样认为。一来她不喜欢留过洋的女孩子。她觉得，这样的新式女子思维活跃、行为开放，几乎不可能成为贤妻良母。二来她也听说了徐志摩为了林徽因闹离婚之事。人还没嫁进来，就跟别的男人纠缠不清，这样的女人绝对不能娶进门。三来徽因太聪明太伶俐，儿子思成从小温吞吞的，根本无法驾驭她。因此，她隔三岔五让丈夫解约这门亲事，使梁启超感到很头疼。

虽然梁启超对妻子的看法不能完全认同，但是，志摩是他的挚友兼弟子，可以说，他比他的父亲还了解他。之前，他也耳闻了徽因和志摩之间的种种，虽不一定都是事实，可无风不起浪，他的内心也一直颇感不安。一个是未来的儿媳，一个是自己喜欢的学生，两个孩子他都相当看重，他不希望事情横生枝节，同时，更不想志摩深陷其中，无法自拔。于是，他郑重给志摩修书一封，苦口婆心劝他回头：

　　"其一，万不容以他人苦痛，易自己之快乐。弟之此举，其与弟将来之快乐能得与否，殆荡如捕风，然先已予多数人以无量之苦痛。

　　其二，恋爱神圣为今之少年所乐道，兹事亦可遇而不可求。况多情多感之人，其幻想起落鹘突，而得满足得宁贴也极难，所想之神圣境界恐终不可得，徒以烦恼终生而已耳。

　　呜呼志摩！天下岂有圆满之宇宙！……吾侪当以不求圆满为生活态度，斯可以领略生活之妙味矣。……若沉迷于不可得之梦境，挫折数次，生意尽矣，忧悒侘傺以死，死为无

名，死犹可矣，最可畏者，不死不生而堕落至不能自拔，呜
呼志摩，无可惧耶！无可惧耶！"

徐志摩如此聪明，当然知道恩师所言的神圣之境，指的就是他对
徽因的追求。因此，他在信里读出了关心爱护，同时，也悟到了劝慰
和警言。只是，恩师警告又如何？记得，他曾经跟他说过，自己不会
按照任何人的意志活着。他是一匹没有笼头的野马，纵然上了鞍也衔
不住缰。既然已经回来，他定要全力一搏。于是，他提笔回复道：

"我之甘冒世之不韪，竭全力以斗者，非特求免凶惨之
苦痛，实求良心之安顿，求人格之确立，求灵魂之救度耳。
人谁不求庸德？人谁不安现成？人谁不畏艰险？然且有突围
而出此，夫岂得至而然哉？
我将于茫茫人海中访我唯一灵魂之伴侣，得之，我幸；
不得，我命，如此而已。"

看，他的态度明明白白摆在那儿，这一世，他注定为爱而生，付
出多大代价亦在所不惜。人人都说，夫妻间除了情，还要有义。那
么，什么是义？对他而言，拖延一段没有感情的婚姻，浪费彼此的生
命，才是最大的不义。况且，婚姻的意义远不止一个义字，两情相悦
才是根本。有了情，义才是真义，忠也不再是愚忠。

佛经上说，人有种种苦，其中一种是求不得苦。志摩承认求不得
的滋味很痛苦，但是，对他而言，不求更苦。

"我不辞痛苦，甘心置身于火焰中"，这就是志摩。

笑解烦恼结

1922 年 11 月 8 日，徐志摩在《新浙江》副刊发布了《徐志摩、张幼仪离婚通告》，同时，还刊登了他写给妻子的诗《笑解烦恼结——送幼仪》：

这烦恼结，是谁家扭得水尖儿难透？
这千缕万缕烦恼结，是谁家忍心机织？

这结里多少泪痕血迹，应化沉碧！
忠孝节义——
咳，忠孝节义谢你维系
四千年史髅不绝，
却不过把人道灵魂磨成粉屑，
黄海不潮，昆仑叹息，
四万万生灵，心死神灭，中原鬼泣！

咳，忠孝节义！

东方晓，到底明复出，
如今这盘糊涂账，
如何清结？

莫焦急，万事在人为，只消耐心，
共解烦恼结。
虽严密，是结，总有丝缕可觅，
莫怨手指儿酸，眼珠儿倦，
可不是抬头已见，快努力！

如何！毕竟解散，烦恼难结，烦恼苦结。
来，如今放开容颜喜笑，握手相劳；
此去清风白日，自由道风景好，
听晚后一片声欢，年道解散了结儿，
消除了烦恼！

　　明摆着，他这是在向封建制度说"不"，他想用自己的方式告诉那些思想麻木的人，一个错误的因，才会结出一个错误的果。只有鼓起勇气把错误连根拔掉，才有可能去追求幸福的生活。

　　只是，他的这一举动，犹如一记惊雷，顷刻在全中国炸开了锅。一时间，上上下下议论纷纷，有褒，更有贬。志摩不在乎这些评价。他登这则通告的初衷，只是想把事情说清楚，省得某些好事者胡乱猜疑、胡说八道。另外，他也希望自己的选择能给那些昏睡的人提个醒，让他们明白，人生不是只有眼前的苟且，还有诗意、理想以及美好的远方。一个人活在世上，不能像木偶一样逆来顺受，而应该勇敢地选择自己的道路，追求自己的幸福。

只是，他的父亲徐申如却不这么想。说实话，这几年，一提起自己的儿子，他就气得直摇头。从小到大，在教育上他对这个独苗可谓一掷千金，这两年，为了让他学有所成，成长为对徐家、对国家有用的人，更是大把大把地将银子往国外扔。可是，所有的付出和努力，除了一次又一次让自己失望，又换来了什么呢？仿佛除了会写几首诗，他并没有学到其他什么本事。而如今，这个不孝子竟然为了所谓的自由和爱情，又做出了抛妻弃子这样大逆不道的事情来。哎，徐申如这张老脸真是让他给丢尽了，老徐家往后还怎么在硖石待下去？

还有，回国没几天，他竟然在报上登了一则离婚通告！他真不明白儿子的脑袋里每天究竟在想些什么！离婚这样丢人现眼的事，竟然还有勇气登在报纸上，弄得人尽皆知。这下倒好，亲家一看到报纸，马上跑过来兴师问罪了。

徐申如一边发电报让志摩赶紧回来，一边忙不迭地替儿子向亲家道歉，并一次又一次保证，徐家永远只承认幼仪这一个儿媳妇。如果志摩敢娶别的女人进门，除非不认他这个父亲。

只是，话是说出去了，志摩却不买账。或者说，他压根就不认为自己做错了事。徐申如让他去跟幼仪的父母赔不是，他不仅不去，还强词夺理说想娶一个自己爱的女人做妻子有什么错。他以为儿子想纳妾，刚刚松了口气，未料，志摩却说他绝不做纳妾这种事情。在他眼里，三妻四妾是最大的道德败坏！最后一句，的确把徐申如气炸了。因为，志摩的母亲不是长房，阿奶也不是原配，儿子这样说是对她们的大不敬，更是对自己的不屑与侮辱。

　　一气之下，他打了志摩一巴掌。这一巴掌，让志摩觉得跟父亲再
也无话可说。于是，不顾母亲和阿奶阻拦，一个人搬到山上的祠堂去
住了。

　　时值隆冬，山上风大，温度也低，母亲心疼儿子，嘱咐管家给
志摩送几床棉被，徐申如心里的气仍然未消，在门口把他们挡了回
去。他觉得，儿子之所以成了现在这个样子，就是因为全家都太宠爱
他了。现在，是该让他吃些苦头了，幸福是比较出来的，在外面觉得
苦，自然会回来。

　　看来，徐申如虽头脑精明，擅长做生意，对儿子却不太了解。对
活在精神世界里的志摩而言，自己吃些苦受些累，他人的不解、耻笑
和讥讽根本不算什么。因为他知道，生而为人，最容易走的路就是随
波逐流。但是，如若想朝自己的内心走，每一步都是艰难的。前方可
能是黑暗，可能是痛苦，也可能是失败，但是，至少他不是心灵的盲
者。他的心中有道路，有目的地，那是他的太阳，是他耀眼的星辰，
带给他无尽光明。

　　山上很幽静，祠堂里也没有其他人，志摩感到很自在。虽然他平
时喜欢热闹，喜欢参加各种聚会，但是，现在觉得清静也是一种别样
的享受。一个人的时光，看看书，写写诗，爬爬山，晒晒太阳，想一
想前尘旧事，日子倒也不寂寞。

　　叔薇得到消息来山上看他。两小无猜的好朋友在一起谈笑风生，
相见甚欢。

　　看了他刚写的诗，叔薇打趣说，"从中国的汉密尔顿，到中国的
济慈，你的转变也太大了！"

　　志摩坦言受了康桥的影响，是爱情让他整个人换了个模样，看世
界的眼光跟以前完全不一样了。

快过年了，他听了叔薇的劝，从山上搬回家住了。父亲看上去苍老了很多。见他回来，没有再发火，只是平静地说了句，"家里的对联该换新的了，你去写吧"。

志摩心里突然一阵难受。他们彼此深爱，却又在互相伤害。中国这样的父子太多了，也许是时代的沟渠让他们难以理解对方，又或许是男人的自尊让他们无法看到自身的不足。每个人都生活在自己制造的套子里，别人进不来，自己也跨不出去。

日子重新恢复了平静。自出国留学，难得在家里过年。他决定好好陪一陪父母和阿奶，还有儿子阿欢。

日子过得太快，一眨眼，阿欢都5岁了。五年来，他第一次陪儿子在家里玩。他教他叠飞机、叠纸船，把他扛在肩上在院子里疯跑。阿欢开心极了，笑得特别响，把院子里的小麻雀都震飞了。阿奶和母亲闻声出来，站在走廊里温情地望着他。父亲也出来了，抽着烟，目光里满是慈祥。这一刻，他突然体会到了家的温暖，天伦之乐的幸福，眼前瞬间模糊了。

泪眼蒙眬中，他突然想到了远在德国的幼仪和小儿子彼得。他们过得好吗？彼得应该会说话、会走路了吧？他会喊爸爸吗？此时此刻，他心里突然感到一阵内疚。是啊，如若不是因为他，幼仪就不会背井离乡、流落异国。她一直觉得被丈夫抛弃了，所以无颜返乡面对家人和朋友。虽然他从不认为离婚是错的，但是，毕竟是自己直接导致了幼仪有家不能回的生活状态。想到这里，一颗心竟然有些疼，从未有过的疼。

情人不愿受干扰

　　可以说，从 1918 年有意安排两个孩子见面起，梁启超已经认定了徽因这个未来的儿媳妇。只不过，见多识广、思想开明的他，并没有像其他父亲那样为儿子包办婚姻，而是用这种新式相亲的方式，让孩子们彼此接触、加强了解，在相处中慢慢培养感情。当然，能否成为终身伴侣，最终还要由孩子们自己选择和决定，如果实在有缘无分，他也不会强求。

　　事实证明，他的苦心显然没有白费。两个孩子一直在朝着他希望的方向走，虽然步履慢了些，时间长了些，但是，好饭不怕晚，梁启超这个睿智的父亲有耐心等。

　　林长民也一样。虽然志摩有激情、有抱负、有才华，对徽因的爱可谓天地可鉴，一度让他既感动又心疼。只是，身为过来人，他更知道，夫妻之间，仅有爱情是不够的。婚姻里的一地鸡毛以及柴米油盐，如同一阵又一阵风，再热烈的激情，亦会被吹得七零八落。所以，他冷静下来想了千万遍，最终还是认为思成更适合做徽因的丈夫。与志摩相比，他的温厚、包容、理智，以及对待世事的积极乐观，更适合做女儿一生的伴侣。令他欣慰的是，志摩的苦苦追求虽然也曾令女儿心动，但是，她终究还是被理智拉了回来，没有让自己陷落。有时，他竟会暗自佩服女儿，年纪轻轻，她已经明白自己要什么，不要什么。于是，越发觉得徽因不一般。

志摩回国前，林长民家来来往往的客人中，又多了一位面容白净、斯文礼貌、戴着眼镜的年轻人，他就是梁思成。当然，他不是来拜访林长民，而是专门来找徽因的。思成在林家很受欢迎。上至老人，下至徽因的弟弟妹妹们，一见到他都是喜笑颜开的。尤其是何雪媛，对这个稳重淳厚、知书达礼、即将成为自己乘龙快婿的梁家大少爷真是越看越欢喜。她觉得女儿和思成无论学识、相貌，还是家世出身，绝对是佳偶天成。自从林长民娶了三太太，她这个二太太早已形同虚设。她从自己身上，深切体会到了什么叫守活寡。所以，虽然名义上有丈夫，却跟没有一个样。在林家，女儿是她唯一的依靠。可以说，女儿的幸福就是她的幸福，女儿的未来就是她的未来。俗话说，男怕入错行，女怕嫁错郎，对她而言，世事的浮沉起落都与她无关，她唯一感兴趣的事，就是女儿能嫁个好婆家。

思成对徽因可谓一见钟情。徽因去英国的一年多时间里，他心心念念想着她，也经常给她写信。只是，他与志摩不同。志摩的爱是热烈的，奔放的。他的爱，却如春风化雨，润物无声。他的信字里行间看不到思念，更没有炽热的激情。他只是讲一些清华的趣事以及国内的时事新闻给徽因听，也会把徽因感兴趣的报刊文章细心地做成剪报寄过去。有时，还会在信末轻轻地加上一句，"我刚刚去看过伯母了，你放心"。

他带给徽因的是欢喜，是舒适，如沐春风，没有一点压力。所以，旅欧回来，思成常来找她，她也喜欢和他在一起。徽因发现，思成与自己在音乐、文学等方面都很谈得来。聊到了美术，绘画超级棒的思成兴致一来，当下给徽因画了张速写。徽因内心一阵惊喜，不禁对他刮目相看。

谈到各自的理想，思成坦言自己虽兴趣广泛，这个问题却尚未认真考虑过。徽因却一脸憧憬地告诉他，以后想做一名优秀的建筑师。思成一听，颇感意外。他真的想不到，如此纤弱美丽的女孩，竟喜欢上了盖房子。他问徽因，"你说的建筑，指的是房子还是建筑物？"徽因一笑，露出两个好看的小酒窝，"确切地说是建筑的艺术！"

接着，徽因把房东太太的话跟他讲了一遍，又和他说了自己对中国建筑的认识和理解。她说，在国外建筑艺术跟音乐、美术一样备受重视，被称作凝固的音乐。中国古建筑更是历史悠久，在结构、色彩、布局方面都非常独特……如同哥伦布发现了新大陆，思成真的被迷住了，一时间听得如痴如醉。他当下决定，清华毕业后，他也要好好学一学建筑，以后跟徽因一起，成为优秀的建筑师。徽因心下一动，脸上飞上红晕。她想，选你所选，爱你所爱，应该是世上最美好的承诺了吧。

就这样，学历相当、家世般配、素养相近的一对金童玉女，渐渐彼此倾慕，两颗心越走越近。

第一次约徽因出去，思成选择了他最喜欢的太庙。太庙是明清两代皇帝祭奠祖先的家庙。始建于明永乐十八年，分前、中、后三大殿，占地二百多亩，是根据中国古代"敬天法祖"的传统礼制建造的，天花板及廊柱都贴着赤金花，制作精细，装饰十分豪华。太庙以古柏闻名，树龄有很多都高达几百年，千姿百态，遒劲古拙。假日里，他经常背着画夹子来这里写生。有时，一画就是一整天。

徽因很喜欢这里，无论是参天古柏，还是殿顶的黄色琉璃瓦，无一不吸引着她。看看这儿，瞅瞅那儿，感觉自己的眼睛都不够用了。谁知，一转眼，刚刚还跟在身后的思成突然不见了。她急得左看右看，可是，周围只有鸟儿的鸣叫声，就是不见思成的踪影。正不知怎么办才好，这时，听到有人在高处叫她。一抬头，只见思成正骑在一棵高高的柏树上冲她笑呢。原来，趁她出神之际，这家伙竟爬到树上去了，真真还是个淘气的孩子。多年后，跟朋友谈起这件事，徽因的脸上依旧会漾起年少的甜蜜，当成两人恋爱时最好玩的趣事。

两个孩子相处愉悦，做父亲的看在眼里，喜在心头。林长民考虑到志摩那一厢的深情，担心节外生枝，遂在年初建议先订婚。梁启超听了自然开怀，当天晚上就给大女儿思顺写信报喜，告之她"徽因和思成的婚事已有成言"。

徽因对建筑感兴趣，常跟着思成去清华旁听《西洋艺术史》。这时，她已经把两根俏皮的长辫子剪了，齐肩的短发，看上去更加端庄优雅。思成坐在旁边，有时会被她整个吸引了去，甚至忘记了老师在讲什么。

他们还常去图书馆。两个人各执一本书，专心地阅读。有时，读到触动心灵之处，徽因会倏然间落下眼泪。这样的时刻，思成总是默默地给她递过手帕，从来不问为什么，只是静静地陪着她。有时，因为母亲和三娘的矛盾，她的心情会很低落。思成总是想方设法逗她开心。他的活泼，他的阳光，他的有趣，带给了她无限欣慰。

多年后，再忆起那段美好的恋爱时光，徽因的心还荡漾着无尽欢喜。她在诗歌《忆》里写道：

新年等在窗外，一缕香，

枝上刚放出一半朵红。
心在转，你曾说过的
几句话，白鸽似的盘旋。

我不曾忘，也不能忘
那天的天澄清的透蓝，
太阳带点暖，斜照在
每棵树梢头，像凤凰。

是你在笑，仰脸望，
多少勇敢话那天，你我
全说了，——像张风筝
向蓝穹，凭一线力量。

　　只是，这静好的一切，却因志摩回国起了波澜。他顶着重重压力
离了婚，放弃了唾手可得的剑桥博士学位，怀着一腔痴情回来找心爱
的徽因，只为与她执子之手，与子偕老。

　　徽因费尽心力建立起来的心理堡垒再次被轰然打开。她知道志摩
爱她，他的爱真挚、火热，不顾一切。她也承认，自己被他的魅力深
深吸引着。如果他不曾结婚，也许他们会是很相爱的一对。然而，他
结婚了，还有了两个可爱的儿子，他已经没有资格选择，而自己，也
没有力量接受这份爱。

　　一个人活在世上，不仅仅为了爱情，还有对家庭的责任。所以，
她极力劝诫志摩回到妻子和孩子身边。另外，母亲不喜欢这个性格浪
漫的诗人，一直反对他们来往，做女婿就更不可能。自小，她深深体

会到母亲在后院孤灯相伴的痛苦，她不能让志摩的妻子也承受这样的伤害，更不想母亲因为自己的婚事而感到纠心痛苦。林家每天热闹非凡，然而，她知道，母亲只有她一个亲人。以后能指靠的，也只有她一人。

所以，她对志摩说，只要有一个人为这段感情受到丝毫伤害，对她而言，就是一生最大的憾恨。不过，面对这样的拒绝和决心，志摩依旧不放手。他太执着了，真是撞了南墙也不回头。

她和思成去公园约会，他也跟着去；她和思成去图书馆，他也在旁边一坐就是半天。在志摩心里，只要徽因一天没有结婚，他就有权利追求，他就不会放弃。

有一阵子，他俩经常在北海公园的快雪堂约会。由于梁启超是图书馆馆长，为了出入方便，思成自备了一把钥匙。快雪堂周末对外不开放，环境幽静、景色优美，思成和徽因特别喜欢这里。志摩在图书馆任秘书，出入也相当方便，于是常常借机过来当电灯泡。没办法，思成只好在门上贴了张纸条，上面用英文写着：情人不愿受干扰。

志摩看到纸条，知道是写给自己的，不禁心下黯然，怏怏而归。其实，他不是被这张纸条挡住了脚步，而是在纸条里看到了徽因的拒绝。他心里明白，如果徽因不同意，思成是不会贴这张纸条的。

后来，他写的那首著名的《偶然》，恰恰抒发了当时的心曲：

> 我是天空里的一片云，
> 偶尔投影在你的波心，
> 你不必讶异，
> 更无须欢喜，
> 在转瞬间消灭了踪影。

你我相逢在黑夜的海上，

你有你的，我有我的，方向。

你记得也好，

最好你忘掉，

在这交会时互放的光亮！

徽因和思成约会时，从来不提志摩。但是，思成却从她忧伤的眼神里看出了端倪。这样的时刻，他只恨自己学问少，见的世面少，更没有志摩的口才，他不知道怎样才能帮到她。

那天，两人在街上偶遇，徽因刚买了一本《西湖拾遗》，欢喜得像得了宝贝。走累了，一起去茶馆里聊天。台子上，说书人正在唱林黛玉。徽因一下子被吸引了去，良久，她一直背对着思成，专心致志地听书，茶凉了也不知道。待到转过身来，思成竟看到了她满脸的泪。

思成送她回家，两人一路无语。到了门口，思成说，"任何让你痛苦的事情我都不愿意看见，包括婚约。我不想放弃，但更不想让一个空口无凭的婚约把你难住。"

思成的话无疑让徽因感到欣慰和满足。他的理解、他的雅量以及遇事总是替他人着想，使他在徽因的心里更加闪光起来，同时，也更坚定了与他在一起的决心。

1923年初春，由徐志摩、胡适等人发起的新月社在北京成立。社名是徐志摩依据泰戈尔诗集《新月集》而起，意在以"它那纤弱的一弯分明暗示着，怀抱着未来的圆满"寓意诗歌的未来。纵观徐志摩的一生，在不圆满中追求圆满，一直是他始终不变的人生观。

新月社设在北京西单牌楼石虎街胡同七号，接下来的几年时间，这里成了北平文化名流经常聚会的场所，一时名声大噪。徽因受志摩的影响，自伦敦回来对文学就十分喜爱。这样的学习机会她哪里肯放过，于是经常与思成结伴而来。由于聪明机智、谈吐不凡、富有诗意，她不久便成了新月社一道亮丽的风景，身边常常围着很多听众，大家都被她的才情与见识所折服。

小时候，常听人说，但凡有才华的女子，一般都长得不好看。仿佛才华是单靠努力才能得来，因为漂亮的女孩根本不需要努力，靠脸吃饭就可以了。长大之后，觉得这样的话真的没有一点依据。林徽因就是一个反例。老天不仅给了她如花的美貌，更给了她超乎常人的才华与智慧。这样的女孩，走到哪里，都是众人瞩目的焦点，何况，在伦敦时，她又给了志摩诗歌创作的灵感和启迪，因此，他为她神魂颠倒也就不奇怪了。

看着自己发起的新月社，可以让志同道合的朋友们在这里品茶作诗、谈笑风生，同时，还能让心爱的徽因欢乐开怀，如鱼得水，徐志摩真的感到很欣慰。当时，他还作了一首诗《石虎街胡同七号》助兴：

> 我们的小园庭，有时荡漾着无限温柔：
> 善笑的藤娘，袒酥怀任团团的柿掌绸缪，
> 百尺的槐翁，在微风中俯身将棠姑抱搂，
> 黄狗在篱边，守候睡熟的珀儿，它的小友
> 小雀儿新制求婚的艳曲，在媚唱无休——
> 我们的小园庭，有时荡漾着无限温柔。
> 我们的小园庭，有时淡描着依稀的梦景；
> 雨过的苍茫与满庭荫绿，织成无声幽冥，

小蛙独坐在残兰的胸前，听隔院蚓鸣，

一片化不尽的雨云，倦展在老槐树顶，

掠檐前作圆形的舞旋，是蝙蝠，还是蜻蜓？

我们的小园庭，有时淡描着依稀的梦景。

我们的小园庭，有时轻喟着一声奈何；

奈何在暴雨时，雨槌下捣烂鲜红无数，

奈何在新秋时，未凋的青叶惆怅地辞树，

奈何在深夜里，月儿乘云艇归去，西墙已度，

远巷蔷露的乐音，一阵阵被冷风吹过——

我们的小园庭，有时轻喟着一声奈何。

我们的小园庭，有时沉浸在快乐之中；

雨后的黄昏，满院只美荫，清香与凉风，

大量的塞翁，巨樽在手，蹇足直指天空，

一斤，两斤，杯底喝尽，满怀酒欢，满面酒红，

连珠的笑响中，浮沉着神仙似的酒翁——

我们的小园庭，有时沉浸在快乐之中。

　　新月社前期把《晨报副刊》作为阵地，后期又创办了《新月》月刊，1931年还创办了《诗刊》，是五四以来最大的以探索新诗理论与新诗创作为主的文学社团。只可惜，天下无不散的筵席，1931年，随着徐志摩坠机亡故，新月社式微，不久便解散了。

左脚不是你最精彩的地方

从伦敦回来，虽然思成给徽因带来了很多安慰和陪伴，可能是性格的原因，两人的感情却一直不温不火，总好像还缺点什么。再加上志摩时不时的追求和表白，情绪低落时，徽因有时也会有瞬间的摇摆。

也许，这样天造地设的好姻缘老天也会帮上一把，1923年春天的那场车祸，迅速让两人的感情升了温。

5月7日，是袁世凯签订丧权辱国的"二十一条"的国耻纪念日，北平爆发了大规模的学生爱国运动。大学生们扯起条幅，在大街上举行示威游行。思成和弟弟思永都是热血青年，这样的活动自然不会缺席。当天上午，思成驾驶着姐姐思顺从菲律宾买回的摩托车，载着弟弟思永，一起去参加这次活动。为了赶时间，车子开得飞快。未料，到达长安街时，一辆轿车迎面冲了过来。出事往往只在一瞬间，悲剧就这样发生了。

思成当下被撞得不省人事，被摩托车死死地压在下面，思永则被甩出去老远，然而，肇事的轿车却没有停下，司机竟然一踩油门，扬长而去。

思永忍着疼痛爬起来，发现自己的胳膊和腿都摔破了，鼻子流了很多血，好在都皮外伤。他走到哥哥身边，喊了几声，思成一点反应都没有。思永吓坏了，赶紧跑回家报信。半小时后，思成被佣人背回了家。大家见思成伤成这样，慌得不知怎么办才好。这时，还好梁启超从外面回来了，赶紧让人去请医生来。

思成醒来后，看到父亲的第一句话竟然是："爸爸，我是您的不孝儿子，在您和妈妈把我的全部身体交给我之前，我已经把他毁坏了，别管我，尤其不要告诉妈妈。"

一个刚出车祸的孩子，忍着身体的疼痛说出这样的话，真是让人心疼。梁启超后来在回忆时写道，"这时候，我的心差不多要碎了。我只是说，'不要紧了，别害怕。'当我看到他脸上恢复了血色的时候，才感到欣慰。我想，只要他能活下来，就算是残废我也很满足了。"

经医生检查，思成的腰部以下没事，就是左腿断了，需要马上住院治疗。

思成的腿一直是父母的心病。当年，戊戌变法失败后，梁启超携家眷流亡日本，第三年便生下了思成。只是，大家都发现，思成的双腿向外撇开，两个小脚尖几乎都要对上了，是典型的外八字。梁启超赶紧请医生来治疗。日本医生也没有其他办法，只好将思成的双脚扳正，再用绷带捆紧，把他放进一个小木盒子里进行为期一个月的矫正。可以说，矫正的效果还是不错的，走路时基本看不出来。只是，上天真是捉弄人。22 年后，一场车祸又一次伤了他的腿。

听了医生的话，梁启超马上把思成送进了北京协和医院。现在，协和医院可谓远近闻名，每天都聚集着天南海北前来看病的患者，场面相当壮观。只是，当时协和刚刚建立不久，医疗水平还很落后。经会诊，主治医生认为，思成的骨头没有粉碎，不用做手术，只需用绷带扎紧，几个月后即可复原。可事实证明，这实在是一次误诊。其实，他是左腿股骨头复合性骨折，脊椎挫伤。因了这次误诊，思成后来不得不接受了三次痛苦的手术，最终导致左腿比右腿永远地短了一厘米。

徽因和父亲听到消息赶到医院时，思成正躺在病床上，脸色苍白，眼神空洞，整个人再也没有了往日的神采。看到思成突然变成了这个样子，恐惧排山倒海般占据了徽因的心。虽然思成伤得很重，受伤的腿也不知最终能恢复成什么样子，但是，至少他还在啊！他在，心就安。那一刻，徽因忽然觉得思成对自己的一生相当重要，她不能没有他。

于是，不顾思成母亲的反对，她坚持留下来照顾他。那段日子，两个人的位置整个调换了过来。以前，一直是思成在照顾她，迁让她，现在，她像个小姐姐，从吃饭、喝水、擦洗身体，到帮助他大小便，事无巨细，都照顾得无微不至。

身体成了这样，喜爱体育的思成一度情绪低落。为了转移他的注意力，徽因给他读书，陪他聊天，有时，还会说一些听来的笑话给他听。看着徽因在身边忙前忙后，思成一边感到内疚，一边也颇感欣慰。患难见真情。看来，徽因对自己是有感情的，否则，她也没必要付出这么多。有徽因陪在身边，思成感到无比的欣慰和踏实，这比吃任何药都有利于身体康复。

另外，思成养病期间，梁启超一边对儿子体贴照顾，一边建议他利用躺在床上的时间研读中国古代典籍。他说，"在这两个月里，你

应当能够沟通，甚至背诵那些修身养性的段落，然后读《左传》和
《战国策》，以增长智能和改进文体风格。若还有时间的话，可以再读
一读《荀子》。"事实证明，他的建议不仅让思成和徽因深切体会到传
统文化的博大精深，而且对他们以后研究中国建筑史大有帮助。能够
拥有这样的父亲，梁思成真的很幸运。

只是，住院一个月后，思成得到消息，他的左腿以后可能会落下
残疾。思成从小爱好运动，这个消息对他来说不亚于晴天霹雳。为了
淡化伤病给思成带来的痛苦，给他以爱的希望，徽因决定一边陪床，
一边翻译英国著名作家奥斯卡·王尔德歌颂爱情的童话作品《夜莺与
玫瑰》。这是她第一次从事翻译工作，一点经验也没有，所以，很多
时候，都必须向思成请教。也可以说，这篇翻译作品实际上是两个人
共同完成的。

林徽因的这篇译作，用词优美、简洁、凝练，读起来朗朗上口，
处处体现出译者的浪漫和唯美，尤其是对语言文字的把握以及细微情
感的领悟，都可谓游刃有余，年末发表时引起了文艺界的轰动，受到
了广泛好评。

因了这篇译作，两个年轻人的心越走越近，几个月后，等到思成
出院时，他们俨然成了形影不离的情侣。只是，由于医院的误诊和误
治，思成的腿落下了终身残疾，心情不免颓唐。出院时，徽因兴高采
烈地说："以后不用再拿药了，再过一阵子，连拐杖也不用拿了呢。"
思成却一脸黯然地说："只可惜，我要跛着左脚走一辈子了。"徽因莞
尔一笑，轻轻回道："还不错。因为，左脚不是你最精彩的地方。"

这句话让思成吃惊且感动。纵然如此，他还是觉得自己残疾的身
体已经配不上完美的徽因了。出了院很长一段时间，他总是把自己关
在家里，连以前特别感兴趣的诗会都不去参加了。甚至，徽因来看

他，他也显得不怎么热情。

徽因懂得他的心事，却不知该如何劝他。眼看着他这棵一度阳光灿烂的向日葵，因为这点挫折逐渐萎去，连以前心心念念的出国留学、建筑理想也不再提了，心里真的特别着急。没办法，她只好找志摩帮忙。她觉得，思成需要一个兄长般的朋友来开导他、激励他。志摩是梁启超的得意弟子，又是他多年的朋友，而且，他的口才一向很好，讲起道理来总是能让人信服。

志摩来劝思成。思成坦言道："我不想连累徽因，何况，爱情和同情就像金子和沙子，虽然混在一起，可是还是能清清楚楚地把它们分辨出来。我要徽因选择她爱的，而不是因为同情。"

志摩说："从发生车祸到现在，徽因全心全意系在你身上。不管她是爱她的选择，还是选择她爱的，你都两者兼得。你如此富有，有什么理由计较沙子多还是金子多。如若想得到徽因的爱情而不是同情，就要从情绪低迷中走出来，跟以前一样活，甚至比以前活得更好！"

志摩的话果然奏效，很快，在徽因面前，思成又成了积极向上、正能量满满的有志青年了。

因为这次车祸，为了让儿子有更多的时间休养身体，梁启超将思成这年夏天赴美留学的计划推迟了一年。他对儿子说："你的一生太平顺了，这次挫折可能是你磨炼性格的好机会。而且就学业而言，你在中国多准备一年也没有任何损失。"这就是梁启超作为父亲的伟大之处，他总是教导孩子遇事要乐观面对，要看到乌云之上的晴空。

这一年，徽因也在培华女中毕了业，并以优异的成绩考取了半官费的留学资格。就这样，突至的灾难不仅没有把两人分开，反而增进了彼此的感情。如果说之前徽因在思成和志摩之间曾经有所摇摆的话，那么，这次意外，让她更加了解了自己的心，同时，也更加确定了思成才是自己生命中最重要的另一半。正如她所说，她不希望自己的爱情是空中楼阁，她要的终究是像寻常人那样，过平平常常的生活，拥有踏踏实实的幸福。

这下，真是苦了痴情的志摩了。他目睹思成出事后徽因尽心尽力地照顾，那么认真，那么仔细，满心的牵挂，满眼的柔情，如若内心没有爱，是根本办不到的。他想，如果徽因能够这样对待自己一次，自己哪怕是粉身碎骨，也是无憾了。这一刻，他终于明白，自己终究是争不过思成的。因为，徽因选择的是他，而不是自己。现在，爱的希望真的破灭了。心爱的徽因，他舍弃一切千里万里来追寻的女神，最终，还是投入了他人的怀抱。现在，他剩下的，也只有祝福了。他的诗作《一个祈祷》恰恰映照出当时的心情：

> 请听我卑哑的声音，祈求于我爱的神：
> 人间哪一个的身上，不带些儿创与伤！
> 哪有高洁的灵魂，不经地狱，便登天堂：
> 我是肉搏过刀山，炮烙，阔度了奈何桥，
> 方有今日这颗赤裸裸的心，自由高傲！
> 这颗赤裸裸的心，请收了吧，我的爱神！
> 因为除了你更无人，给他温慰与生命，
> 否则，你就将他磨成齑粉，撒入西天云，
> 但他精诚的颜色，却永远点染你春朝的
> 新思，秋叶的夜晚；怜悯吧，我的爱神！

话虽这样说，志摩的心里依旧不甘。他不甘心就这样失去一生的挚爱。正当他一筹莫展之际，印度诗人泰戈尔访华之行又让他的爱重新燃起了一丝希望。

1924 年 4 月 12 日，一艘轮船缓缓抵达上海汇山码头，船上载着泰戈尔率领的"国际大学访问团"。泰戈尔的随行者有五人：梵文学者沈谟汉、画家波斯、加尔各答史馆教授纳格、社会工作者格林斯、泰戈尔私人秘书姆赫斯特。这是中国期待已久的学术访问，邀请

人是当时的学界泰斗梁启超和蔡元培。他们以北京讲学社的名义邀请泰戈尔访华并全程提供路费开销。上海文艺界人士、中国各文学社团代表以及外国记者在码头排队迎接，热烈欢乐的气氛让泰戈尔感受到了中国人的热情。徐志摩是中国有名的诗人，又在国外留过学，外语也不错，于是被安排做泰戈尔的随身翻译。

泰戈尔虽是东方诗人，却早已被欧美尊崇和认可。1913年凭借诗集《吉檀迦利》荣获诺贝尔文学奖，成了亚洲第一个这一殊荣的获得者。因此，对这位有着东方灵魂，却能够从容走进西方文明的印度诗人，中国文化界充满了期待。

徐志摩对泰戈尔一直非常崇拜，很早就想一睹大师风采，这次能做他的贴身翻译，心里更是喜出望外。除了参加上海的活动外，他还陪着泰戈尔去了杭州，一起游览了美丽的西湖和静谧的灵隐寺。在北上的时候，路过南京和济南，泰戈尔应邀驻足演讲。据记载，当时在东南大学演讲时，图书馆竟然挤满了听众，有3000多人。

4月26日，泰戈尔到达北京。林徽因随梁启超等讲学社主持者一起到车站欢迎，并设宴接待。泰戈尔同北京学生见面的情景，在吴咏的《天坛史话》中有着生动的描写：

> "林小姐人艳如花，和老诗人挟臂而行，加上长袍白面，郊寒岛瘦的徐志摩，有如苍松竹梅的一幅三友图。徐志摩的翻译，用了中国语汇中最美的修辞，以硖石官话出之，便是一首首小诗，飞瀑流泉，淙淙可听。"

5月8日是泰戈尔64岁寿诞，北京文艺界为他精心准备了庆生会。庆生会主要安排了两个事项：一是梁启超为泰戈尔取了一个中文名字"竺震旦"，并赠送他大印章一枚，"竺"是中国对古印度的称呼，"震旦"则是印度对古代中国的称呼，这个名字意味着泰戈尔是中印文化的联系纽带；二是徐志摩等人为泰戈尔演出了他写的戏剧《齐特拉》，而且，为了便于寿星观看和理解，所有的人都是用英文演出的。

　　这场戏由张彭春导演，梁思成绘制布景，林徽因饰演女主角齐特拉。另外，担任其他角色的也都是社会名流。徐志摩饰演爱神玛达那，林长民饰演春神伐森塔，连跑龙套的也非寻常之辈。

　　幕布拉开，梁思成绘制的新式布景令人耳目一新，林徽因扮演的齐特拉公主楚楚动人，泰戈尔称赞徽因的英语字正腔圆，说得相当流利而标准。那段时间，报纸连续报道这场盛会，5月10日的《晨报》副刊曾写道：

　　　　"林宗孟君头发半白还有登台演剧的兴趣和勇气，真是难得。父女合演，空前美谈。第五幕爱神与春神谐谈，林徐的滑稽神态，有独到之处。林女士徽因，态度音吐，并极佳妙。"

　　泰戈尔之中国行，令徽因名声大振，大家都惊艳于她的才貌双全，中西合璧。另外，志摩由于这些天日与徽因见面，一左一右陪着泰戈尔，配合十分默契，对心中的女神不禁又升起希望来。

　　在生日会上，泰戈尔让徽因朗读他的诗《第一次的茉莉花》，请徐志摩翻译。两人声情并茂，把这首诗的意境表达得淋漓尽致，让所有的人想到了自己的花季。无论时光如何变迁，年少时的美好和憧憬，都会像洁白的茉莉花，一直芬芳在记忆里。

　　半夜，志摩痴了般来找徽因。徽因局促地站在大门口，不知他是何用意。他让徽因伸出双手，然后把揣在袖筒里的茉莉花瓣倒入她的手心，然后，孩子般快乐地跑远……微因望着他越来越小的背影，再看看手里芬芳的花瓣，眼泪像断了线的珠子，簌簌滑落。

　　志摩恳请泰戈尔帮他说情，让徽因回到自己身边。将近两个月的陪伴，使泰戈尔对这一对璧人产生了独特的感情。遗憾的是，他的努力也是徒劳的。离别时，无奈，他赠了徽因一首诗：

　　　　天空的蔚蓝

　　　　爱上了大地的碧绿

　　　　他们之间的微风叹了声"哎"！

　　　　这是无可奈何的惋惜，是清风空留了的叹息

　　是啊，天空和大地相恋，注定只能遥遥相望。这世间，总有一些事无法完成，总有一些爱无法抵达，总有一些理想无法实现。这就是生活。有时，真的和努力无关。

　　这晚，泰戈尔离开北平，将要经过太原，赴香港，再由日本回到印度，志摩全程陪同。送别时，徽因问他，"行李怎么这么少？"志摩说，"该带的都带了，值钱的都在这箱子里了。"只是，他没有说，箱子里，放着以前她写给他的信。徽因又说，"好好照顾老戈爹，好好照顾你自己。一路顺风。"志摩说，"应该我祝你们一路顺风。"话音未落，泪已淌下。

　　原来，梁启超已安排好思成赴美留学，并建议徽因一起去。船期就在六月初，也就是一周后。

　　林长民对女儿说，"去不去你自己决定，如果你愿意，一切都可以重新选择。"

徽因说，"我不愿再受爱情的迷惑，我要跟思成去美国，实现我们共同的理想。"

由此可见，徽因与志摩的差别就在于，志摩是靠感情活着，徽因却是靠理智活着。事实证明，她的选择是正确的。离开中国，就等于彻底拒绝了志摩。正是因为这次选择，才最终成就了这对伉俪的惊世传奇，才让中国产生了两位建筑大师。

志摩知道，此去一别，他将永远失去他的徽徽了。坐在火车上，他一边流泪，一边在茶几上疯狂地写道：

"我真不知道我要说的是什么话。我已经几次提起笔来想写，但是每次总是写不成篇。这两日我的头脑总是昏昏沉沉的，开着眼闭着眼却只见大前晚模糊的凄清的月色，照着我们不愿意的车辆，迟迟地向着荒野里退缩。离别！怎么能叫人相信？我想着了就要发疯。这么多的丝，谁能割得断？我的眼前又黑了！"

哎！有时，我们的执着不过是一场梦。梦终将醒来，梦中的人，也终将会离去。

第五章

花好月圆，共剪西窗花

答案很长，我得用一生去回答

你，准备好听我了吗？

一波未平，一波又起

世间最美的事，莫过于比翼双飞了。在对的时间遇到对的人，接下来，山高水远，志同道合，再没有比这样的缘分更让人羡慕的了。

1924 年 7 月，林徽因和梁思成像两只振翅高飞的鸟儿，怀着满腔憧憬抵达美国康奈尔大学。这是位于纽约州伊萨卡的研究性大学。康奈尔的校色是大红，鲜艳耀眼，热情奔放，仿佛每一个人的青春都可以在这里燃烧。

徽因穿着洁白的长裙，站在美轮美奂的校园里，俯瞰着清澈的卡尤加湖，俨然置身于世外桃源。此时此刻，临走时对祖国的眷恋、对家人的不舍如同天空中飘散的白云，早已消失不见。现在，她整个人雀跃不已，心里只有对理想的追寻。

这个夏天，他俩和思成在清华的同学陈植一起在康奈尔报了暑假预科班。他们希望预修一些学分后，到了秋季开学，可以直升宾夕法尼亚大学艺术学院的建筑系。徽因选了户外写生和高等数学两门课。思成则选了水彩静物画、户外写生和三角这三门课。

跋涉千万里来到国外，学习机会如此难得，他们自然十分用功，徽因和思成志趣相投，遇到问题经常一起切磋讨论。没课时，两个人躺在校园的草地上晒太阳、支起画夹子写生，初到美国的时光，如同刚出炉的面包，每一刻都是香喷喷的。

只是，没过多久，这份美好就被姐姐思顺的陆续来信破坏了。思顺在给思成的信中反复强调，她和母亲一直反对他和林徽因的婚事，且态度十分坚决，劝诫他为了自己一生的幸福，赶紧另作打算。思成看后束手无策，无奈，只好向父亲求助。梁启超也是一筹莫展，跟朋友聊天时，他曾叹息说，"这是思成一生幸福的关键所在，我几个月前就很怕思成因此生出精神异动，毁掉了这孩子。"

思顺是梁启超的长女，从小备受父亲器重和疼爱。可以说，九个子女中，他与大女儿最亲密，也最贴心。虽然思顺结婚后一直生活在国外，但是，家中事无巨细，梁启超总喜欢与她商量。在给弟弟梁启勋的信中，这位父亲曾经写道："思顺极好学，能受我教，事事能助我。一日离我侧，则我不安。吾于群儿中偏爱顺儿独至，十年前已然，今乃益甚。"看得出，一直以来，梁启超视思顺为最知心的宝贝和"精神支柱"，家中大小事，均要征求她的意见，平日可以说书信不断，在弟弟思成的终身大事上，她的看法更是举足轻重。现在，她和夫人李惠仙一起反对这桩婚事，使梁启超颇感压力重重。

梁启超的夫人李惠仙是何许人也？

她是北平赫赫有名的李大小姐。父亲是顺天府尹李朝仪，清末著名新派大臣。当时的礼部尚书李端棻是她的堂哥，也是她和梁启超的媒人。所以，对李家而言，即使梁启超后来大名鼎鼎，他娶了惠仙，亦是高攀了。何况，李惠仙不仅家世显赫，而且有着超乎常人的见识和担当。在上海时，她与梁启超一起创办了宣扬维新的《时务报》，还开办了女子学堂，成为中国第一位女校长。戊戌变法失败后，梁启超只身逃亡日本，她带着全家老少避难至澳门，独自承担起服侍老人，抚养幼女的重任。1915年护国战争时，梁启超想参加护国军，却放心不下一家老小。这时，李惠仙不仅没有像其他家眷那样哭哭啼啼、依依不舍，反而十分镇定地给他鼓劲："上自高堂，下至儿女，我一身任之。君为国死，毋反顾也。"如此深明大义、顾全大局，实在难能可贵，怪不得梁启超这个男儿中的佼佼者竟将之称为闺中良友：

> "南海师来，得详闻家中近况，并闻卿慷慨从容，词声不变，绝无怨言，且有壮语，闻之喜慰敬服，斯真不愧为任公闺中良友矣。"

还有，去年梁思成出了车祸，肇事者是民国大总统黎元洪的亲信金永炎。这位陆军部次长一贯气焰嚣张，撞了人竟然没有下车看一下，而是从窗口扔出一张名片给前来处理事故的警察，之后便跟没事人一般扬长而去。李惠仙听后真是肺都气炸了，立马跑到总统府，要求黎元洪对金永炎狠狠处罚。金永炎这才知道自己闯了大祸，赶紧买了礼品跑到医院看望两位公子。不料，在病房恰巧碰上了李惠仙，当场被指着鼻子骂了一通。几天后，他去府上问候，又被梁启超狠狠地教训了一番。后来，李惠仙看着自己活蹦乱跳的儿子终日躺在床上不能动，火气又冒了上来，再次去总统府兴师问罪。当时"黎元洪极力替赔一番不是，汝母气亦平了"。由此可见，李惠仙的能量和胆识绝非寻常之辈所能比。所以，梁启超对自己的夫人一直相当敬重，意见不合时也只是和风细雨好言相劝。如今家里两个最有分量的人联手阻挠这门亲事，他的内心自然颇感焦虑和为难。

那么，思成的母亲和大姊为何不喜欢林徽因？原因到底是什么？

我想，一个原因是徽因的出身。徽因的母亲何雪媛只是一个小作坊主的女儿，且是续弦，并非原配。无论家庭出身还是文化素养都让李惠仙颇感不屑。最让她忧心的是，这个女人在林家形同虚设，没有地位，她把所有的希望都寄托在了备受丈夫宠爱的女儿身上。如果思成娶了徽因，何雪媛必定会跟着女儿进入梁家，这是李惠仙万万不能接受的。事实证明，她的预感最后都变成了现实。林长民去世后，何雪媛一直跟随徽因同住。徽因去世后，由梁思成继续赡养。她果然跟了思成一辈子。

还有一个原因就是徽因和徐志摩纠缠不清的过往。如果让这样一个绯闻不断的留过洋的女孩成为自己的儿媳妇，李惠仙觉得心里委屈，更替儿子感到不值。在她心里，思成这样优秀的男孩，理所当然值得更好的女孩来配。何况，她觉得徽因陪儿子风花雪月、吟诗作画倒还可以，但是管家过日子的能力明显差了一大截。当下时局不稳，前路漫漫，谁的生活都不可能一帆风顺，徽因也许可以红袖添香，但是，如若遭遇变故，她能陪着思成同甘共苦、患难与共吗？

种种顾虑，导致她和女儿思顺铁了心想拆散这桩婚事。

遇到这样的事，徽因既觉得委屈，又不知如何应对。一时间，因为过度忧虑，身体竟生起病来。好在思成特别理解她。虽然处在左右为难的尴尬境地，他对徽因却一直耐心劝解，精心照顾。

他握着徽因的手，满含深情地说，"事情不会一成不变，过一些日子，母亲和大姐一定会接受你的。何况，我们还有父亲支持。"

四目相对，徽因想到两人在一起的种种不容易，眼泪唰唰掉下来。她想，茫茫人海，陪在自己身边的这一个，一定是对的人。

好在，思成的弟弟思永也在美国留学。一直以来，他不仅对徽因颇有好感，而且跟父亲一样，特别看好哥哥这门亲事。看到他俩终日愁眉不展，作为弟弟，亦是忧心。他多次给姐姐思顺写信，跟她说徽因种种的好。另外，他也三番五次给梁启超写信，恳请父亲多多劝说母亲和大姐。好在，风总会停，浪总会静，几个月后，思顺对徽因的态度终于有所改善。梁启超很开心，心想，过了女儿这一关，再把夫人说服了，思成和徽因就可以顺利完婚了。

　　然而，一波未平，一波又起。暑假过后，就在他俩信心百倍地进入宾夕法尼亚大学准备专攻建筑学时，思成的母亲病重住院。经检查，已是乳腺癌晚期。眼看着同甘共苦，相濡以沫的贤妻即将离去，梁启超悲痛万分，涕泪纵横。为了让母子见上最后一面，他火速发电报给思成，要他迅速回家尽孝。只是，因为路途遥远，即使他们马上出发也需要一个多月的时间，最终，李惠仙还是没能见到挚爱的儿子思成，于9月13日永远闭上了眼睛。

　　思成闻讯，伤痛欲绝。他和徽因强打精神，安顿学校诸多事宜，准备回国奔丧。然而，还未动身，梁启超的电报已然匆匆而至。他告诉思成，一切后事由家中亲人妥善料理，他和徽因在美国要安心学习，不必赶回。

　　思成作为长子，不能送母亲最后一程，心里实在过不了这个坎。他终日淹没在悲伤里，恨不得马上飞回去。徽因陪着他，一边柔声安慰，一边默默垂泪。虽然思成的母亲不喜欢她，一直反对他们在一起。但是，不管怎样，她都是思成最亲的人。爱，就是接受。她爱思成，就要接受他的一切，包括家里所有的亲人。何况，她一直从心里佩服伯母的识大体、顾大局，因此，纵然有些误解，内心依旧十分敬重。

　　只是，世上最怕的是来不及。山高水远，纵然快马加鞭，亦是无法赶上母亲的葬礼了。也许，这就是命运。有时，那个生命中最想见的人，偏偏离得最远。远到，一别就是一世，再也无法相见。

　　在徽因的柔声相劝下，思成的情绪渐渐稳定下来。冷静之后，他决定像徽因所说的那样，做个坚强的、有力量的男人。母亲一生要强，虽是一介女辈，胸怀与抱负却丝毫不亚于男人。她从小教育思成要胸怀天下，报效国家，长大后成为社会的栋梁之材。所以，现在，他对母亲最好的怀念是化悲痛为力量，用自己的努力和坚强告慰老人的在天之灵。

最好的爱情

宾夕法尼亚大学是全球顶尖的私立研究型大学，著名的八所常春藤盟校之一，于 1740 年由本杰明·富兰克林创建。校园坐落于费城，环境优美、学风浓郁，设有十多个研究型学院。20 年代的宾大建筑系是"布扎艺术"的堡垒，一些法国建筑大师纷纷被美国大学引入。法国著名建筑师保罗·克瑞在宾大担任系主任，吸引了很多心怀建筑梦想的优秀学生来这里学习。

徽因和思成满怀憧憬扑进宾大的怀抱，就是冲着建筑系的名气而来，希望通过在这里吸收营养，实现自己的建筑梦。只是，事情的发展总是跟想象得不一样。他们被告知，宾大的建筑系只收男生，不收女生。原因是建筑系的学生经常绘图，一画起来没个准点，熬夜赶图是家常便饭，女生由于无人陪伴不太方便。思成说，徽因有我陪伴，我保证她在哪里，我在哪里。徽因也向校方说明了自己对建筑的热爱，恳求能破例录取。只是，两个人磨破了嘴皮也没有用，无奈，徽因只好报了与建筑相关的美术系。不过，徽因实在不甘心。本来是她对建筑情有独钟，拉着思成来美国实现共同的理想。漂洋过海到了这里，却由于性别不能报名，这样的结果真的令人很沮丧。当时那种心灰意冷，正如她在作品中所写的：

> "在她的心里潜伏着一个深渊，扔下巨石也发不出声音。"

只是，徽因向来不是轻易被命运摆布的人，虽然不能成为建筑系的正式学生，但是，她依旧选修了建筑系几乎所有的课程。宾大的大学档案显示，自1926年春季班开始，徽因已是建筑系设计教授的助理，而下学期又当上了建筑设计课的辅导员。

宾大的巴黎古典主义教育基本功训练相当严格。古典绘画技巧，是建筑系学生必须反复研习的内容。一般情况下，画渲染画时必须重复五到十次才能完成。另外，建筑系的课业十分繁重，每周上课时间包括绘图有60多个小时。这是一种重复的练习，反反复复，真的是在考验人的耐心和毅力。教授总是随时发出指令，让学生在规定的时间内完成设计作业。这样的高强度绘图，思成有时不明白其中意义，也会写信和父亲抱怨，担心自己以后成为一个只知绘图的匠人。

梁启超在回信中鼓励他说：

> "你觉得自己的天才不能符你的理想，又觉得这几年专做呆板功夫，生怕会变成画匠。你有这种感觉，便是你的学问在这时期内将发生进步的特征。我听见倒是喜欢极了。孟子说：'能与人规矩，不能使人巧。'凡学校所教与所学总不外规矩方面的事，若巧则要离了学校方能发现。我一生学问

得力专在此一点。我盼望你们都能应用我这点精神。"

另外，他还来信劝告思成不要学得太专门，太死板。应该分些时间在有趣的艺术上。比如音乐、文学、戏剧等，不要把生活搞得太单调。太单调的生活，容易厌倦。

不得不说，梁启超在孩子们身上花费的时间和精力不亚于他们的母亲。这位开明的慈父，既对孩子们的生活贴心照顾，同时，也对他们的未来进行谋划和操心。几十年后，事实证明，付出就有回报，一切辛苦都不会白费。他的九个孩子，在中国个个成就斐然，赫赫有名，仅中科院院士就出了三位。所以，他被誉为"一门三院士，满庭皆才俊"之中国最强爹爹。

在美国的留学时光，徽因异常刻苦。与思成相比，虽然她在绘画和制图方面要弱一些，但是，这个灵动且思维跳跃的女孩，在构图和创意方面却相当出色。她脑子里迸出的灵感，新奇而独特，常常令教学经验丰富的教授亦颇为惊叹。不过，每个人都不可能完美。擅长了这方面，可能另一个方面就会弱一些。徽因自小性格急躁，缺乏耐心，做事往往虎头蛇尾，常常是灵感一来，匆匆画出草图，就弃之一边了。可以说，这对她学习建筑相当不利。好在，她有思成。思成一向性格沉稳，做任何事都有一股钻劲，不完成则不放弃。所以，他总是默默地把草图收集好，用他扎实的绘画功夫，把徽因一幅又一幅的半成品，完成得整洁而又漂亮。建筑系的一位年轻讲师、日后成为著名建筑师的哈贝森，曾经夸奖他俩的建筑图作业简直"无懈可击"。

后来，徽因曾在聊天时和朋友说过，她是个兴奋型的人，做事全凭灵光闪现，最不能坐下来慢慢修炼。人贵在自知。既知己长，又知己短，实在是难得。然而，最难得的是有一个既懂你，又能与你长短互补的爱人一直陪在身边。这样想来，徽因真的是幸运的，更是幸福的。最好的爱情，不是风花雪月，也不是飞蛾扑火，而是志同道合，比翼双飞，在彼此的陪伴下，在生命的旅途中遇到更好的自己。

虽然耐心不足，但是徽因的用功在学校却是出了名的。无论身处何境，她都知道自己在做什么，想成为什么。她在建造自己的船，在通往理想的道路上努力前行。所以，对她而言，苦不算什么，累也不算什么。同学都睡了，她仍然在教室加班做设计更是如同吃饭一样平常。因此，她的各科成绩都是当时最优秀的 D。有一位同学曾经在文章中这样描述过她：

> "她坐在靠近窗户能够俯视校园中一条小径的椅子上，俯身向一张绘图桌，她那瘦削的身影匍匐在那巨大的建筑习题上，当它同其他三十到四十张习题一起挂在巨大的判分室的墙上时，将会获得很高的奖赏。这样说并非捕风捉影，因为她的作业总是得到最高的分数或偶尔的第二。她不苟言笑，幽默而谦逊，从不把自己的成就挂在嘴边。"

学习用功，口才极佳，再加上天资聪慧，使这位中国姑娘在宾大脱颖而出。徽因不仅人缘极好，同学们都喜欢围在身边听她说话，而且在学院举办的各种设计比赛中屡屡获奖。虽然在建筑系是旁听生，由于其出色的表现和近乎完美的设计，竟被聘为建筑设计指导老师和建筑设计事务助理。

在林徽因的档案里还收藏着一份 1926 年发表在《蒙大拿报》对她的一篇采访，标题是《中国女孩致力于拯救祖国艺术》。采访中，徽因告诉记者：

　　"等我回到中国，我要带回什么是东西方碰撞的真正含义。令人沮丧的是，在所谓的'和世界接轨'的口号下，我们自己国家独特的原创艺术正在被践踏。应该有一场运动，去向中国人展示西方人在艺术、文学、音乐、戏剧上的成就。但是，绝不是要以此去取代我们自己的东西。"

　　采访的最后，这位满怀梦想的女孩说，"在中国，一个女孩的价值，最多存在于家庭中。我崇敬这里的民族精神。"

　　梁思成生性严肃，看上去比徽因安静许多，却是天生适合做学问的。他最大的强项是坐得住。读书、绘图、设计、泡图书馆，每一样都能静水流深。这个沉稳踏实的中国男孩由于成绩优秀、频繁获奖，同样深受老师和同学们的喜爱。在大家的印象中，他总是被钉在书桌前，远看如同一座雕塑。

　　同学陈植后来在纪念文章中写道：

　　"学识渊博、才华横溢、毅力惊人、贡献杰出是我对思成兄一生的概括。在宾大，担任思成兄与我的建筑设计导师斯敦凡尔特教授曾获巴黎奖在巴黎美术学院深造。思成兄就学期间全神以赴，好学不倦给我以深刻的印象。我们常在交图前夕彻宵绘图或渲染，他是精益求精，我则在弥补因经常欣赏歌剧和交响乐而失去的时间。在当时'现代古典'之风盛行的影响下，思成兄在建筑设计方面鲜落窠臼，成绩斐然，几次评为一级。他的设计构图简洁，朴实无华，但亦曾尝试将建筑与雕塑相结合，以巨型浮雕使大幅墙面增添风韵。他的渲染，水墨清澈，偶用水彩，则色泽雅淡，明净脱俗。"

"除建筑设计外，思成兄对建筑史及古典装饰饶有兴趣，课余常在图书馆做笔记、查资料、临插图，在掩卷之余，发思古之幽情。宾大的博物馆与建筑系近在咫尺。藏有我国古代铜、陶、瓷等文物，其中最令人感叹的是唐太宗陵墓的六骏之一竟被倒卖而存于异邦的博物馆。思成兄和徽因与我每往，必对这一浑厚雄壮的浮雕凝视默赏。思成兄本人又常徘徊于汉唐冥器之间，考古亦从喜爱成为他致志的方向。"

在宾大，徽因和思成这一对中国情侣，一个喜动，一个喜静，一个口若悬河，一个沉默微笑，在同学眼中，着实是极为有趣的一对。

大家都看得出思成对徽因的情深义重。徽因脾气急，有时不高兴还会要点小性子。思成对她总是有一种宽阔的包容。远离故土，他觉得自己是徽因唯一的依靠。所以，当她像小鸟一样，在美国的天空自由飞翔时，他觉得自己有责任看着她，管着她，保护她的安全。这样的约束，让徽因很恼火，有时一着急，还会跟他吵嘴。不过，思成似乎一点也没有脾气，更不会冲她发火，他总是极有耐心地好言相劝。据说，每次约会，梁思成都要在女生宿舍下面等半个多小时，才能看到林徽因打扮得当、袅袅婷婷从楼上走下来。因了这一幕，弟弟梁思永还为他们撰写了一副对联：

上联是"林小姐千装万扮始出来"，下联是"梁公子一等再等终成配"，横幅是"诚心诚意"。

徽因在美国如鱼得水，面对国内政治旋涡起起伏伏，林长民却苦于自己的一腔抱负无处实现。这位从青年时期就有志于改良社会的中华男儿，心里一直编织着自己的政治梦。

　　1925年，奉系的郭松龄到日本考察，听说张作霖正在日本买武器，要联合日本人与南方的国民军开战。他闻讯后怒火中烧，决定起兵反奉。只是，他觉得自己身边只有打仗将领，却无政治之才，内心不免担忧。这时，黎元洪向他推荐了林长民，说这个人是不世之才，可以委以重用。就这样，林长民认识了郭松龄。初次见面，两人就颇有相见恨晚之感。11月，郭松龄起兵反奉，请林长民来帐中辅佐，并发布了反奉宣言。当时，包括梁启超在内的很多朋友都劝林长民不要参与这场混战，然而林长民心意已决，根本听不进劝告。

　　接着，郭松龄率七万大军攻占山海关，夺取绥中、兴城，所向披靡，胜仗连连。只是，攻打至新民县巨流河时却遭到了日本关军的袭击。他的后方支援被切断，弹药库被烧，又遭到日本飞机的轰炸，最终一败涂地。

大雪纷飞中，郭松龄带着林长民等人坐马车向营口逃亡，很快被张作霖的骑兵追上，郭松龄和夫人迅速躲到了一个菜窖里，没有打仗经验的林长民却藏在了马车底下，转眼间已身中数弹。因为他身着白衣，一脸连鬓胡子，被骑兵误认为是日本人，为了避免纠纷，他们决定焚尸灭迹。就这样，本来还有一口气的林长民被活活地烧死了。

梁启超得到消息，如失手足，悲痛万分。因为尸体遭受焚烧，一时无法确认身份，他的心里还存有一丝希望，祈祷这个人不是宗孟。但是，这么大的事，梁启超知道瞒不住。于是发了急电和长信给思成。信中写道：

> "今天报纸上传出可怕的消息，我不忍告诉你，又不能不告诉你，你要十二分镇定着，看这封信和报纸。
>
> 我们总还希望这消息是不确的，我见报后，立刻叫王姨入京，到林家探听，且切实安慰徽因的娘。
>
> 我现在总还存万一的希冀，他能在乱军中逃命出来。万一这希望得不着，我有些话切实嘱咐你。
>
> 第一，你自己要十分镇静，不可因刺激太剧，致伤自己的身体。徽因遭此惨痛，唯一的伴侣，唯一的安危，就只靠你。你要自己镇静着，才能安慰她。
>
> 第二，这种消息，谅来瞒不过徽因。万一不幸，消息若确，我也无法用别的话解劝她，但你可以将我的话告诉她：我和林叔的关系，她是知道的，林叔的女儿，就是我的女儿，何况更加以你们两个的关系。我从今以后，把她和思庄

一样看待，在无可慰藉之中，我愿意她领受我这种十二分的同情，度过她目前的苦境。她要鼓起勇气，发挥她的天才，完成她的学习，将来和你共同努力，替中国艺术界有点贡献，才不愧为林叔的好孩子。这些话你要用尽你的力量来开解她。

　　徽因留学总要以和你同时归国为度。学费不成问题，只算我多一个女儿在国外留学便了，你们不必因此着急。"

徽因看到信，感觉自己整个人都被一块一块掰碎了，浑身上下没有一处不感到疼。从小到大，所有亲人中，她跟父亲最亲。父亲一直是她的天，现在，天塌了，她的人生也黑了。

"马上回国！"她一边祈祷这个消息只是谣传，一边流着泪和思成一起收拾行李。

往事历历在目，父亲的音容笑貌在脑海里无尽盘旋。她想，无论情况如何，她都要回去见上父亲一面。这世间，最懂自己的，只有父亲。他是她此生唯一的知己。何况，她也担心娘和年纪尚小的弟弟妹妹们。如果父亲真的没了，林家失了顶梁柱，他们怎么活下去？作为家中长女，她一直知道自己肩头的责任很重。如果父亲真的不在了，这个家只能由她撑起来。这样想着，徽因甚至有了退学的念头。

然而，这边还未动身，梁启超的电报已再次飘然而至：

　　"昨晚彼中脱难之人，到京面述情形，希望全绝，今日已发丧了。遭难情形，我也不必详报，只报告两句话，（一）系中流弹而死，死时当无大痛苦。（二）遗骸已被焚烧，无从运回了。徽因的娘，除自己悲痛外，最挂念的是徽因要急

然。我告诉她，我已经有很长的信给你们了。徽因好孩子，
琼来还能信我的话。我问她还有什么话要我转告徽因没有？
她说：'没有，只有盼望徽因安命，自己保养身体，此时不
必回国。'我的话前两封信都已说过了，现在也没有别的话
说，只要你认真解慰便好了。"

现在，仅存的一点希望也破灭了。徽因的心扑通一声落入深渊。
父亲没了，如同抽去了身体的骨骼，仿佛一切都空了。

现在，事情原委已然明了，即使赶回去也见不到亲爱的父亲了。
何况，思成的父亲已经把诸多家事安排妥当，母亲也明确表示不让自
己回去，她知道老人怕她奔波劳累，耽误学业。虽然一颗心痛得七零
八落，但是她绝不能让自己倒下去。父亲没了，生活还要继续。生
死离别每个人都会经历，只是，刚刚二十一岁的她，实在是经历得
太早了。

世事无常，有时，生活的变故总是让人束手无策。这变化，正应
了徽因1931年创作的处女作《谁爱这不息的变幻》：

谁爱这不息的变幻，她的行径？
催一阵急雨，抹一天云霞。
月亮，日影，在在都是她的花样，
更不容峰峦与江海偷一刻安定。
骄傲的，她奉着那荒唐的使命；
看花放蕊树凋零，娇娃做了娘；
叫河流凝成冰雪，天地变了相；
都市喧哗，再寂成广漠的夜静！

虽说千万年在她掌握中操纵，
她不曾遗忘一丝毫发的卑微。
难怪她笑永恒是人们造的谎，
来抚慰恋爱的消失，死亡的痛。
但谁又能参透这幻化的轮回，
谁又大胆的爱过这伟大的变幻？

最疼爱自己的爹爹走了，徽因不知道流了多少泪。她平生第一次，深切体悟到悲伤成河的感觉。好在，身边一直有思成相伴。陪她说话，给她读书，彼此拥抱，相互取暖。另外，梁启超的信也给了她支撑和力量：

"人之生也，与忧患俱来。知其无可奈何，而安之若命。你们都知道我是感情最强烈的人，但经过若干时候之后，总能拿出理性来镇住它，所以我不致受感情牵动，糟蹋我的身子，妨害我的事业。这一点，你们虽然不容易学到，但不可不努力学习。"

在梁启超和思成的鼓励下，徽因开始调整心态，重新投入繁重的学业。她告诉自己，眼泪是最没用的，一定要做个坚强的人，做个有担当的人。每个人都会遇到不幸，但是，是在不幸中沉沦，还是在不幸中奋起，最终结果全然不同。她暗暗发誓，自己绝不能给父亲丢脸，以后要加倍用功，力求在建筑上有所成就，告慰父亲的在天之灵。

从此，自小衣食无忧的林家大小姐开始尝试着吃一些苦，过清简的生活。后来，在给胡适的信中，她这样写道：

> "请你再告诉志摩，他怕美国把我宠坏了，事实上倒不
> 尽然。我在北平那一年的'spoilt'（娇惯坏了）生活用了三
> 年的工夫才一点一点改过来，要说'spoilt'世界上没有比
> 中国更容易 spoilt 人了，他自己也该留心点。"

另外，她从心底感激梁启超。这几年，老人为了思成和自己的婚事，真是付出了太多的时间和精力。现在，林家发生重大变故，他又负担起自己的全部费用，且妥善安置了北平的母亲，还时常写信来安慰自己，想到这些，心里真是感动复感动。所有感激都在心底。她想，现在爹爹没了，以后她要好好孝顺思成的父亲，把老人当作亲生父亲一样，给他宽慰，为他养老。

只是，她和思成都不知道，此时，梁启超的身体也每况愈下。早在多年前，他的肾就有问题，可是，由于一直忙于国事和家事，一直没有太在意。近来，他突然开始尿血，且越来越严重。吃了好多药，都没有效果。这些天由于忙着料理林长民的后事，以及挂心远在美国的两个孩子，身体状况更是急转直下。住进协和医院后，医生诊断为右肾患了肿瘤，需要切除。然而，命运却跟他开了个大玩笑。本以为切了坏掉的右肾，休养一些日子就能痊愈出院。未料，护士一时疏忽，在切割的部位划错了线，把右侧划在了左侧，导致最终误切了健康的左肾，却把右侧坏死的肾留下了。

徐志摩看到恩师被无能的医生折腾成这样，真是既生气又心疼，很快写了一篇《我们病了怎么办》发表在报刊上，一是发泄愤怒，二是提醒大家看病时一定要慎重，再慎重，以防误诊和误治。他在文章

中写道：

　　"……再如梁任公先生这次的白丢腰子，几乎是太笑话了。梁先生受手术之前，见着他的知道，精神够多健旺，面色够多光采。

　　协和最能干的大夫替他下了不容疑义的诊断，说割了一个腰子病就去根。腰子割了，病没有割。那么病原在牙；再割牙，从一根割起割到七根，病还是没有割。那么病在胃吧；饿瘪了试试——人瘪了，病还是没有瘪！那究竟为什么出血呢？最后的答话其实是太妙了，说是无原因的出血。所以闹了半天的发见是既不是肾脏肿病，又不是齿牙一类的作祟，原因是无原因的！我们是完全外行，怎懂得这其中的玄妙，内行错了也只许内行批评，哪轮着外行多嘴！但这是协和的责任心。这是他们的见解，他们的本领手段。后面附着梁仲策先生的笔记，关于这次医治的始末，尤其是当事人的态度，记述甚详，不少耐人寻味的地方，你们自己看去，我不来多加案语。但一点是分明的，协和当事人免不了诊断疏忽的责备。我们并不完全因为梁先生是梁先生所以特别提出讨论，但这次因为是梁先生在协和已经是特别卖力气，结果尚不免几乎出大乱子，我们对于协和的信仰，至少我个人的，多少不免有修正的必要了。'尽信医则不如无医'，诚哉是言也！但我们却不愿一班人因此而发生出轨的感想：就是对医学乃至科学本身怀疑，那是错了，当事人也许有时没交代，但近代医学是有交代的，我们决不能混为一谈。并且外行终究是外行，难说梁先生这次的经过，在当事人自有一种折服人的说法，我们也不得而知。但假如有理可说的话，我们为协和计，为替梁先生割腰子的大夫计，为社会上一般人对协和乃至西医的态度计，正巧梁先生的医案已经几于尽人皆知，我们即不敢要求，也想望协和当事人能给我们一个相当的解说。让我们外行借此长长见识也是好的！

要不然我们此后岂不个个人都得踌躇着：我们病了怎么办？"

然而，愤怒又能如何？割掉的肾是再也回不来了。因为这次失败的手术，本就身体虚弱的梁启超元气大伤，他心里隐隐知道，自己将不久于人世了。

只是，可怜天下父母心。纵然如此，在给思成和徽因的信中，梁启超依旧报喜不报忧，只为不让接二连三遭受打击的孩子们再生烦恼与痛苦。

爱如焰火

1926年夏天，徐志摩和陆小曼再婚的消息传到美国。有人说，当时林徽因的心里充满了醋意和嫉妒。我不这样认为。我想，徽因这般智慧和清醒的女子是不屑于嫉妒的。她与小曼不同。小曼与志摩一样崇尚爱情至上。然，在徽因心里，除了爱情，生活还有更为宽广的另一番天地。所以，多年以后，她才会冷静地对儿子梁从诫说："徐志摩当时爱的并不是真正的我，而是他用诗人的浪漫情绪想象出来的林徽因，可我其实并不是他心目中所想的那样一个人。"

她对志摩的确是有感情的，但是，她不要诗人梦幻破灭后，最美四月天只剩下万木皆枯的萧索。相比而言，她更爱思成带给她的山高水阔，琴瑟和鸣。因此，听到消息，她的心里没有嫉妒，却有着一股隐隐的担忧。她知道，志摩和小曼，一个风流才子，一个京城名媛，两个都是宁愿为爱情飞蛾扑火的人。他们爱得热烈，却也会因了这热烈，承受平常夫妻不会经历的疼痛。但是，毕竟相爱一场，历经万难终于修成正果，她从心底衷心地祝福他们。

陆小曼是何许人？她是梁启超的弟子、胡适和徐志摩共同的好友、时任哈尔滨市警察厅厅长王庚的妻子。只是，父母给小曼挑选的乘龙快婿并不合她的心意，王庚很爱小曼，但他能给的爱，却不是她想要的。正如她在日记里所写：

> "其实我不羡富贵，也不慕荣华，我只要一个安乐的家庭，如心的伴侣，谁知连这一点要求都不能得到，只落得终日里孤单的，有话都没有人能讲，每天只是强自欢笑地在人群里混。"

由此可见，众人眼中享尽荣华富贵的小曼，内心感受到的婚姻生活却是不压抑的，痛苦的，得不着安慰的。她需要一个懂得她、理解她、欣赏她、爱护她的知己，总之，她渴望一场真正的爱情。

就在这时，徐志摩出现了。正如张爱玲所言："于千千万万人之中遇到你所要遇见的人，千千万万年之中，时间无涯的荒野里，没有早一步，也没有晚一步，刚巧赶上了，这就是缘分啊！"彼时，因了徽因的拒绝和出国，志摩整个人像是被抽干了水分，一度萎靡不振。就这样，两人在彼此最需要的时候相遇，并一起跌入爱的漩涡。他们的爱情之路极其坎坷，但是，两个人都从未想过向世俗低头，更未想过放弃。为了与志摩在一起，小曼不仅铁了心和王庚离了婚，还做掉了肚子里刚刚怀孕的孩子，可见态度之坚决。同样，志摩的再婚请求也遭到了父母的强烈反对。在他的一再坚持和恳求下，最终，父亲开出了三个条件：一是婚事的费用自理，徐家不会出一文钱；二是要给幼仪一个公道，家产重新分配；三是婚礼必须由胡适做介绍人，梁启超做证婚人。

前两个条件都好办，第三个就很尴尬了。梁启超作为维新派的大师，个人生活一直非常严谨。纵然徐志摩是他的得意弟子，但是他们在婚姻、家庭方面的观念却迥然不同。当初，志摩和妻子张幼仪离婚他就极力反对，如今，又要娶王庚的妻子，实在不成体统。起初，他坚决拒绝做证婚人。后来，经不住胡适等人的一再劝说，再加上看到志摩一直苦追徽因未果，不免心生同情，最后才勉强同意。

婚礼于 8 月 14 日（农历七夕）在北海举行。当时，天南海北的社会名流聚集一堂，一起见证这场轰动北平却又极其尴尬的婚礼。

出乎意料的是，作为证婚人，梁启超在发言时竟指着徐志摩和陆小曼一顿训斥：

"我来是为了讲几句不中听的话，好让社会上知道这样的恶例不足取法，更不值得鼓励。徐志摩，你这个人性情浮躁，以至于学无所成，做学问不成，做人更是失败，你离婚再娶就是用情不专的证明！陆小曼，你和徐志摩都是过来人，我希望从今以后你能恪遵妇道，检讨自己的个性和行为，离婚再婚都是你们性格的过失所造成的，希望你们不要一错再错自误误人。不要以自私自利作为行事的准则，不要以荒唐和享乐作为人生追求的目的，不要再把婚姻当作是儿戏，以为高兴可以结婚，不高兴可以离婚，让父母汗颜，让朋友不齿，让社会看笑话！总之，我希望这是你们两个人这一辈子最后一次结婚！这就是我对你们的祝贺！我说完了！"

这番一反常规的证婚词，可以说令志摩和小曼丢尽了脸面，本来喜庆的婚礼也不欢而散。很多人不理解，梁公那般开明通达之人，为何要在婚礼上如此令大家扫兴。后来，在他写给女儿梁思顺的信中，他这样解释道：

"我昨天做了一件极不愿意做的事，就是去替徐志摩证婚。他的新妇是王庚的夫人。与志摩爱上才与王庚离婚，实在是不道德之极。志摩找到这样一个人做伴侣，怕将来痛苦会接踵而来，所以不惜声色俱厉地予以当头棒喝，盼能有所觉悟，免得将来把志摩弄死。我在结婚礼堂上大大地予以教训，新人及满堂宾客无不失色，此恐为中外古今未闻之婚礼也。"

另外，他在给美国的思成和徽因的信中也提及此事：

"徐志摩这个人其实很聪明，我爱他，不过这次看着他陷于灭顶，还想救他出来，我也有一番苦心，老朋友们对于他这番举动无不深恶痛绝，我想他若从此见摈于社会，固然自作自受，无可怨恨，但觉得这个人太可惜了，或者竟弄到自杀，我又看着他找得这样一个人做伴侣，怕他将来痛苦更无限，所以对于那个人当头一棍，盼望他能有觉悟（但恐很难），免得将来把徐志摩弄死，但恐不过是我极痴的婆心便了。"

可见，他的心里一直在为这个才华横溢却又固执己见的弟子忧心。一日为师，终身为父，不知志摩对梁公的苦心是否领情。只是，谁能料到，一句"免得将来把志摩弄死"真是一语成谶。事实证明，志摩和小曼虽然相互吸引，彼此相爱，婚后的日子却过得并不幸福。小曼喜欢热闹，耐不住寂寞，热衷于众星捧月繁花似锦的奢侈生活。婚后，她频繁出入各种交际场所，挥金如土，呼朋引类，后来还跟翁瑞午染上了吸鸦片的恶习。昔日风流倜傥的诗人，不得不身兼数职，为了赚钱供小曼挥霍而疲于奔命。

一天，志摩从北平返沪和小曼团聚，一直等到午夜，小曼才喝得酩酊大醉回来。他悉心劝导，小曼非但不听，还大发脾气，随手把烟枪扔到了他脸上。

那一刻，志摩对这场婚姻已是心灰意冷。后来，他在北平曾经给小曼写信：

> "我守了几年，竟然守不着一单个的机会，你没有一天不是在约会的，我们从来没有 privacy（私生活）过。到最近，我已部分麻木，也不向往那种世俗的幸福了。即如我前行，我过生日，你也不知道……"

爱如焰火，盛放的时候有多绚烂，幻灭的时候就有多沉寂。虽然志摩一直心存希望，盼着有朝一日小曼能头脑清醒。然而，这场旷世奇情，早已在一地鸡毛中，成了墙上的一摊蚊子血。

经历了内心的苦苦挣扎，诗人曾经高昂的头终于低了下来，他黯然地写道：

> 我再不想成仙，蓬莱不是我的分。
> 我只要这地面，情愿安分地做人。

为爱而生的诗人终究没有得到他一生为之追寻的灵魂之伴侣，留给世人的，只有一声又一声的叹息：

> 我将于茫茫人海中访我唯一灵魂之伴侣；
>
> 得之，我幸；
>
> 不得，我命；
>
> 如此而已。

著名心理学家罗杰斯曾经说过，爱是深深的理解和接受。理解生而为人的脆弱，接受生而为人的缺陷。志摩与小曼，恰恰少了这份理解和接受。其实，他们爱的，都是幻想中的彼此，并非真实的对方，最终，只能以悲剧收场。所以，婚姻并不是爱情的坟墓，缺乏理解和接受才是。

建筑是民族的象征

　　这边志摩与小曼磕磕绊绊过得水深火热，大洋彼岸，思成和徽因却在建筑的海洋中并肩遨游。

　　在宾大留学期间，思成系统地学习了《西方建筑史》课程，授课老师古米尔教授知识渊博，风趣幽默，把他带进了梦寐以求的科学殿堂，让他感到建筑史简直是世界上最有趣的一门学问。古米尔教授也很喜欢思成和徽因这一对才华出众的中国情侣，三个人常在一起聊天。

　　一次，古米尔问到关于中国建筑史的现状，思成和徽因面面相觑、一脸茫然。据他们了解，中国目前连把建筑当成艺术的人都没有，哪里会有记载中国建筑史的文字呢？古米尔听了颇感惊讶，并建议他俩以后多关注一下中国的历代建筑史。因为，建筑不仅是文化的象征，更是一个民族的象征。

　　这场谈话对思成震动很大。中国文化历史悠久，博大精深，那些珍贵的古建筑却常年流落民间，无人问津，长此以往，极有可能因为忽视而遭到破坏。这样一想，心里突然升起一种危机感，作为一个热爱建筑的中国人，不禁感到自己的肩头责任重大。自此，他有意把研究方向从西方建筑史转移到了中国古代建筑方面。

思成在图书馆泡了整整一个月，心里真是五味杂陈。他发现欧洲各国对本国的古代建筑都有系统的整理和研究，并写出了本国的建筑史，唯独中国这个东方古国，建筑方面的资料却没有留下只言片语。另外，他还发现，日本有一些学者对中国建筑非常感兴趣，几年前已经着手在研究，并取得了一定的成绩。这让他再一次感到吃惊。连日本人都在研究中国古建筑了，国人自己却视若无睹，真是令人无法理解。他下定决心要整理出一本中国建筑史，让那些凝固的音乐在祖国世代流传。

由于中国古建筑资料奇缺，他的研究只能暂时搁浅。这时，父亲给他寄来了古书《营造法式》的重印本。《营造法式》是北宋官员李诫编制的有关建筑设计、估工与算料的专书，略似于今天的设计手册与建筑规范，还包括各种工作、材料的定额指标，是现存中国古籍中最完整的一部建筑技术专书。梁启超在书的扉页上写道：

"一千年前有此杰作，可为吾族文化之光宠也。己朱桂辛校印蒇竣赠我，此本遂以寄思成徽因俾永宝之。"

这本建筑奇书让徽因和思成如获至宝，他们拿到后便如饥似渴地读起来。然，刚看了几页两人就陷入了无尽的失望与苦恼之中。因为，书中艰深晦涩的专业用语，对他们而言，如同天书，根本看不懂。但是，父亲的一句"俾永宝之"，足以说明这本古书的权威和价值。这样一本目前被发现的唯一的建筑学专著，立志把毕生奉献给建筑事业的思成又怎能放弃呢？知难而上方为大勇。因此，他不仅产生了注解这部古书的想法，而且更坚定了研究中国建筑历史，编写《中国建筑史》的强烈愿望。

　　1927 年 2 月，梁思成提前完成学业获得建筑学学士学位。同时，林徽因也获得了美术学学士学位，且作为最高奖励，一起被聘请到克雷的建筑师事务所实习。不过，思成并不满足于做个优秀的建筑师，他的愿望是从事中国建筑历史研究，以自己手中的笔，写出中国人自己的建筑史。因此，在 7 月拿到硕士学位后，他又向哈佛大学提交了攻读博士学位的申请，理由是"研究东方建筑"。随后，他很顺利地进入哈佛大学人文艺术研究院，信心十足地投入中国建筑的研究之中。只是，由于可供参考的资料稀少，虽然他研究了中国宫殿、庙宇、园林等建筑形式，却依旧无法完成《中国宫室史》的博士论文。正当苦闷之时，梁启超这个好父亲的信又到了：

　　　　"思成的《中国宫室史》当然是一件大事业，而且极有
　　成功的可能，但非到各处实地游历不可。"

　　父亲的话真是醍醐灌顶，不禁使他眼前一亮。确实，要写出真正的《中国宫室史》，不去实地考察研究，只在纸上谈兵怎么能行？于是，思成果断地中止了在哈佛继续查阅资料的工作，征得导师同意后，决定回国进行实地考察研究，以便高质量完成《中国宫室史》这篇论文。遗憾的是，想法归想法，计划永远赶不上变化。由于国内政治局势不稳定，后来他根本没有机会到全国各地进行调查研究，最终致使这篇论文未能完成。不得不说，这是中国学界的一大损失。

　　不过，任何付出都有一定的价值。虽然没有获得博士学位，但

是，哈佛教给思成的写作方法，以及父亲关于对建筑进行实地考察的建议，对他以后从事古建筑研究以及撰写《中国建筑史》大有裨益。

另外，思成进哈佛进修时，徽因出于对戏剧的喜欢，进入了离哈佛大学 200 公里以外的耶鲁大学戏剧学院，师从当时著名的戏剧舞台大师贝克教授学习舞台设计，自此，她成为中国第一个在国外学习舞台设计的学生。充满灵性的艺术天赋，使她在同学中很快脱颖而出。她设计的舞台布景照片，现在仍旧收藏在耶鲁大学的博物馆里。另外，后来在 1935 年的冬天，曹禺的戏剧《财旺》在天津公演，请徽因设计舞台布景。演出结束后各大报纸对此纷纷评论和赞美，足见其才华之灼灼。

> "布景和灯光，这不能不归功于林徽因女士的精心设计，建筑师的匠心。一座富于诗意的小楼，玲珑地伫立那里，弯弯的扶梯，远远的小月亮门，掩映着多年没有整理的葡萄架，含羞逼真的树木，是多么清幽……台上的一草一木，一石一阶，件件都能熨帖观众的每一个细胞。"

只是，对思成和徽因而言，美术、舞台设计不过都是为他们热爱的建筑做准备的，他们一生主攻的目标，始终是对中国建筑的研究。每个人生下来都有自己的使命。事实证明，这一对伉俪的使命就是研究中国建筑。回国后，他们为此付出了毕生的心血和努力，可谓鞠躬尽瘁，死而后已。

我得用一生去回答你

1927年年底，为了长子梁思成的婚事，梁启超虽在国内，依旧抱病为他精心策划了盛大的定亲仪式。那段时间，因了这件花好月圆的喜事，人人都说梁公看上去真是久违了的精神矍铄。

"思成，这几天为你们聘礼，我精神上非常愉快。你想，从抱在怀里的小不点点，是经过千灾百难的，一个孩子盘到成人，品性学问都还算有出息，眼看着就要缔结美满的婚姻，而且不久就要返国，回到我的怀里，如何不高兴呢。"

彼时，由于林长民已去世，徽因的母亲不方便行事，于是由徽因的姑父卓君庸出面洽谈婚礼事宜。按照传统规矩，梁家的聘礼是一件玉器，一件金如意。进庙祭祖时，梁启超诵读了自己亲自撰写的《告庙文》，且当日寄往美国，向儿子和儿媳致贺，并让他们妥善保存。

"我主张你们在坎京行礼，你们意思如何？我想没有比这样更好的了。你们在美国两个小孩子自己实在张罗不来，且总觉得太草率，有姐姐代你们请些客，还在中国官署内行谒祖礼（礼还是在教堂内好），才庄严得像个体统。婚礼只在庄严不要侈靡，衣服首饰之类，只要过得去便够，一切都等回家再行补办，宁可节省点钱作旅行费。"

"思成，得姊姊电，知你们定三月行婚礼，国币五千或美金三千可以给你，详信已告姊姊。在这种年头，措此较大之款，颇觉拮据，但这是你学问所关，我总要玉成你，才尽我的责任。"

慈父之爱，在字里行间涌动。按照梁启超的安排，思成和徽因的婚礼在加拿大渥太华举行。思成的姐夫周希哲在加拿大任总领事，梁启超便托女儿思顺代为操办弟弟的婚事。

梁启超的收入来源，一是稿费，二是任职清华的薪金，所以，他在信中会有措此大款，颇觉拮据之说。

"在美婚礼，我远隔不能遥断，但主张用外国最庄严之仪式。"

"婚礼所需，思顺当能筹划，应用多少可由思顺全权办理。"

"思成，你们若在教堂行礼，你的名字便用我的全名，用外国习惯叫做'思成·梁启超'。"

　　思成和徽因谨遵父亲的嘱咐，婚礼一切从简。除了婚戒，徽因没有买任何首饰。另外，最令人瞩目的是，结婚时，她没有穿西式婚纱，而是自己亲手设计并缝制了一套别致的"东方礼服"。这是史上独一无二的结婚礼服，前无古人，后无来者。因为，这套礼服既不是西式的，也不是中式的，而是舞台元素与东方元素糅合在一起的林徽因式礼服。最特别的是婚服的头饰：洁白的绢纱配着冠冕般的帽子，帽子中间的红色璎珞美得十分耀眼。美丽的徽因即将穿着这件摄人心魄的礼服，幸福地走向爱人梁思成的怀抱。

　　后来，徽因写的诗《一首桃花》正是抒发了当时幸福的心情：

　　　　桃花，

　　　　那一树的嫣红，

　　　　像是春说的一句话；

　　　　朵朵露凝的娇艳，

　　　　是一些玲珑的字眼，

　　　　一瓣瓣的光致，

　　　　又是些

　　　　柔的匀的吐息；

　　　　含着笑，

　　　　在有意无意间，

　　　　生姿的顾盼。

　　　　看——

　　　　那一颤动在微风里，

　　　　她又留下，淡淡的，

　　在三月的薄唇边，

　　一瞥，

　　一瞥多情的痕迹！

　　另外，婚礼最后并未按照梁启超的建议在教堂举行，而是选择了领事馆。这也正应了徽因对中西方文化的主张和坚持。她坦承过，虽然受过西式教育，但归根到底，骨子里她只是一个中国人。而在异国他乡，领事馆是唯一能与中国有关联又可以举行正式仪式的地方。所以，1928 年 3 月 21 日，就有了新郎穿西装，新娘穿自制礼服的这场名扬海内外的别致婚礼。

　　这就是林徽因。她向来有自己的主张和选择，任何时候都不会跟风和盲从。

　　从相识，到相恋，再到终成眷属，到现在已经整整过去了十年。其间，他们一起痛哭过，也一起欢笑过，经历了很多，也共同面对了很多。婚礼的前一天，思成按捺不住内心的喜悦，拉着徽因的手，情不自禁地说："有一句话，我只问这一次，以后都不会再问，为什么是我？"

　　徽因诗意且深情地答："答案很长，我得用一生去回答你，准备好听我了吗？"

　　她果然说到做到，相濡以沫，沧海桑田，陪伴了他一生。婚后，思成曾经自豪地跟朋友说："中国有句俗话：'文章是自己的好，老婆是人家的好。'可是对我来说，老婆是自己的好，文章是老婆的好。"

　　婚礼仪式结束后，思成和徽因牵着手，毕恭毕敬地向着祖国的方向深深鞠躬。四目相对，两个相爱的人眼含热泪，吟出了《诗经》中最著名的那两句：死生契阔，与子相悦；执子之手，与子偕老。

婚礼之后，思成和徽因一起赴欧洲度蜜月，这是父亲梁启超早在订婚时就已帮他们安排妥当的。这就是他在信中提到的"这是你学问所关，我总要玉成你"的源头所在。

原来，醉翁之意不在酒，此次蜜月之旅，并非单纯的游玩，而是让他们去欧洲考察建筑，为以后更好地研究学问做准备。

"你们最主要目的是游南欧，从南欧折回俄京搭火车也不太经济，想省钱也许要多花钱。我替你们打算，到英国后折往瑞典、挪威一行，因北欧极有特色，市政亦极严整有新意（新造之市，建筑上最有意思者为南美诸国，可惜力量不能供此游，次则北欧特可观），必须一往。由是入德国，除几个古都市外，莱茵河畔著名保垒最好能参观一二。回头折入瑞士，看些天然之美，再入意大利，多耽搁些日子，把文艺复兴时代的美，彻底研究了解。最后便回到法国，在马赛上船，（到西班牙也好，刘子楷在那里当公使，招待极方便，中世及近世初期的欧洲文化以西班牙为中心）中间最好能腾出时间和金钱到土耳其一行，看看回教的建筑和美术，附带着看看土耳其革命后的政治（替我）。关于这一点，最好能调查得一两部极简明的书（英文的）回来讲给我听。"

读着这样的信，谁的眼睛都会为之一热。梁启超，真的是天下难得的慈父！事无巨细，不仅为孩子考虑得相当周全，还详尽地描绘了考察路线。我想，他的九个子女个个都是国家之栋梁，跟这个父亲的殷殷关切、谆谆教导密切相关。

为了使孩子们旅行顺利，他还寄来了十多张名片，并嘱咐道：

"到欧洲往访各使馆时，可带着。投我一片，问候他们，托其招呼，当较方便些。你在欧洲不能不借使馆作通信机关，否则你几个月内不会得着家里人只字了。你到欧后，须格外多寄些家信（明信片最好），令我知道你一路境况。"

只是，孩子毕竟是孩子。他们很难体会父母的牵挂，又或者是玩得太开心了，总之，梁启超只收到了他们在巴黎时写的一封信，并未收到来自其他地方的明信片：

"你们沿途的明信片尚未收到，巴黎来的信已到了。那信颇有文学的趣味，令我看着很高兴。我盼望你们的日记没有间断。日记固然以当日做成为最好，但每日参观时跑路极多，欲全记甚难，宜记大略而特将注意之点记起（用一种特别记忆术），备他日重观时得以触发续成，所记范围切不可宽泛，专记你们共有兴味的那几件——美术、建筑、戏剧、音乐便够了，最好能多作'漫画'。你们两人同游有许多特别便利处，只要记个大概。将来两人并着覆勘原稿，彼此一谈，当然有许多遗失的印象会复活许多，模糊的印象会明了起来。能做成一部'审美的'游记也算得中国空前的著术。况且你们是蜜月快游，可以把许多温馨芳洁的爱感，迸溢在字里行间，用点心去做，可成为极有价值的作品。"

殷殷之心，天地可鉴。拥有这样的父亲，思成和徽因真是有福了。

从留下的照片上可以看出，他们这趟旅行最精彩的行程是法国巴黎的塞纳河畔。八年前，徽因和父亲曾经来过这里。那时，她还是一个16岁的少女，像只刚刚飞出笼子的小鸟，每一天心里都开着花。那时，疼她的爹爹一身白衫白裤，走到哪里都是长须飘飘，风流倜傥。而如今，时过境迁，物是人非，她已是结了婚的少妇，而亲爱的爹爹也去了另一个世界。世事无常，仅仅过去八年，仿佛一切都改变了。

徽因和思成在凯旋门留了影，首先来到了世界最高建筑之一——埃菲尔铁塔。这是巴黎这座城市的象征性建筑，为纪念法国大革命胜利100周年而建，被法国人亲切地称为"铁娘子"。埃菲尔铁塔高300米，天线高24米，总高324米。塔分三楼，分别在离地面57.6米、115.7米和276.1米处，其中一、二楼设有餐厅，三楼建有观景台，从塔座到塔顶共有1711级阶梯。埃菲尔铁塔钢铁构件有18038

个，重达 10000 吨，施工时共钻孔 700 万个，使用 1.2 万个金属部件，用 250 万个铆钉连接而成。这种构造与中国的木塔和用砖石砌成的石塔截然不同，这让思成和徽因感到很新奇，对他们后来研究中国古建筑颇有参考作用。接下来，他们又游览了巴黎圣母院和卢浮宫。每到一处，都如饥似渴地欣赏、"阅读"，争分夺秒地拍照。如果时间允许，两人还会拿出画夹子画上一张图。

此时的徽因，并不知晓未来还有更艰难的日子在等着她，现在，她的心里只有对建筑的喜爱，以及对未来的憧憬。一如后来她在那首《激昂》的诗中所写的：

> 我要藉这一时的豪放
> 和从容，灵魂清醒的
> 在喝一泉甘甜的鲜露，
> 来挥动思想的利剑，
> 舞它那一瞥最敏锐的
> 锋芒，象皑皑塞野的雪
> 在月的寒光下闪映，
> 喷吐冷激的辉艳；——斩，
> 斩断这时间的缠绵，
> 和猥琐网布的纠纷，
> 剖取一个无瑕的透明，
> 看一次你，纯美，
> 你的裸露的庄严。
> 然后踩登
> 任一座高峰，攀牵着白云

和锦样的霞光，跨一条

长虹，瞰临着澎湃的海，

在一穹匀静的澄蓝里，

书写我的惊讶与欢欣，

献出我最热的一滴眼泪，

我的信仰，至诚，和爱的力量，

永远膜拜，

膜拜在你美的面前！

　　离开浪漫之都巴黎，他们又去了意大利米兰、威尼斯等十多个城市，这些城市的建筑各具特色，真是让这对年轻人大开眼界。目睹之后才知道，世界建筑艺术真的是太博大精深了，他们在宾大学习的，不过是冰山一角。欧洲旅游结束后，他们留下了很多照片、绘图和数据，遗憾的是，照相机的镜头只顾对着建筑物了，徽因的照片只有几张，两个人的合影才一张。

　　徽因因很多地方没有留下照片而有点不开心。要知道，欧洲不比国内，这些地方极有可能一辈子只能去一次，以后再也没有机会了。

　　思成说："没关系，反正你在哪里拍照都是一样的。"

　　徽因不解，歪着头看着他。

　　"因为你太美了，所有的建筑物都只能做你的背景。"

　　哈，看看，谁说我们的大建筑家刻板得像一块木头啦，人家的情话说得堪称一流呢。

父爱如山

这边，思成和徽因尚未返程，父亲梁启超已经在国内帮助他们谋划工作的事了。

"思成，你们回来的职业，正在向各方面筹划（虽然未知你们自己打何主意）。一是东北大学教授，一是清华学校教授，成否皆未可知，思永当别有详函报告。另外还有一件'非职业的职业'——上海有一位大藏画家庞莱臣，其家有唐（六朝）画十余轴，宋元画近千轴，明清名作不计其数。这位老先生六十多岁了，我想托人介绍你拜他门，当他几个月的义务书记，若办得到，倒是你学文前途一个大机会。你的意思如何？亦盼望到家以前先回信表示。你们既已成学，组织新家庭，立刻须找职业，求自立，自是正办。但以现在时局之混乱，职业能否一定找着，也很是问题。我的意思，一面尽人事去找，找得着当然最好，找不着也不妨，暂时随

缘安分，徐待机会。若专为生计独立之一目的，勉强去就那
不合适或不乐意的职业，以致或贬损人格，或引起精神上苦
痛，倒不值得。一般毕业青年中大多数立刻要靠自己劳作去
养老亲，或抚育弟妹，不管什么职业得就便就，那是无法的
事。你们算是天幸，不在这种境遇之下，纵令一时得不着职
业，便在家里跟着我再当一两年学生（在别人或正是求之不
得的），也没什么要紧。所差者，以徽因现在的境遇，该迎
养她的娘才是正办，若你们未得职业上独立，这一点很感困
难。但现在觅业之难，恐非你们意想所及料，所以我一面随
时替你们打算，一面愿意你们先有这种觉悟，纵令回国一时
未能得相当职业，也不必失望沮丧。失望沮丧，是我们生命
上最可怖之敌，我们须终身不许他侵入。"

　　从任公的这封信中，可以想象当时中国的社会是多么混乱。思成
和徽因都是拿着双学位的海归一族，而且有一个在北平有头有脸的父
亲，工作尚且难以落实，那么，平民百姓又能到哪里去寻生计？这样
的情况下，徽因虽然嘴上不说，但是心里却非常着急。毕竟，她有娘
亲要养，还有弟弟妹妹需要接济。身为家中长女，离家数年，这次回
来，她应该担负起家庭的责任。所以，若不是为了喜爱的建筑，她早
已归心似箭，恨不得赶紧飞到娘亲的身边。
　　这时，父亲梁启超的信又到了：

　　"思成的工作已经确定下来，已接到东北大学的聘书，
月薪265元。这是初任教教员的最高薪金，暑假一结束就要
开始上课。那边的建筑事业将来有大发展的机会，比温柔乡

的清华园强多了。但现在总比不上在北京舒服，我想有志气

的孩子，总应该往吃苦路上走。"

接到父亲的信，小夫妻开心极了。只要通过努力，能够实现心中的建筑理想，他们不怕吃苦，也不怕受累。

什么叫理想？朝思暮想、做梦都想、时刻都想，而且一想起就热血沸腾，这才叫理想。所以，在应该奋斗的年纪又怎么能选择安逸呢？正如思想家余世存在《时间之书》中所写：年轻人，你的职责是平整土地，而不是焦虑时光。你做三四月的事，在八九月自有答案。

是的，东北大学，就是他们实现理想的起点。在那里，梁思成将创建中国第一个建筑系专业。

就这样，徽因和思成坐着火车从欧洲回国了。生命向前，人生向后。望着窗外渐渐远去的风景，两颗心泊满了对未来的憧憬和希望。

在返程的列车上，他们认识了来自美国的查理斯夫妻。由于朝夕相处，相谈甚欢，彼此竟成了朋友。后来，查理斯在回忆文章中曾写道：

"旅客群中，这一对迷人的年轻夫妇显得特别醒目……一对花蝴蝶一样。除了那自然的沉默寡言以外，在我们看来他们好像反映着一种不可抗拒的光辉和热情……他们回到了一个忽然间变得不熟悉而混乱的中国，然而他们还是决心要找到自己的位置并把他们新的技能和创造力贡献给杂乱无章的环境。他们有充满田园诗歌般的憧憬的时刻，其余的则让位于怀疑。"

　　正如查理斯所言，思成和徽因回来了，回到了阔别四年的祖国。北平看上去仿佛还是原来的样子，却早已发生了太多的变化。亲爱的爹爹不在了，整个国家也更加四分五裂。这样的社会现状，想要施展他们的才华，对水深火热的国家产生实质性的影响，几乎是不可能的。这样想着，不免又心灰意冷起来。

　　好在，他们还有梁启超这个好爹爹。梁家因了这对新人回家显得格外喜气洋洋，梁启超看着学成归来的儿子和儿媳，精神一下子好了很多。他兴高采烈地看着孩子们带回的礼物，以及各国的建筑资料，不禁佩服他们的认真和细心，心想，他的思成天生就是做学问的啊，现在，身边又有聪慧懂事的徽因相伴，只要给他们一片天空，就能带着理想飞翔。此时此刻，他的心里真是无限欢喜。孩子长大了，能够独立了，他也可以放心了。

　　后来，他在给女儿思顺的信中表述了自己那几日的心情：

　　　　"新人到家以来，全家真是喜气洋溢。初到那天看见思成那种风尘憔悴之色，面庞黑瘦，头筋涨起，我很有几分不高兴。这几天将养转来，很是雄姿英发的样子，令我越看越爱。看来他们夫妇体子都不算弱，几年来的忧虑，现在算放心了。新娘子非常大方，又非常亲热，不解作从前旧家庭虚伪的神容，又没有新时髦的讨厌习气，和我们家的孩子像同一家模型铸出来的。"

　　只是，思成和徽因不知道，这世间最爱他们的爹爹梁启超很快将不久于人世了。这些日子，为了孩子的婚事以及未来的事业，他真是殚精竭虑，费尽心思。他拖着病体走访老友、拜访校长，只为孩子能有一份舒心的工作。纵观自己的一生，从热衷于政治，最后归于安静地做学问，他知道选择对一个人的一生是多么重要。唯有所爱之事，才能带领生命走向幸福之地。有生之年，他只想尽全力最后再帮儿子一把。

做父母的，总是只想着让孩子宽心，以便全心投入工作中去。所以，在前不久给思成的信中，他甚至以报喜的语气，告诉他们自己的身体正在逐渐好转：

> "思成、徽因，我将近两个月没有写孩子们的信了。今最可以告慰你们的，是我的体子静养极有进步。半月前入协和灌血并检查，灌血后红血球竟达到了 420 万，和平常健康人一样了。你们远游中得此消息，一定高兴百倍。"

父爱如山，一直在身后给予孩子最大的支撑。父爱不言，却是人世间最深沉，最厚重的。就这样，思成和徽因在父亲的百般鼓励与支持下，在阳光般的温暖中，踏上了一路向北的列车。前方，沈阳的东北大学，正等着他们。

第六章

执教东大，明月松间照

她的发型、她的衣饰、她的一举手一投足，都是大家下课后的谈资。

切切故乡情

东北大学成立于 1923 年，由张作霖命奉天省长兼财政厅厅长王永江筹办并兼任校长。1927 年，由当时的奉天省省长刘尚清兼任第二任校长。

1928 年 6 月，发生了震惊中外的皇姑屯事件，张作霖被炸身亡。两个月后，接替父亲主持东北军政的张学良继任东北大学第三任校长，并提出了"研究高深学术，培养专门人才，应社会之需要，谋求文化之发展"的办学宗旨，且先后捐出其父留下的大部分遗产约 180 万银圆，用于扩建校舍、高薪礼聘著名学者、购置国外先进实验设备、资送优秀学生出国等事宜。此时的少帅，在内心已经倾向于与蒋介石联合，这使东北的天空出现了少有的和平。他抓住机遇，大肆改革，使得东北一派蒸蒸日上的景象。最重要的是，颇有先见之明的他在东北大学筹建了中国第一个建筑系。这样，刚刚从美国留学归来、满腔建筑抱负的梁思成和林徽因正好有了用武之地。

开学前，林徽因先回了趟福州老家，一是探亲，二是接回自己的娘。父亲中流弹身亡后，徽因的母亲、三娘程桂林和孩子们一起被叔叔林天民接回老家居住，至今已三年。三年来，徽因无时无刻不在牵挂着母亲。如今，这个一直抱怨守活寡的女人，终于真的守了寡，她的内心比之前更孤独，更忧郁。有人说，守活寡与守死寡有什么区别？反正都是守寡。其实是不一样的。守活寡是人活着，但没在身边，所以一直还心存希望。人死了就不一样了，那是永远的黑夜，天再也亮不起来了。徽因理解自己的娘。她的性格造就了她的命运，她的命运又让她无法选择自己的人生。也许，一生安命，就是她的选择。

娘瘦了很多，见到女儿，没有笑容，只有眼泪。徽因一边帮她擦眼泪，一边说，"娘，从现在起，你一直跟着我，我们再也不分开。"

在福州，徽因探望了亲戚长辈，以及叔父林天民一家。同时，还受到了父亲1910年从日本留学归来，与同学刘崇佑共同创办的私立福建法政专科学校同仁的热烈欢迎。现在，还留存着一张当时她在学校门口与大家的合影。徽因梳着短发、穿着素雅的旗袍，拿着手包，亭亭玉立地站在弟弟妹妹们中间。那一刻，她在想什么呢？我想，她一定在想亲爱的爹爹吧。她到的地方，都是爹爹曾经到过的，可是，这个生命中最疼自己的人，就这样离开了。没想到，去美国留学前的一别，竟是永远。

是啊，有时，我们总是对重复感到厌倦，甚至渴望平淡的生活能够发生一些改变。然而，当变故风卷残云般袭来，我们才明白，原来，那些重复的日子，竟是那样珍贵和幸福。因为，哪怕再重复着过一天，亦是不能够了。

叔父林天民对徽因这个侄女既欣赏又喜欢。虽然他学的是电气工程，却对建筑也有着相当的兴趣，所以两人聊起天来颇有共同语言。

那段时间，他正准备建设东街文艺剧场，想请徽因来设计。徽因谦虚地说她是学建筑而不是学设计的。不过，在叔父的坚持下，在布局和结构上她还是提了些建议。据妹妹林新声说，徽因姐姐福州话说得相当好，且最爱吃福州菜。另外，在家乡短短一个月的时间，她还应邀到乌石山第一中学以及仓前山英华中学做过《建筑与文学》和《园林建筑艺术》两场演讲。清亮的嗓音、优雅的举止、姣好的容貌、博学的气质，使她走到哪里，哪里就爆发出热烈的掌声。

当然，忙碌之余，喜欢大自然的徽因也到避暑胜地鼓岭游览了一番。坐着轿子走在山路上，头顶是蓝天白云，眼前是漫山遍野的浓浓的绿，她享受着人间美景带给身心的乐趣，脸上泊满了灿若桃花的绚烂。

只是，家乡再美也不能久待，对亲人们再依依不舍还是得离开，此时此刻，思成正在东北大学等着她。那里，有她的事业，有她的理想，还有刚入学的40多个学生满眼的期待。

刚刚成立的东北大学建筑系，除了一间教室，什么都没有。徽因和思成除了授课，还要管理一切日常事务。另外，因为没有现成的教材，课本也只能亲自编撰。为了让教材形象化，使学生们听起来通俗易懂，他们把美术、绘画、历史等学科与建筑融在一起，真是别有洞天。人少，工作强度大，两个人没日没夜地工作。为了心中所爱，这对敬业的伉俪也真的是拼了。好在两个人都年轻，意气风发，年富力强，每天只能睡四五个小时亦不觉得疲累。

在建筑系开展的课程中，徽因负责讲授美术和建筑设计，梁思成负责讲授建筑学概论和建筑设计原理以及具有独特风格的西洋建筑史。

思成讲课颇受欢迎。他把教案写在卡片上，分门别类，用细绳扎起来备用。讲课时，他一向都是脱稿，即兴发挥，力求深入浅出。他的课最吸引学生的是视觉形象化。当时不比现在，教室可以安装电教设备，也可以用电脑提前做好PPT，他有的，只是一张嘴和一支笔。

为了把抽象的建筑讲得形象生动，上课时他总是少说话，多画图，以便化抽象为具象，让他的学生能更好更快地掌握。所以，他的每一节课都会绘图，下课后，黑板上总会出现一幅漂亮的建筑物剖面图，导致擦黑板的同学在劳动时总是心疼得不得了。

他的学生张翔曾回忆道：

"先生虽然个头不高，但两眼炯炯有神，而且带着对建筑学专业的无比热爱和自信，给人以很大的感染力。先生的第一句话就说，建筑是什么？它是人类文化的历史，是人类文化的记录者，它反映时代的步伐和精神。最后他又总结说，一切工程都离不开建筑，任何一项建设，建筑必须先行，建筑是工程之王。听了先生的这一篇讲演，我下决心一定要学好建筑，不再转系。"

后来，他果然不负先生厚望，成了一名著名的建筑师。

只是，纵然这样，还是有几位同学打了退堂鼓。由于报名的时候只是出于好奇，并不知道建筑系究竟是学什么的。一上课，听先生说学习建筑专业要耐得住寂寞，肯吃苦头，还要有持之以恒的精神，不禁兴趣大减。接下来，又听说还要赶夜车画图，马上就溜之大吉了。思成并不阻拦，更不强留。如果不够喜欢，勉强做是做不好的，最后仍是半途而废。那又何必？不如开始就放弃，如此，方可善始善终。何况，这世间，但凡做学问就没有容易的，从事建筑更是如此。每个人都有权利选择自己的道路，他理解。

与思成的严谨相比，徽因的课让学生们更感兴趣。因为这位年轻的女先生真是太美了。建筑系清一色的男生，美女老师本来就容易把他们的目光吸引过去。

那么，徽因到底有多美呢？陈衡哲的妹妹陈受鸟曾经这样描述后她与徽因偶遇时的感受：

"那年春夏之交，我因病休学在香山脚下亲戚家的别墅休养，有一天同一位朋友上山游览，半山上一顶山轿下来，我看见轿子里坐着一位年轻女士，她容貌之美，是生平没有见过的，想再看一眼，轿子很快下去了。我心中出现'惊艳'两字。身旁的人告诉我，她是林徽因。用什么现成的话赞美她？'闭月羞花''沉鱼落雁'等都套不上。她不但天生丽质，而且从容貌和眼神里透出她内心深处骨头缝里的文采和书香气息。我今生今世，认定了她是我所见到的第一美人。没有一个人像她那样使我一瞬难忘，一生倾倒。"

如此美丽的林先生，袅袅婷婷走进教室，往讲台上一站，所有的学生立马行注目礼。因为，她的发型、她的衣饰、她的一举手一投足，都是大家下课后的谈资。

当然，除了出众的美貌，林先生柔美清丽的嗓音和一口标准流畅的英语也让学生大开眼界。再加上她见多识广、学识渊博，讲课时音乐、美术、戏剧及舞台设计等艺术无不信手拈来，所有种种都让大家佩服得五体投地。在他们眼中，林先生不仅教授建筑知识，而且每时每刻都让他们感受到了美，仿佛徜徉在艺术的殿堂里。我想，如果当时有人问：诗和远方在哪里？也许，大家都会齐声答道：就在林先生的课堂上。

这一年，张学良征集东北大学新校徽图案。林徽因参加了设计。

她想到象征东北的长白山和黑龙江，灵光一闪，铺开画纸就描出了"白山黑水"的校徽图案，一举夺奖，并获得了 400 元奖金。

都说万事开头难，但，这只是针对一部分人而言。在林徽因和梁思成眼中，所有的困难不过都是通往理想的台阶，他们不怕，更不会后退。只要心里有方向，有希望，他们除了前进，就是再前进。

事实上，徽因来东大没多久就怀孕了，可不知情的人根本看不出林先生肚子里还藏着小宝宝。因为，她每天照样加班加点，有时备课，有时给学生们补习英语，几乎天天忙至深夜，甚至，还带着大家去爬学校操场后山的北陵。

累了一天，晚上，小两口躺在床上，才想起肚子里的宝贝。她问身旁的思成："你喜欢女孩还是男孩？"

"都喜欢。不管是男孩还是女孩，都是我们的希望。"

是啊，每一个孩子都是父母的希望。纵然思成和徽因是世上难得的才子佳人，他们依旧贪恋着凡俗的幸福和温暖。新的生命即将到来，将为他们展开另一片新天地。

可是，正当他们准备迎接新生命的时候，却收到了父亲梁启超病危的电报。两个人的心一下子提到了嗓子眼，眼泪唰唰掉下来。就在几天前，他们刚刚收到了父亲的来信：

> "这回上协和医院一个大当。他只管医痔，不顾及身体的全部，每天灌两杯泻油，足足灌了十天，把胃口弄倒了。临退院还给了两大瓶，说是一礼拜继续吃，若吃多了非送命不可。也是我自己不好，因胃口不开，想吃些异味炒饭、腊味饭，乱吃了几顿，弄得肠胃一塌糊涂，以至发烧连日不止。人是瘦到不像样子，精神也很委顿……好容易到昨今两天热度才退完，但胃口仍未复原，想还要休息几日。"

当时收到信，思成就感到有些异样。因为，这不像父亲一贯的做法。自记事起，父亲一直乐观向上，即使在日本逃亡时都不曾沮丧过。而且，为了怕他们担心，近几年，聊到自己的身体情况，他总是报喜不报忧。可是，这封信实在太不像他的风格，不仅字里行间泛着颓败，而且字迹也写得很潦草。本来，他和徽因商量着一放寒假马上回家看望老人，不想现在还没挨到放假，父亲病情就加重了。

两人一刻也不敢耽搁，赶紧跟学校请了假，坐上了回北平的火车。

一路颠簸，到了协和医院，看到躺在病床上的父亲面容枯槁，神情极度憔悴，如同被风抽干了水分的叶子，两人不禁泪如雨下。此时，梁启超已经说不出话，但是，看到自己最钟爱的儿子和儿媳回来了，黯淡的双眸仍旧燃起了一丝光亮。

医生告诉他们，这次先生可能要回天无力了。在他的血液里发现了大量的末乃利菌，这是一种世界罕见的病症，当时的医学文献上只有三例记载，均在欧美，梁先生是第四例。灭除此菌的唯一药物是注射碘酒，但是，先生的身体太弱了，无法抵御药物的副作用，所以，目前只能靠强心剂维持生命。

听了医生的分析，思成和徽因强忍悲痛，终日守着病床服侍父亲。他们无论如何也想不到几个月前分别时还精神饱满的父亲，现在说不行就不行了。不过，思成心里还抱有一线希望，他想，父亲是梁启超啊！他的内心一直充满活力，蓄足了力量。他一定会挺过这一关的。

几天后，徐志摩从上海匆匆赶来，探望久未见面的恩师。在病房门口，他遇到了徽因。阔别四年，再次重逢，两个人都淌下了热泪。

他问，"徽徽，你还好吗？"

徽因点点头，问，"你呢？"

志摩也点点头，"嗯，还不错。"

四目相对，所有的语言都在眼睛里。自从康桥相遇，他们一直是彼此心中非常重要的那个人。也许，这就是灵魂相通。很少见面，很少说话，甚至很少联系，平时各忙各的，却从未疏远过。因为，他们一直在对方内心深处闪烁着，彼此需要的时候，一直都会在。

梁启超看见志摩，眼睛也亮了一下。想说什么，却一句也说不出来。志摩说，"恩师，学生来看您了。您安心静养，等您养好了身体，才有力气训我啊！"

遗憾的是，这次他的恩师再也训不动了！1929年1月19日下午2时15分，一代巨人梁启超溘然长逝，享年仅仅56岁。告别时，没能留下只言片语。他的人生，如同正在写作的《辛稼轩年谱》一样，都是此生未完成。

是啊，谁又能真正完成自己的人生呢？每个人心中都有一份生命清单，然而，死亡总是无法预料，倏忽突至。清单上列出的事情，我们大都没有完成。有的是因为来不及，有的，却是来得及但没有去做。我们总以为生命还很长，长到有时竟会心生厌倦，殊不知，无常和意外总是悄悄躲在我们看不到的拐弯处，趁人不备，突然降临。

噩耗传来，一时间，惋惜声一片，社会各界纷纷在报纸上撰文，痛悼这位中国文化界的伟大先驱。

父亲的辞世，让思成只感觉心的哪块似缺了口，疼痛如潮，汹涌漫过。他强忍悲痛，向亲友们发出了简短的讣告：

　　"家主梁总长任公于一月十九日未时病终协和医院，即
　　日移入广惠寺，二十一日接三。"

当时，来吊唁的人络绎不绝，仅挽联就送来三千多幅。徽因身为

梁家长媳，与其他子女一起，身着孝服，跪在地上，向每一位来宾叩首答谢。

接三之后，徽因和思成为父亲设计了墓碑，把他与母亲李惠仙合葬在一起。他们没想到，从宾大建筑系毕业后设计的第一件作品，竟然是献给父亲的。墓碑很简单，碑上没有任何表明墓主生平事迹的文字，正面只刻了一行字：

"先考任公府君暨李太夫人墓"

背面是九个子女的名字。

思成知道父亲一生崇尚简朴，他一直记得，父亲曾经说过的话，"知我罪我，让天下后世评说，我梁启超就是这样一个人而已。"这一世，有一个懂自己的儿子，梁公可以含笑九泉了。

挽联中，沈商耆写的正好与他的话相呼应：

"三十年来新事业，新知识，新思想，是谁唤起？
百千载后论学术，论文章，论人品，自有公评。"

初为人母

梁启超的离世，让徽因和思成失去了人间最后一个可以依靠的长辈，自此，他们只能互相依靠，抵御人间的风风雨雨。想着父亲种种的好，以及老人弥留之际眼神里依依不舍的牵挂，无尽悲伤排山倒海般袭来，日复一日。

然，逝者已逝，活着的人，还是要坚强地活下去。何况，他们还有刚刚开始的事业支撑着，另外，徽因还孕育着新生命。

安排好家中诸多事宜，寒假结束，他们又返回了东大。

这时，肚子里的宝贝已经将近四个月了。有时，她会轻轻地动几下，缓缓地，像小桥流水，又似蝴蝶轻飞。徽因情不自禁地把手放到肚子上，内心被一种从未有过的情感震撼着。她想，这是孩子在跟自己打招呼吧？虽然尚未发育完全，却在以独特的方式证明自己的存在。小家伙仿佛听懂了，又开始动起来，似大海卷起的小浪花，柔柔地兀自汹涌。

即将为人母、为人父的喜悦，渐渐稀释了失去父亲的悲伤，繁忙的授课之余，他们一起憧憬着这个神秘的新生命。小家伙是男孩还是女孩？像父亲还是像母亲？生出来有头发吗？多重？皮肤白吗？太多的好奇，太多的疑问，等着揭晓答案。

在小夫妻殷切的盼望中，1929 年 8 月，他们的宝贝女儿出生了。徽因望着眼前娇嫩的小人儿，一颗心瞬间填满了母性的柔情。为了纪念敬爱的父亲，再造"饮冰室的辉煌"，他们给女儿取名"再冰"。

梁启超一生勤奋，在政治活动占去大量时间的情况下，每年平均写作竟可以达到 40 万字。其中，大部分著述都是在天津饮冰室书斋完成的。他用一生的孜孜以求、身体力行，成为儿女们最好的榜样。

初为人父，思成更是开怀。他一边讲课一边精心照顾着心爱的妻子和宝贝女儿。曾经饭来张口衣来伸手的梁家大少爷，现在竟然学会了做饭，煲汤，换尿片。用他的话说，爱的力量是巨大的。只要心中有爱，没有什么是学不会的。

只是，初为人母的快乐很快被漫无止境的琐碎淹没了。徽因没有照顾婴儿的经验，对孩子莫名的哭闹常常感到束手无策，再加上这孩子仿佛是从美国来的，每天的生物钟都是黑白颠倒，把人弄得筋疲力尽。

思成白天还要上课，徽因心疼他，总想让他多睡一会儿。为了让孩子停止哭闹，晚上也把她抱在怀里。只是，这样做的结果是，孩子离开她的怀抱就不睡觉。这样坚持了没多久，徽因就病倒了。

思成看在眼里，疼在心里。他劝徽因按时吃药，孩子睡着了，自己也赶紧休息。每天，他早早起床，把药煎好，把吃的喝的都给徽因准备妥当，然后匆匆赶去上课。在他的精心照顾下，徽因的身体逐渐好起来。休完产假，她又重新投入繁忙的工作之中。

1930 年 9 月，一起在宾大留学的陈植等同学，也来到东大助阵。

老朋友在一起，无论是生活还是工作都可以相互帮衬。另外，除了教课外，思成还依照父亲生前的建议，成立了"营造事务所"，对外承接一些建筑设计的活儿。这样，不仅可以学以致用，大家也可以增加一些经济收入。

事务所开张不久就接了不少订单。其中有两个订单比较大。一个是给吉林大学设计教学楼和校舍；另一个是给北方交通大学锦州分校设计校舍。此外，他们还承接了其他的一些小型建筑设计。东北的建筑系越来越红火，一帮志同道合的年轻人在一起，日子越发朝气蓬勃。

工作繁重，再加上还要带孩子，由于过度疲累，徽因很快旧病复发。她原本想着，请几天假调养一下，过些日子身体就能好起来。可是，喝了好多药，病情不仅没有好转，却有日渐加重之势。咳嗽，一直咳，仿佛要把五脏六腑都咳出来。

人生了病，就容易发脾气。沈阳的秋天，已经很冷了。学校经费紧张，他们住的宿舍也很简陋，窗户也是走风露气的。徽因披着棉衣，闻着屋子里飘不尽的药味，听着自己的咳嗽声，心里越发不耐烦起来。她恨自己的身体不争气，不能像一匹骏马，奔腾在理想的道路上。是谁说过，所有的愤怒都是源于对自己的失望。一肚子的情绪无处发泄，思成就成了她的出气筒。她爱思成，知道他每天家里家外跑来跑去特别辛苦，只是，本是感激的话，从嘴里说出来，却变成了不满和抱怨。

其实，她也不想这样，但是，没办法，情绪一上来，就是控制不住。

好在思成懂她，理解她，这个沉稳包容的男人，不管徽因怎么发脾气，他都微笑着接受，依旧默默地熬药，做饭，照顾女儿。他用宽阔的爱，在寒冷的东北，把徽因的心暖成了春天。

最深的爱，从来不是卿卿我我，你侬我侬，而是即使生活让你变了模样，我依旧不离不弃，陪伴左右。

11月，徐志摩得了消息，赶火车来沈阳看徽因。故人相见，徽因心里泛起说不出的喜悦。然而，她的身体状况，却让这个一直深爱她的男人格外担心。

徽因说："现在一南一北的，见面真是不容易了。"

志摩说："容易，这不，你让我一担心，我就来了吗？"

这样的话，真是朴实而令人感动。时过境迁，他们各自有了自己的家，自己的生活。可坐在一起，仿佛还是当年在康桥撑船的样子。这样看来，爱而不得，也许是老天最大的眷顾。因为没有近距离的生活，他们留给彼此的，始终是最好的，也是最美的。况且，因了这份真情，岁月算什么，变故又算什么，在对方需要的时候，茫茫人海，彼此依旧是挺身而出的那一个。

这样的感情，淡淡的，久久的，纵然极少联系，亦从未疏远过。

志摩看徽因咳得厉害，建议她回北平治疗休养。毕竟，在医疗技术方面，沈阳要落后许多。

思成听了，深表赞同。其实，很多朋友同事都劝徽因暂时离开东大，这里的天气太冷了，到了冬季冰天雪地，对呼吸系统的康复极为不利。只是，徽因不想与思成分开，何况她也惦记着建筑系的学生们。

许多人把徽因比作一朵美丽的白莲，我却觉得她更像坚韧的翠竹，"历冰霜、不变好风姿，温如玉"，从内至外尽显其坚韧不屈、高雅不俗。虽然身体每况愈下，她依旧坚持给学生们上课。她说，只有站在讲台上，面对着她的学生，她才能暂时忘掉身体的病痛。

只是，一天天过去，自己的病仍不见好转，徽因心里也没了底。在志摩和思成的几番劝说下，她终于同意回北平休养身体。

　　年末，徽因恋恋不舍地辞去东大的教职，带着女儿再冰回到了北平家中。熟悉的环境，适宜的气候，诸多的朋友，再加上母亲可以帮着带孩子，她的身体状况渐渐好转。很多时候，大家都会看到美丽的徽因怀里抱着可爱的再冰，被前来探望的朋友们围在中间谈笑风生。只是，又过了一段时间，咳嗽仍不见好。到医院一检查，才知道竟是患了肺结核。

　　肺结核现在已经不算是什么大病了，但在当时，却不亚于绝症。窗外，寒风呼啸，徽因的心，比外面的天还要冷。此时此刻，她真的有些心灰。年纪轻轻患了这种病，无异于被判了无期徒刑。因为，当时的医疗条件，这个病几乎是不可能治好的，能控制住病情已然不错。但是，刚刚 26 岁的徽因不信这个，她认为，医生也有误诊的时候，医生的话，更不可能是圣旨。她还年轻，她要用自己的意志以及免疫力击败疾病。因此，为了挺过这一关，她决定听从思成的建议，去环境优美、空气清新的香山静养一段时间。她相信，冬天过去，就是春天。她的建筑理想尚未实现，刚刚一岁的再冰还需要她精心抚养，思成的事业也需要她助其一臂之力，所以，她必须快些好起来。

1931 年 3 月，北平的树已经泛出了早春的绿。徽因带着母亲和再冰，来到香山居住。

很多文章说，她在香山住在静宜园的双清别墅。但是，据徽因的堂弟林宣回忆，这实在是个误传。当时，徽因并未居住于双清别墅，而是住在附近的"来青轩"。来青轩始建于明代，处在香山寺圆灵应现殿和西佛殿之间，属香山寺下院。自轩中远眺，青翠万状，稻田千顷尽收眼底，因而取名"来青轩"。

不过，无论是"双清别墅"还是"来青轩"，清幽宁静的山林都给了徽因丰富的创作灵感。正是这次香山疗养，大大激发了她对文学的激情。

在香山疗养期间，沈从文、张奚若、凌叔华等很多好朋友三三两两地来看她。其中，来得最频繁的，当然是徐志摩。他们一起谈诗，谈艺术，一起逗可爱的再冰。岁月静好，日子看上去如此风平浪静。山上的花都开好了，只是，每一朵花，都不再是去年的那一朵。山河还在，却在不经意间，早已变了旧日模样。

短短五年，徽因经历了三场生离死别，岁月无情，一个接一个夺走了她的至亲。现在，不到 30 岁却身染疾病。她的容颜依旧美丽，眼神却再也没有了往日的清澈。志摩也是。生活仿佛一直在给他出难题，他不屈服，不妥协，每次都迎难而上。现在，虽然拥有了渴望的爱情，却依旧没能过上自己想要的生活。受胡适之邀来北大任职后，他一直希望小曼能搬到北平与他相伴。可是，小曼以离不开上海为由，一直没有答应。因为这件事，每次回去他们都会吵架。对他这个爱情至上的人而言，他实在无法理解，那根烟管，以及那个给她提供大烟的翁瑞午，竟然比自己还重要吗？爱情给他诗意的灵感，然如今，当爱情落入婚姻，日常的琐碎以及小曼每月超支的那些账单，已经让内心的诗意荡然无存。有一段时间，他甚至怀疑自己是否还能写出诗来。

不得不说，在文学上，徽因和志摩是彼此成就的。因为爱，徽因曾是志摩的创作灵感之源，而徽因，也正是因了志摩的启蒙和鼓励才有了后来的文学成就。

在香山养病这段时间，有了空闲，徽因读了很多感兴趣的文学书籍，再加上受到文艺圈朋友特别是志摩的鼓励，创作了不少诗歌作品。比如著名的《那一晚》就是这一年创作的，以尺棰为笔名发表于《诗刊》第二期：

那一晚我的船推出了河心，
澄蓝的天上托着密密的星。
那一晚你的手牵着我的手，
迷惘的星夜封锁起重愁。
那一晚你和我分定了方向，
两人各认取个生活的模样。

到如今我的船仍然在海面飘，
细弱的桅杆常在风涛里摇。
到如今太阳只在我背后徘徊，
层层的阴影留守在我周围。
到如今我还记着那一晚的天，
星光、眼泪、白茫茫的江边！

　　到如今我还想念你岸上的耕种：

　　红花儿黄花儿朵朵的生动。

　　那一天我希望要走到了顶层，

　　蜜一般酿出那记忆的滋润。

　　那一天我要跨上带羽翼的箭，

　　望着你花园里射一个满弦。

　　那一天你要听到鸟般的歌唱，

　　那便是我静候着你的赞赏。

　　那一天你要看到零乱的花影，

　　那便是我私闯入当年的边境！

　　徽因的诗以意象玲珑剔透、风格清莹婉丽、颇富音乐美见长，这首《那一晚》用隽婉、纤丽的笔调敞开自己的内心世界。另外，1931年她还写了《谁爱这不息的变幻》《情愿》《仍然》《激昂》《山中一个夏夜》等诗歌，同时，还创作了短篇小说《窘》。那段时间，是她一生文学创作的鼎盛期。

　　徽因的《那一晚》发表后，徐志摩也发表了那首感动无数人的《你去》。这是他在与徽因分别后，夹在信中的一首诗。同时，也是他在有生之年，给徽因写的最后一首诗：

　　你去，我也走，我们在此分手；

　　你上哪一条大路，你放心走，

　　你看那街灯一直亮到天边，

　　你只消跟从这光明的直线！

你先走，我站在此地望着你，
放轻些脚步，别教灰土扬起。
我要认清你的远去的身影，
直到距离使我认你不分明。
再不然我就叫响你的名字，
不断的提醒你有我在这里
为消解荒街与深晚的荒凉，
目送你归去……
不，我自有主张，
你不必为我忧虑；你走大路，
我进这条小巷，你看那棵树，
高抵着天，我走到那边转弯，
再过去是一片荒野的凌乱：
有深潭，有浅洼，半亮着止水，
在夜芒中像是纷披的眼泪；
有石块，有钩刺脚踝的蔓草，
在期待过路人疏神时绊倒！
但你不必焦心，我有的是胆，
凶险的途程不能使我心寒。
等你走远了，我就大步向前，
这荒野有的是夜露的清鲜；
也不愁愁云深裹，但须风动，
云海里便波涌星斗的流汞；
更何况永远照彻我的心底；
有那颗不夜的明珠，我爱你！

　　也许是对当下生活和爱情的失望，触动了志摩内心深处最纯美的爱恋。这段埋在心底的深情，被种种的不容易再次撩动了心弦，再加上徽因生病，使他情不自禁地想去关心一直深爱的人。诗人最让我感动的，不是他的执着，也不是对待爱情的勇气，而是那份人间最难得的真。从头至尾，他不曾欺骗过任何人。爱就是爱，不爱就是不爱，虽然有时看似残酷，但是，这份坦诚相待的大勇气，在这个处处谎言的世界里，能做到的又有几人呢？这就是徐志摩的珍贵，也是他的诗最闪光的地方。

　　值得一提的是，徽因在香山疗养期间，思成远在沈阳，没办法照顾。所以，他把妻子和女儿托付给好朋友志摩，让他多多费心。很多人无法理解，明明知道志摩对徽因的爱一直没有消失，为何还要这样安排？这不是引狼入室吗？不得不说，梁思成的格局和高度一般人是难以达到的。信人不疑，疑人不用。他知道志摩对妻子的感情，同时，他更相信志摩是一个君子。所以，把妻子交给志摩照顾，他很放心，也很安心。可以说，他们是一生的情敌，同时，也是一生的挚友。

第七章

如此人间，你是四月天

别丢掉
这一把过往的热情，
现在流水似的，
轻轻
……

越是寒冷，越是绽放

日本人一直虎视眈眈，东北的政治局势越发不稳。世道兵荒马乱，想安安静静地坐在书桌前做学问，站在讲台上上课，真是不容易。但是，为了心中的建筑梦，梁思成一直在坚守。只是，晚上一个人回到宿舍，待在空荡荡的屋子里，想着远在北平的妻子和女儿，思念就会被拉得长长的。

徽因身患疾病，再冰年幼又需要照顾，山长水远，他不能不担心。其间，徽因也常在来信中倾诉对他的思念之情。刚刚新婚两年就两地分居，终非长远之计。

这时，中国营造学社创始人朱启钤先生几次力邀思成和徽因加盟。位于北平的中国营造学社成立于 1930 年 2 月，专注于中国传统建筑的研究和保护，不仅与思成的事业和理想相吻合，而且，最重要的是，朱启钤先生和梁思成还有一段间接的渊源。当年，在宾大留学时，父亲曾寄给他一本建筑古书《营造法式》。这本书恰恰是朱启钤先生 1919 年偶然在南京江南图书馆发现，之后把它重新印刷，才使得思成和徽因能与之相遇。因了这本奇书，朱启钤让他感觉既尊重又亲近。思虑再三，与徽因商量后，思成决定辞去东大的教职，与朱先生一起，把营造学社发扬光大。

1931年9月，思成回到阔别已久的北平。这时，徽因的身体也渐渐好转，结束了在香山的疗养。他们在北总布胡同三号安居下来。终于有了自己的家，徽因开心得像个雀跃的小孩。她兴奋地拉着思成，用自己灵活的思维，艺术的眼光，告诉他这儿应该摆什么，那儿应该放什么。接下来，如同燕子衔泥一般，她用最少的资金，把每一间屋子都布置得既舒适又雅致。最得意的当数正屋的客厅。老式的书架别有风韵，布艺沙发后面挂着山水画和书法，旁边的落地台灯应该是当时比较奢侈的，窗前，还特意放了一盆她最爱的梅树。女儿再冰后来这样描述自己的家：

> "这所房子有两个虽然不大却很可爱的院子，我记得，小时候，妈妈常拉着我的手，在背面的院子中踱步，院子里有两棵高大的马缨花树和开白色或紫色小花的几棵丁香树，客厅的窗户朝南，窗台不高，有中式窗棂的玻璃窗使冬天的太阳可以照射到屋里很深的地方，妈妈喜爱的窗前梅花、泥塑的小动物、沙发和墙上的字画，都沐浴在阳光中。"

"宝剑锋从磨砺出，梅花香自苦寒来"，徽因敬仰梅的坚强与高洁，她希望自己也能不畏人生严寒，战胜艰难困苦，像父亲林长民和梁启超那样，做一个永不沮丧、坚强乐观的人。一路走来，她和思成失去了很多，好在，他们的爱还在，理想还在。这样的乱世，她已没有别的奢求，只盼着和思成在建筑的道路上走得更远些，一家人平平安安在一起，其乐融融，团团圆圆。

　　加入营造学社后，思成被任命为法式部主任，徽因则担任学社的校理。他们与营造学社的其他同仁一起，全力以赴投入对《营造法式》的研究，以及对中国古建筑的考察之中。另外，思成立志要写一部像模像样的中国建筑史，他时刻都在为这本著述做准备。

　　是谁说过，幸福的人一定做着自己喜爱的事，并能以此谋生。大多数人之所以把生活过成了生存，都是因为没有在做自己热爱的事情。不仅做得不快乐，而且工作效率也不高。几十年过去，一生也就结束了。这样看来，思成和徽因都是幸运的。他们遇到了赏识自己的伯乐，不仅可以学以致用，而且还能一直走在通往理想的道路上。唯有所爱之事，才能让我们抵达理想之地。虽然相隔了近一个世纪，但是，我仍然可以想象他们投入工作时的激情与欢喜。人活一世，最重要的是事业和婚姻。这样看来，他俩是双丰收的。爱我所爱，谋我所爱，这是多大的幸运和幸福。当然，这个幸运不仅仅是他俩的，更是我们和我们的祖国的。

　　只是，北平的生活刚刚理出点头绪，东北就传来了惊天噩耗。蠢蠢欲动的日本兵终于暴露了侵华的本来面目，找了个借口，迫不及待地发动了震惊全国的"九一八事变"。就这样，日军一夜之间占领了沈阳，东北大学成为日本帝国主义侵华破坏的第一所大学，设备图书损失严重，全校师生被迫逃亡，在童隽的主持下，暂时南迁至上海。

　　徽因和思成得到消息，很是难过了一阵子。他们辛辛苦苦创建起来的第一个建筑系，学生们尚未毕业，就遭此厄运，真是令人痛心。然而，时事动荡，一介书生又能奈何？他们能做的，只是写信给自己的学生，鼓励大家在困难中不要放弃，一定要坚持学下去。

　　好在，北平的天空还算安稳。可能由于徽因和思成学识渊博和人格魅力，当时北平的很多文化精英都喜欢来家里做客。每逢到了周末，洒满阳光的客厅里总是笑语喧喧，热闹非凡。渐渐的，北总布胡同三号成了富有吸引力的"公共空间"。在女主人徽因的主持下，大家时而东方，时而西方，时而古代，时而现代，时而汉语，时而英语……志趣相投的人聚在一起，时间过得总是很快，聊着聊着，天就黑了。有时，大家会留下来一起吃饭，仰望明月，小酌几杯，这样的美好时光，在时局动荡的年代，真的算是奢侈了。

这个被称作"太太的客厅"的四合院，当时存在的意义，我想，用徽因的文章《彼此》来回答最为合适：

"……经过炮火或流浪的洗礼，变换又变换的日月，难道彼此脸上没有一点记载这经验的痕迹？但是当整一片国土纵横着创痕，大家都是'离散而相失，去故乡而就远'，自然'心婵媛而伤怀兮，眇不知其所蹠'，脸上所刻那几道并不使彼此惊讶，所以还只是笑笑好。口角边常添几道酸甜的纹路，可以帮助彼此咀嚼生活。何不默认这一点：在迷惘中人最应该有笑，这种的笑，虽然是敛住神经，敛住肌肉，仅是毅力的后背，它却是必需的，如同保护色对于许多生物，是必需的一样……我记得有个人，很寻常地过着国难日子的寻常人，写信给他朋友说，他的嗓子虽然总是那么干哑，他却要哑着嗓子私下告诉他的朋友：他感到无论如何在这时候，他为这可爱的老国家带着血活着，或流着血或不流着血死去，他都觉到荣耀……我开始明了理智同热血的冲动以外，还有个纯真的力量的出处。信心产生力量，又可积蓄力量。……话不用再说了，现在一切都是这么彼此，这么共同，个别的情绪这么不相干。当前的艰苦不是个别的，而是普遍的，充满整一个民族，整一个时代！我们今天所叫作生活的，过后它便是历史。客观的无疑我们彼此所熟识的艰苦正在展开一个大时代。所以别忽略了我们现在彼此地点点头，且最好让我们共同酸甜的笑纹，有力地，坚韧地，横过历史。"

　　徽因的文章，我最喜欢这一篇。一读再读，内心会越来越有力量。我想，这就是"太太的客厅"的魅力所在。时光浩荡，对这个满是遗憾的世界，徽因不可能没有伤感，没有失望。无论何时何境，她都有力量让自己从沮丧中超拔出来，同沙发旁那棵美丽的梅树，越是寒冷，越是绽放。

每逢周六，"太太的客厅"都会传出朗朗笑声，当时在北大和清华教课的徐志摩当然是座上常客。他不仅朋友众多，由于博学多才以及谈吐不凡，走到哪里都特别招人喜欢。有时，他还会带其他的朋友过来。时任清华大学哲学系主任的金岳霖教授就是他引荐给徽因的。之后，他成了徽因和思成一生的挚友。

只是，这样的祥和气氛没有维持多久，那场震惊中外的灾难就猝不及防地发生了。

11月19日，北平的冬天又阴又冷。徽因晚上在协和小礼堂有一场为外国使者举办的"关于中国建筑之美"的演讲。之前，她曾告诉志摩，演讲时，她想引用他的《常州天宁寺闻礼忏声》这首诗。另外，因为是英文演讲，还想让他帮着看看演讲稿。志摩当时要回上海和小曼团聚，他和徽因约好，到时一定来参加。

当日，志摩乘坐早晨8点的飞机从上海出发。接到电报后，思成下午按时到机场去接他，然而，一直等到天黑，依旧没有看到飞机降落。

晚上，协和小礼堂灯火辉煌，座无虚席。十多个国家的驻华大使和专业人士聚在一起，来听徽因的讲座。当穿着洁白色毛衣、咖啡色呢裙的徽因优雅大方地走上讲台时，全场爆发出热烈的掌声。徽因用纯正的牛津语说：

> "女士们，先生们，建筑是全世界的语言，当你踏上一块陌生的国土的时候，也许首先和你对话的，是这块土地上的建筑。它会以一个民族所特有的风格，向你讲述这个民族的历史，讲述这个国家所特有的美的精神。它比写在史书上的形象更真实，更具有文化内涵，带着爱的情感，走进你的心灵。"

徽因精彩且富有诗意的语言，一次次把现场气氛推向高潮。她一边讲话，一边下意识地扫视四周。可是，从开始到结束，一直都没有看到那个熟悉的身影。

一颗心不禁有些慌乱起来。因为她知道，志摩是个相当守信的人，从来都是说到做到，他说会来，就一定会来。

就这样，徽因在忐忑不安中完成了演讲。一夜无眠，第二天，却在北平《晨报》上看到了令人震惊的消息：

> "京平北上机肇祸，昨在济南坠落。机身全焚，乘客司机均烧死，天雨雾大误触开山。"

原来，志摩乘坐的"济南号"在飞至济南城南州里党家庄时，忽然间大雾弥漫，难辨航向，机师为了寻找准确航线，不得不降低飞行高度，不料飞机却撞上了开山。飞机当即坠入山谷，机身起火，两位机师和唯一的乘客徐志摩全部遇难。自小渴望飞翔的诗人，终于为自己制造了翅膀，向更高更远的地方飞走了……

噩耗传来，犹如晴天霹雳，把徽因一下子击蒙了。她不相信这是真的。也许，是他调皮，跟大家开了一次玩笑也未可知。他那么健康，那样充满活力，怎么会没了呢？不会的，绝对不会的。

她还记得他们最后一次见面，她问："你会来听我的演讲吗？"

他开心地答："一千顶桂冠都换不来的荣幸。我当然会来，一定要来。"

可是，他却失约了。当时，她怎能想到，这竟然是他留给自己的最后一句话。原来，很多告别其实是永别，只是，我们当时以为是再见。

11 月 22 日上午，梁思成、金岳霖和张奚若抵达济南。思成把一个精致的小花圈放到了志摩惨不忍睹的遗体上。

这个具有希腊风格的小花圈是徽因前一天晚上连夜赶制的。由绿色的铁树叶和白色的小花编制而成，上面洒满了徽因的泪水。思成想帮她做，让她去床上休息，注意身体。因为，这个时候，她刚刚怀孕，身体弱得很。徽因摇摇头，坚持自己做完。她说："思成，让我为他做一件事吧。这是这辈子我唯一能为他做的事了。"

思成安慰道："这不是你的错。即使你不让他来听演讲，他也一定会来的，这就是志摩。"

徽因痛哭失声："我怎么能原谅我自己！"

返回北平时，思成悄悄拣了一块"济南号"的残骸，小心翼翼地放进了自己的背包里。

徐志摩的追悼仪式在上海静安寺举行。文艺各界前来悼念的人络绎不绝，很多学生闻讯后，排着长队前来瞻仰这位中国的拜伦。

"悄悄的我走了，正如我悄悄的来；我挥一挥衣袖，不带走一片云彩。"

一代诗圣就这样离开了这个世界。他什么都没有带走，留下的，是大家对他深沉的思念。在他的光芒所到之处，你看不到一点恨，呈现在眼前的，只有爱、喜欢和敬仰。他的坦诚，他的真实，他的诗意，他的执着，他的深情，他的勇气，将永远刻在人们的脑海中，永生永世，难以忘怀。

从此，徽因一直把思成拿回来的那块飞机残骸挂在卧室正中的墙上。也许是提醒，也许是陪伴，又或者是纪念，我们不得而知。但是，我们知道，志摩会一直活在她的心里。

半个月后，她提笔写下令无数人潸然泪下的《悼志摩》，真是一字一痛。文章很长，部分摘录如下：

"十一月十九日我们的好朋友，许多人都爱戴的新诗人，徐志摩突兀的，不可信的，残酷的，在飞机上遇险而死去。这消息在二十日的早上像一根针刺触到许多朋友的心上，顿使那一早的天墨一般地昏黑，哀恸的咽哽锁住每一个人的嗓子。

志摩……死……谁曾将这两个句子联在一处想过！他是那样活泼的一个人，那样刚刚站在壮年的顶峰上的一个人。朋友们常常惊讶他的活动，他那像小孩般的精神和认真，谁又会想到他死？

突然的，他闯出我们这共同的世界，沉入永远的静寂，不给我们一点预告，一点准备，或是一个最后希望的余地。这种几乎近于忍心的决绝，那一天不知震麻了多少朋友的心？现在那不能否认的事实，仍然无情地挡住我们前面。任凭我们多苦楚的哀悼他的惨死，多迫切的希冀能够仍然接触到他原来的音容，事实是不会为我们这伤悼而有些许活动的可能！这难堪的永远静寂和消沉便是死的最残酷处。

……志摩我的朋友，死本来也不过是一个新的旅程，我们没有到过的，不免过分地怀疑，死不定就比这生苦，'我们不能轻易断定那一边没有阳光与人情的温慰'，但是我前边说过最难堪的是这永远的静寂。我们生在这没有宗教的时代，对这死实在太没有把握了。这以后许多思念你的日子，怕要全是昏暗的苦楚，不会有一点点光明，除非我也有你那美丽的诗意的信仰！

志摩的最动人的特点，是他那不可信的纯净的天真，对他的理想的愚诚，对艺术欣赏的认真，体会情感的切实，全是难能可贵到极点。他站在雨中等虹，他甘冒社会的大不韪争他的恋爱自由；他坐曲折的火车到乡间去拜哈岱，他抛弃博士一类的引诱卷了书包到英国，只为要拜罗素做老师，他为了一种特异的境遇，一时特异的感动，从此在生命途中冒险，从此抛弃所有的旧业，只是尝试写几行新诗——这几年新诗尝试的运命并不太令人踊跃，冷嘲热骂只是家常便饭——他常能走几里路去采几茎花，费许多周折去看一个朋友说两句话；这些，还有许多，都不是我们寻常能够轻易了解的神秘。我说神秘，其实竟许是傻，是痴！事实上他只是比我们认真，虔诚到傻气，到痴！他愉快起来他的快乐的翅膀可以碰得到天，他忧伤起来，他的悲戚是深得没有底。寻常评价的衡量在他手里失了效用，利害轻重他自有他的看法，纯是艺术的情感的脱离寻常的原则，所以往常人常听到朋友们说到他总爱带着嗟叹的口吻说：'那是志摩，你又有什么法子！'他真的是个怪人么？朋友们，不，一点都不是，他只是比我们近情，比我们热诚，比我们天真，比我们对万物都更有信仰，对神，对人，对灵，对自然，对艺术！谁相信这样的一个人，这样忠实于'生'的一个人，会这样早地永远地离开我们另投一个世界，永远地静寂下去，不再透些许声息！

　　……我不敢再往下写，志摩若是有灵听到比他年轻许多的一个小朋友拿着老声老气的语调谈到他的为人不觉得不快么？这里我又来个极难堪的回忆，那一年他在这同一个的报纸上写了那篇伤我父亲惨故的文章，这梦幻似的人生转了几个弯，曾几何时，却轮到我在这风紧夜深里握吊他的惨变。这是什么人生？什么风涛？什么道路？志摩，你这最后的解脱未始不是幸福，不是聪明，我该当羡慕你才是。"

　　志摩的意外离世，对徽因而言是命运给她的再一次重创。那段时间，北平的天空持续阴冷，接连几天看不到太阳。心里难过，再加上妊娠反应，吃饭时没有一点胃口，嘴里又涩又苦。本就体弱的她，现在更消瘦了。像一片薄薄的树叶，在人间飘摇欲坠。

　　思成很心疼她，却也无可奈何。他知道，每个人心里的灯都要靠自己点燃，所有的黑暗，也只能自己面对。纵然深爱，亦无法代替。每天，他只是把可口的饭菜端给徽因，坐在身边默默地陪着她。有时，轻轻把她揽入怀中，就那样静静地待着。

志摩的死，思成也很伤心。虽然他知道，志摩一直深爱着徽因。但是，他更明白，从徽因选择跟自己赴美留学开始，他们之间就已成了没有血缘的亲情。一直以来，志摩的光明磊落，徽因的理智分寸以及自己的宽阔笃定，让这份情谊越发深厚。在他心里，也早已把这个父亲的得意弟子，当成了自己的好兄弟。何况，徽因在香山养病的日子，自己远在东北，全靠志摩事无巨细的贴心照顾，一家子老老少少，真的让他操了不少心。因此，他对志摩，只有感激，没有猜疑。现在，志摩走了，再也不会回来。想着他的音容笑貌，甚至有痛失手足之感。有时他想，做人做到志摩这个分上，真的算是很成功了。在这个凉薄的世界上，他一直有力量深情地活着，而且，无论他选择什么，大家仍旧那么喜欢他，佩服他，没有一个人对他有抱怨、有恨意。这样的人生境界，世间抵达者能有几人？

被思成拥在怀里的那一刻，徽因似抵住了依靠，内心踏实而安定。正如思成所认为的那样，在她心里，早已把志摩视若亲人。只不过，这个亲人，同时还是朋友，亦是知己。自相识起，她对志摩不能说没有爱，只不过，这份爱，根本不足以让她撇开道德与伦理以及社会公论扑向他张开的怀抱。也许是爱得不够，也许是她做人太理智，总之，她不允许自己把幸福建立在别人的痛苦之上，更不允许自己活在内疚与自责里。然而，他这一去，还是让她陷入了自责的泥沼，用尽力气也难以拔出来。她想，如果那天她没有那个演讲，志摩就不会乘坐那个悲摧的"济南号"，那么，是不是现在他还会出现在自己面前，微笑着问一句："徽徽，你还好吗？"

可是，人生没有如果，一切不复重来。现在，志摩没了，她还得振作精神坚强地活下去。何况，她的身体里还孕育着新生命。她想，

如果志摩在天有灵，他一定不希望看到自己整天茶不思饭不想委顿的
样子，此时此刻，她仿佛听到他在说："徽徽，别让我担心，你一定
要好好活着，和思成实现共同的建筑梦！"

几天后，徽因含着眼泪，铺开稿纸，写出了那首让人泪落的《别
丢掉》：

> 别丢掉
> 这一把过往的热情，
> 现在流水似的，
> 轻轻
> 在幽冷的山泉底，
> 在黑夜，在松林，
> 叹息似的渺茫，
> 你仍要保存着那真！
> 一样是明月，
> 一样是隔山灯火，
> 满天的星，只有人不见，
> 梦似的挂起，
> 你向黑夜要回
> 那一句话——你仍得相信
> 山谷中留着
> 有那回音！

呜呼，这真是叹红尘风雨路三千，曲未终人已散，遗世而独立
无眠。

命运安排的一切，除了接受，我们别无选择。纵然雾霾重重，依旧挡不住花开。阳春三月，小生命在徽因的肚子里活蹦乱跳着，生活如同北平街道上满眼的新绿，重新展开了新天地。

彼时，考察古建筑，解密《营造法式》已是中国营造学社的工作要点。建筑学与其他学科一样，同样需要证据积累。思成在宾大时已经发现，西方建筑留下了很多资料得以成学，而我们中国的建筑尽管独特华美，由于种种原因，却没有资料可查，更无证据可言。所以，要想解密《营造法式》这本天书，必须对诸多古建筑进行实地考察和测量。

4月，听朋友说天津蓟县有个独乐寺，可能是唐代建筑，思成马上收拾行装前去考察。

那天，他在日记中写道：

　　"这是一次难忘的考察，是我第一次离开主要交通干线

　　的旅行。那辆在美国大概早就被当成废铁卖掉了的老破车，还在北京和那座小城之间——或不如说无定时地行驶。出了北京城东门几英里，我们来到箭竿河。早季，它的主流只剩下不到三十英尺宽，但两岸之间的细纱河床却足有一英里半宽。借助渡船度过河水后，那辆公共汽车在松软的沙土中寸步难移，我们这些乘客得帮忙把这老古董一直推过整个河床，而引擎就冲着我们的眼鼻轰鸣。在别的难走的地方，我们还得多次下车。为了这五十英里的路程，我们花了三个多小时，但这使人感到兴奋和有趣。当时我还不知道，在此后的几年中我会对这样的旅行习以为常，而好不以为怪了。"

　　当时，由于营造学社人员缺乏，思成让弟弟梁思达也陪同前往，着急了可以搭把手。几十年后，梁思达回忆起那段考察古建筑的时光，依旧满怀激情：

　　　　"从北京出发那天，天还没亮，大家都来到东直门外长途汽车站，挤上了已塞得很满的车厢，车顶上捆扎着不少行李物件。……到达蓟县，已是黄昏时节了。就这样一批'土地爷'下车了，还得先互相抽打一顿，拍去身上浮土，才能进屋。一家地处独乐寺对门的小店，就成了我们的'驻地'。我这'外行'，只参加了一小部分工作。主要和一位姓邵的先生一起丈量独乐寺的山门。我爬上山门当中的门头去量尺寸，邵先生在下面把我报的数字记录下来，每个斗拱的尺寸，都必须量准记清……"

寥寥数语，让我们深深感到研究古建筑着实很不容易。

那几天，经过一番认真仔细的测量和查证，思成惊喜地发现，独乐寺重建于公元 987 年，早于中国当时已知的最古木建筑大同华严寺薄伽教藏殿 51 年。后来，他在考察报告中写道：

> "独乐寺观音阁及山门在我国已发现之古木建筑中，固
> 称最古，且其在建筑史上之地位尤为重要。"

更值得说明的是，除了年代久远，眼前这座活生生的辽代建筑实例，为梁思成破译《营造法式》之谜，开启了一扇又一扇窗口。接下来，他撰写的用科学方法分析古建筑的调查报告《蓟县独乐寺观音阁山门考》，成为中国建筑史上第一部学术著作。

另外，考察独乐寺时，思成与一位对建筑感兴趣的教师偶遇。闲聊中，他告诉思成，在宝坻也有一座寺庙，与独乐寺很相像，叫广济寺。

思成听后开心不已，回到北平后，赶紧把独乐寺的资料整理出来，不久就和两个同仁向宝坻出发了。

未料，去宝坻的路途比蓟县更加艰难。后来，他在作品中曾这样记录着：

> "那天还不到 5 点——预定开车的时刻，太阳还没上来，
> 我们就到了东四牌楼长途汽车站，一直等到 7 点，车才来
> 到，那时六月的阳光，已发出迫人的热焰。汽车站在猪市当
> 中——北平全市每日所用的猪都从那里分发出来——所以我
> 们在两千多只猪的惨嚎声中，上车向东出朝阳门去……我们

这次期望或者过奢，因为上次的蓟县是一个山麓小城，净美可人的地方，使我联想到法国的村镇。宝坻在蓟县正南七十里，相距如此之近，我满以为可以再找到另一个相似静雅的小城镇。……好不容易找到一家泉州旅馆，还勉强可住，那算是宝坻的'北京饭店'，泉州旅馆坐落在南大街，宝坻城最主要的街上。南大街最主要的商品是咸鱼——由天津经一百七十里路运来的咸鱼——每日一出了旅馆大门便入了'咸鱼之肆'我们在那里住了五天……"

由此可见，考察古建筑是自找苦吃，绝非游山逛水讨清闲。然而，对他们而言，这仅仅是开始。

思成对广济寺进行了为期四天的考察研究。经过测量与分析，他考证出广济寺三大士殿的确是辽圣宗太平五年（1025）所建，是正宗的辽代古建筑。而且，在这里还有一个新发现，就是他见到了《营造法式》里所称的"彻上露明造"，这一发现让思成简直欣喜若狂，赶紧拍电报把这个好消息告诉了徽因。徽因当时大着肚子不方便一起前往，但是，人在家里，心里却一天也没有放下一直热爱的古建筑。看到思成发来的电报，真是高兴极了。她抚摸着鼓起的肚子，喜不自禁地说，"宝宝，你快些出来吧，你平平安安地来到这个世界上，妈妈就可以和爸爸一起出去考察了。"

广济寺被思成称为继独乐寺之后又一个"奢侈的幸福"。虽然他和营造社的同仁在艰苦的条件下，不停地拍照、测绘、寻找相关材料、走访百姓和政府，完成这次调研极不容易，但是，这种累并快乐着的感觉真的很充实、很开心。

回到家，他和徽因击掌而鸣，唯愿在这条路上一直苦下去，累下去。这就是热爱的魅力。做着自己喜欢的事，所有的苦，所有的疲惫，都甘之如饴。躺在床上，徽因心疼地帮他揉着受过伤的腿，此时此刻，两人的目光里只写着三个字：我愿意。

后来，思成兴致勃勃地写了极有价值的《宝坻县广济寺三大士殿》一文，不仅得出了四项学术结论，还表示了对广济寺现状的忧虑。他认为这里缺乏防水和防火措施，应该补充完善，保证大殿安全，以免发生意外。

遗憾的是，如此珍贵的文物，1947年却被当时的宝坻县县长于生下令拆除了，理由仅仅是需要木料修建白龙港大桥。这个消息直到1953年梁思成才知道。当时，他痛彻心扉地叹息道："我也是辽代的一块木头啊！"也许，很多人不能理解，对他而言，拆掉这样一座他视为珍宝的古刹，如同痛失手足，那种难过是撕心裂肺的。唉，真是可悲可叹。不过，这是后话了。

1932年7月，东大第一届本科建筑系学生毕业了。思成收到学生们从上海发来的邀请，希望他能去参加毕业典礼。遗憾的是，由于营造学社工作繁忙，再加上徽因的预产期也快到了，实在是走不开。于是，他满怀深情地写了一封长信，对学生们表示热烈的祝贺：

> "诸君！我在北平接到童先生和你们的信，知道你们就要毕业了。童先生叫我到上海来参与你们毕业典礼，不用说，我是十分愿意来的，但是实际上怕办不到，所以写几句话，强当我自己到了。聊以表示我对童先生和你们盛意的感谢，并为你们道喜！
>
> ……
>
> 现在你们毕业了，毕业二字的意义，很是深长，美国大

学不叫毕业，而叫'始业'（Commencement）。这句话你们也许听了多遍，不必我再来解释，但是事实还是你们'始业'了，所以不得不郑重地提出一下。

你们的业是什么，你们的业就是建筑师的业，建筑师的业是什么，直接地说是建筑物之创造，为社会解决衣食住三者中住的问题，间接地说，是文化的记录者。是历史之反照镜，所以你们的问题是十分的繁难，你们的责任是十分的重大。

在今日的中国，社会上一般的人，对于'建筑'是什么，大半没有什么了解，多以（工程）二字把他包括起来，稍有见识的，把它当土木一类，稍不清楚的，以为建筑工程与机械、电工等等都是一样，以机械电工问题求我解决的已有多起，以建筑问题，求电器工程师解决的，也时有所闻。所以你们（始业）之后，除去你们创造方面，四年来已受了深切的训练，不必多说外，在对于社会上所负的责任，头一样便是使他们知道什么是'建筑'，什么是'建筑师'。

现在对于'建筑'稍有认识，能将他与其他工程认识出来的，固已不多，即有几位其中仍有一部分对于建筑，有种种误解，不是以为建筑是'砖头瓦块'（土木），就以为是'雕梁画栋'（纯美术），而不知建筑之真意，乃在求其合用，坚固，美。前二者能圆满解决，后者自然产生，这几句话我已说了几百遍，你们大概早已听厌了。但我在这机会，还要把他郑重地提出，希望你们永远记着，认清你的建筑是什么，并且对于社会，负有指导的责任，使他们对于建筑也有清晰的认识。

……

非得社会对于建筑和建筑师有了认识，建筑不会到最高
的发达。所以你们负有宣传的使命，对于社会有指导的义
务，为你们的事业，先要为自己开路，为社会破除误解，然
后才能有真正的建设，然后才能发挥你们创造的能力。

你们创造力产生的结果是什么，当然是'建筑'，不只
是建筑，我们换一句话说，可以说是'文化的记录'——是
历史，这又是我从前对你们屡次说厌了的话，又提起来，你
们又要笑我说来说去都是这几句话，但是我还是要你们记
着，尤其是我在建筑史研究者的立场上，觉得这一点是很重
要的，几百年后，你我或如转了几次轮回，你我的作品，也
许还供后人对民国廿一年中国情形研究的资料，如同我们现
在研究希腊罗马汉魏隋唐遗物一样。但是我并不能因此而告
诉你们如何制造历史，因而有所拘束顾忌，不过古代建筑家
不知道他们自己地位的重要，而我们对自己的地位，却有这
样一种自觉，也是很重要的。

……

现在你们毕业了，你们是东北大学第一班建筑学生，是
'国产'建筑师的始祖，如一只新舰行下水典礼，你们的责
任是何等重要，你们的前程是何等的远大！林先生与我两
人，在此一同为你们道喜，遥祝你们努力，为中国建筑开一
个新纪元！"

字里行间，皆是肺腑之言，足可见他对中国建筑的拳拳之心，对
学生的殷殷之情。

　　这边思成在营造学社忙得如火如荼，那边，十月怀胎的徽因也顺利生产了。1932 年 8 月 4 日，北总布胡同三号传出了婴儿响亮的哭声，他们的宝贝儿子出生了。这个虎头虎脑的小家伙，把徽因的心顷刻融化了。她和思成给儿子取名"从诫"，意在希望他长大后能够步《营造法式》的作者宋代李诫的后尘，在建筑研究方面有所成就。由此可见，徽因和思成对建筑的喜爱到了何种程度，他们不仅自己把建筑当成毕生的理想，而且希望自己的后代对中国建筑也能有所贡献。只可惜，1950 年从诫报考清华大学建筑系时，因两分之差，没有被录取，只好进入北京大学的历史系学习。1993 年，这位历史系教授由于热衷于关注环保问题，创建了中国第一家完全民办的环境保护组织"自然之友"，被国家总局授予"环境使者"的称号。

　　国学大师季羡林曾经这样评价梁从诫：

　　　　"从诫本来是一个历史学家……然而，他不甘心坐在象牙塔里，养尊处优；他毅然抛开那一条'无灾无难到公卿'的道路，由一个历史学家一变而为'自然之友'。这就是他忧国忧民忧天下思想的表现，是顺乎民心应乎潮流之举。我对他只能表示钦佩与尊敬。宁愿丢一个历史学家，也要多一个'自然之友'。"

　　虽然因为机缘不够，梁从诫没能按照父母的意愿献身于中国建筑，但是，他毕生致力于文物和环境保护，这种忧国忧民的大爱精神，同样值得父母为之自豪。

种了一生的春天

　　有人说，在北总布胡同居住的日子，是徽因真正的人间四月天。的确如此。那几年，虽然生命中少了诗人徐志摩，身体也患了肺结核，但是，无论是对古建筑的考察研究，还是周末的各路才子名流大聚会，每一个日子都飘着花的芬芳。天蓝蓝，风轻轻，岁月安详。在时局动荡的年代，这样的生活真的很难得。

　　1932年，徽因不仅喜得贵子，而且遇到了生命中特别重要的一个朋友，她就是美国女孩费慰梅。从此，她们展开了长达一生的友情。用徽因的话说："遇见她真是我的幸运，否则我永远也不会知道并享受到两位女性之间神奇的交流。她在我的心里，种了一生的春天。"

　　费慰梅23岁，比徽因小5岁，父亲是哈佛医学院的教授，母亲是酷爱旅行的作家。当时，费慰梅刚从哈佛拉德克利夫女子学院艺术史系毕业，只身一人来到中国，与未婚夫费正清结婚。费正清是哈佛的研究生，来清华学习四年，从事一些汉学研究工作。

　　那是一个秋高气爽的午后，徽因和思成去参观一场外国人举办的美术展。正好，费正清夫妇也来了。初相见，徽因标准流利的牛津英语，以及她信手拈来的美学、哲学、建筑学知识，再加上出众的美貌，落落大方的气质，整个人如同一块磁铁，吸引着费慰梅靠近，再靠近。交谈中，徽因也感到与眼前这个美国女孩在一起，很舒服，也很快乐，并且，她们对很多问题的看法都很一致，真是难得的气味相投。后来，徽因在文章中回忆道：

　　　　"也许，那天去看画展就是为了遇到慰梅。因为，当时
　　我们聊得特别投机，几乎一见钟情。"

　　旁边的思成和费正清亦是谈兴正浓。两人都在哈佛上过学，学长和学弟的关系，已然让彼此之间亲近了一层。何况，费正清对中国古建筑也非常感兴趣，共同的话题很快让他们一见如故。临别，方知两家住得竟然也非常近，他们借住的羊宜宾胡同离北总布胡同的距离仅仅数百米。

　　人与人的关系就是这样，有缘千里来相会，无缘对面不相识。费氏夫妇在处处陌生的异国他乡，能遇到思成和徽因，感到特别开心和幸运。他们不仅博学多才，待人热情真诚，而且还精通两国语言，对西方文化也颇有见地，真的是可以说心里话的朋友。徽因也有同感。短短的相处，让她觉得眼前这个美国女孩不仅和自己爱好相同，专业也算一致，而且，两人对中国艺术同样颇有兴趣。另外，费慰梅身上有一种独特的气质，很是令她着迷。

　　是啊，每一天，我们每个人都在说话，说很多话。但是，能心灵相通的又有几个？有的话，说出来别人也未必懂。有的人，觉得自己

懂了，殊不知，却是在误读。这是一个充满误读的世界，每个人都在表达自己，也仅仅限于表达自己。所以，能够遇到一个可以说话的人，真的很不容易，甚至，比遇到爱情都难。

事实上，不管是友情还是爱情，归根到底，就是看彼此在一起是否有话说。有话说，感情就能持续下去。没话说了，缘分随时会戛然而止。总之，人与人相处，彼此感觉舒服最重要。当两个人在一起感觉别扭了，这段关系也该结束了。

之后，漫长的岁月证明，徽因和慰梅不仅有话说，而且一直有话说。甚至，连她和丈夫的中文名字，也是梁思成帮着取的。她们的友情，持续了一生。

之后，费慰梅经常骑着自行车去找徽因。与自己最想见的人约会，心里别提多欢喜了，连吹过耳边的风都在唱歌。家里没有客人时，她们坐在客厅的茶几旁，守着那株梅树，喝着茶，说着体己话。她们用英语聊天，母亲和佣人都听不懂，看到她俩笑得稀里哗啦，真是既好奇又羡慕。

周末，一大帮朋友常常在此聚会，费慰梅这个金色头发的密友当然不能缺席。她坐在徽因身边，跟大家一起高谈阔论、把酒言欢，他们在一起谈人生、谈艺术、谈各自有趣的见闻，那种体验，真是从未有过的开怀。后来，77岁的费慰梅在回忆文章里这样记录她和徽因的友情：

　　"当我回顾那些久已消失的往事时，她那种广博而深邃的敏锐性仍然使我惊叹不已。她的神经犹如一架大钢琴的复杂的琴弦。对于琴键的每一触，不论是高音还是低音，重击还是轻弹，它都会做出反应。或许是继承自她那诗人的父亲，在她身上有着艺术家的全部气质。她能够以其精致的洞察力为任何一门艺术留下自己的印痕。年轻的时候，戏剧曾强烈地吸引过她，后来，在她的一生中，视觉艺术设计也曾经使她着迷。然而，她的真正热情还在于文字艺术，不论表现为语言还是写作，它们才是使她醉心的表达手段。

其他老朋友会记得她是怎样滔滔不绝地垄断了整个谈话。她的健谈是人所共知的，然而使人叹服的是她也同样地长于写作。她的谈话同她的著作一样充满了创造性。话题从诙谐的轶事到敏锐的分析，从明智的忠告到突发的愤怒，从发狂的热情到深刻的蔑视，几乎无所不包。她总是聚会的中心和领袖人物，当她侃侃而谈的时候，爱慕者总是为她那天马行空般的灵感中所迸发出来的精辟警句而倾倒。

我同她的友情与她和其他挚友们的还不同些，因为我们的交流完全是通过英语进行的。当我还是一个中文的初学者的时候，她已经是一位精通英语的大师了。毫无疑问，若不是有着这样的语言媒介，我们的友情是不会如此深刻，如此长久的。在她的知交圈子里，有不少人是掌握两国语言的。但是，在他们之间的思想交流自然主要通过他们的本国语言，而我们两人在单独的交流中却选择着英语的词汇来表达自己的思想。不久我们便发现彼此有着无数的共同语言，使我们得以交换彼此的经验、维护自己的论点、共享相同的信念。她在英语方面广博而深厚的知识使我们能够如此自由的交流，而她对使用英语的喜爱和技巧也使我们在感情上更为接近了……"

　　当然，慰梅对徽因的影响也是显而易见的。她为她打开了一片崭新的天空，使她变得更开朗、更现代，同时，也更阳光。刚刚认识时，徽因被肺病折磨得面色苍白，身体很弱。慰梅建议她多运动，增强体质，遂带着她去骑马。

　　当时，在中国极少有女人骑马，站在健壮高大的骏马面前，瘦弱的徽因感到既好奇又害怕。第一次骑，生怕从马背上摔下来，两条腿夹得特别紧，磨得也疼。但是，骑过几次，徽因就感到了从未有过的放松和自由。蓝天、白云、风声、笑声，以及狂奔的马蹄声和心跳声，那种前所未有的激情，只有在马背上才能感觉到。后来，慰梅经常带着徽因去骑马，日积月累，徽因的身体真的好多了。所以，聊天时，徽因对朋友们说，当身体和情绪疲倦时，就去骑马驰骋吧，听着风从耳边呼啸而过，那真是一种难以言喻而又无比快乐的感受。

　　对于徽因骑马时的样子，慰梅在后来的文字里有过极其生动的描写：

　　　　"在马背上的她真是棒极了。显然骑马给了她信心和'坐姿'，马对于缓绳的敏感反应使她具有常人的那种惊吓。她回来时由于迎着料峭的寒风骑马快跑而两颊潮红、黑眼睛闪亮……"

　　费慰梅是个画家。在她的作品里，我们看不到任何不满和愤怒，她呈现给世界的，只有平静和美好。这也是她吸引徽因的地方。不疾不徐，恰如其分，对徽因而言，她的性格刚刚好。

　　慰梅曾给徽因画过一张素描。画中的女子，细细的眉毛，大大的眼睛，鼻梁挺直，小嘴微张。最让人过目不忘的是那双眼睛，很生动，很执着，向上眺望着，目光里透着少女的倔强。这就是慰梅眼中的徽因。没有犹豫，没有慌张，更没有颓废。这张画解读了徽因的不俗，同时，也见证了这份友情的珍贵。

1934 年夏天，徽因和思成准备去北戴河避暑，邀请慰梅和正清一起前往。当时，慰梅正好在山西跟朋友借了一处磨坊别墅，就建议四个人一起去山西的汾阳城外峪道河消夏。由于考察山西古建筑已列入工作计划，正好一举两得，徽因和思成听了欣然同往。

就这样，四个人一会儿坐马车，一会儿骑毛驴，一路欢声笑语，以峪道河为根据地，向邻近的太原、文水、汾阳、孝义、介休等地沿路考察，共发现古建筑 40 余处，收获颇丰。这段经历，可以说是两位好朋友在中国一起度过的最难忘的时光。而且，恰恰由于这次以考察古建筑为主的旅行，使费慰梅了解了徽因一直为之奋斗的建筑理想，同时，也引发了自己对中国建筑的强烈兴趣。

只是，再美好的相遇，也终究逃不过别离。1935 年，在中国四年的学习生活结束了，费慰梅和费正清要回美国了。依依惜别之时，徽因和慰梅紧紧拥抱着，相约一定给彼此多写信。

四年友谊，竟是一生。之后，她们果然一直没有停止过通信。直到 1949 年中美断交，鸿雁传书才被迫停止。

在给慰梅的信中，徽因不再是那个人人仰慕的女神，而是一个困在琐碎生活里，终日与疾病战斗却从来不曾灰心丧气的邻家姐姐。在信里，她和慰梅诉说内心的快乐和苦恼，有些话，甚至没有跟思成说，都会一股脑儿地跟慰梅倾诉。尤其是后来在李庄的流亡生涯中，徽因日复一日躺在病床上，贫病交加，前途未卜，远在美国的慰梅，给了她最大的安慰。

都说最好的友情并非锦上添花，而是雪中送炭。而慰梅对徽因而言，既是雪中送炭，又是锦上添花。在她人生最困苦的时候，慰梅既给了她经济上的帮助，又给了她精神上的慰藉。不仅如此，她还是她和思成建筑事业上的贵人，因为，如果没有慰梅，思成后来在李庄呕心沥血完成的书稿《图像中国建筑史》就不会顺利出版。

事情是这样的。1944 年，思成和徽因历尽辛苦在李庄完成了《图像中国建筑史》一书，这本书是用英文写的，目的是向全世界介绍中国建筑的宝藏及结构原理。只是，1946 年他把这部书稿带到美国准备出版，但是，由于里面有很多绘图，印刷成本过高，一时找不到合适的出版社，就把它暂时留给了慰梅，想着等时机到了再出版。两年后，一位留学英国的中国学生刘某为了写毕业论文，写信向思成求助。虽然素不相识，但是，善良的思成还是致电慰梅，请她代为将书稿寄给刘某参考，并嘱咐刘某用完后将稿子交给中国驻伦敦代办处带回。就这样，悲剧发生了。之后的二十多年，刘某一直杳无音信，这部珍贵的书稿也仿佛在人间消失了。

这件事给徽因和思成造成了重创，尤其是思成，直到去世依旧放不下这部用毕生精力完成的建筑著作。离开这个世界时，他的心里满是不甘与遗憾。

1979 年，慰梅偶尔听说了这件事，气愤至极，下决心一定要把这部书稿找回来。只是，时隔三十年，一切都已物是人非，茫茫人海寻找一个陌生人谈何容易。然而，内心只要有信念，就没有办不成的事。虽然过程相当曲折，但是，最终慰梅通过朋友在伦敦找到了刘某，经过多次交涉，终于把书稿原封不动地拿了回来。

她捧着沉甸甸的书稿，不禁感慨万千，潸然泪下。1984 年，在费慰梅的帮助下，梁思成的这部英文遗稿《图像中国建筑史》在美国终于得以正式出版。因为这本书，麻省理工学院出版社也因此获得

1984 年全美最优秀出版物的荣誉。在美国人眼中，梁思成在中国建筑研究方面的成就简直无与伦比。

彼时，虽然徽因与思成早已去了另一个世界，但是，这本书如同他们的第三个孩子，将夫妻俩倾注一生心血的建筑事业再次流传下去。我想，他们在天堂终于可以瞑目了。

费慰梅在 70 岁时，开始遍访故地旧友，撰写好友的传记，整整历时十年，完成了《梁思成与林徽因》，于 1997 年 9 月，由中国文联出版社出版。她笔下的林徽因，形象生动，个性鲜明，充满生气，最为传达绝世才女的气质和风范。她用自己的笔，为两个人的厚重情谊画上了圆满的句号。

呜呼，深情至此，夫复何求？难怪徽因一生只有慰梅这一个女性朋友，人生得一知己足矣。有人说林徽因缺少女人缘，我想，也许常人眼中的女人缘，她根本就不屑于拥有吧？生命中有了一个慰梅，对她而言，已然俱足矣。

费慰梅比林徽因多活了近半个世纪，2002 年，这位老人在美国安详地闭上了眼睛。之后，女儿费赫莉在她的书房发现了很多旧信和照片。有思成写的，也有徽因写的。他们还有一个可爱的剪贴本，手工打印制作而成，里面的每一张照片，几乎都有相应的文字描述。这个剪贴本让我们看到他们在一起时是那么温馨、那么亲切、那么妙趣横生。另外，在哈佛大学家中的储藏室里，费赫莉还发现了一只红色皮箱，里面是徽因寄给费慰梅的衣服。看得出，每一件都是精挑细选，几十年过去依旧保存完好。其中，有一件藏蓝色的民族风袍子，绣着白色条纹边，大方雅致，非常有中国特色。另外，箱子里还有一张珍贵的照片，是徽因和慰梅初相识时的合影。

关于这只红皮箱，徽因在信中曾写道：

　　"最亲爱的慰梅，寄给你的这只红色皮箱，这个红色美
人看上去是不是可爱至极？她在我们林家已经 68 年了，现
在她要漂洋过海去到你身边，度过她以后的日子，直到有朝
一日成为一件古董。"

　　是的，时光老去，皮箱成了古董，两位风华绝代的好友也成了历
史，只是，她们珍贵的友谊将一直存在于人世间，生生不息，代代
流传。

　　什么是真正的友情？一起吃喝，一起旅游，一起笑一起哭，这些
可能都不算，真正的友情是彼此懂得。因为懂得，所以慈悲。知道彼
此最需要的，以及内心最珍重的，才是知己。

太太的客厅

　　20 世纪 30 年代，北平出现了一些颇有特色的文化沙龙，如同现在的微信群一样，为大家的公共交往提供了方便。

　　当时，在北平，这样比较吸引人的沙龙主要有四个。一是梁林的家庭茶会；二是金岳霖的"湖南饭店"；三是周作人的"苦寸斋"；四是沈从文的"来今寸轩"。其中，以徽因和思成的周末茶会最为著名。

　　30 年代初，梁思成和林徽因二人从东北回到北平，租了北总布胡同三号院住下来。对于这座院子，后来林徽因的女儿梁再冰回忆道：

　　　　"北总布胡同三号靠近东城墙根，是一个两进四合院，大大小小一共有四十来间屋子。这所房子有两个虽然不大却很可爱的院子，我记得，妈妈常拉着我的手在北面的院子中踱步，院里有两棵高大的马缨花树和开白色或紫色小花的几棵丁香树。妈妈和爹爹住在这房子里院（北面）的一排北

房，房前有廊子和石阶，客厅在正中央，东头是他们的卧
室，卧室同客厅（玄关部分）之间有隔扇。西头是他们的图
画室，周围有许多书架。妈妈喜欢在客厅西北角的窗前书桌
上静静地写作。那时她总是用毛笔和毛边纸。她的字体有点
像外公的字体——王羲之体的秀丽小楷。"

　　这个宽敞洁净、环境优美、处处洋溢着文化气息的院子，再加上
梁林二人的超凡魅力，很快成为北平乃至全国颇负盛名的公共文化交
往空间。各路社会精英慕名而来，皆以成为梁家茶会的座上宾而感到
荣幸。

　　一帮志趣相投的朋友聚在一起，吃着点心，喝着清茶，谈人生，
论艺术，在那个动荡年代，真的是奢侈的享受了。关于当时沙龙的情
景，几十年后，徽因的女儿梁再冰在接受记者采访时曾回忆道：

　　　　"这些知识分子研究和创作的领域虽不相同，但研究和
　　创作的严肃态度和进取精神相似，爱国精神和民族自豪感也
　　相似，因此彼此之间有很多共同语言。由于各自处于不同的
　　文化领域，涉及的面和层次比较广、深，思想的融会交流有
　　利于共同的视野开阔，真诚的友谊更带来了精神力量。我当
　　时不懂大人们谈话的内容，但可以感受到他们聚会时的友谊
　　和愉快。"

　　梁家茶会之所以声名赫赫，一是由于这里聚集了很多知名学者，
诸如周培源、朱光潜、徐志摩、金岳霖、沈从文，以及美国学者费正
清和费慰梅夫妇等，这些人几乎都是每周必到；二是女主人林徽因不

仅才华横溢、貌美如花，每每妙语连珠，且待人极其热情大方、率真诚恳；三是这里为年轻人提供了平台，可以和大师面对面交流，无疑是增长见识、开阔眼界的好去处。

据著名作家萧乾回忆，1933 年，他正在燕京大学新闻系就读，当时还只是个名不见经传的文艺小青年。有一天，突然收到时任《大公报》副刊编辑的沈从文的来信，说是有位小姐看了他写的作品《蚕》，想请他去家里喝茶。当时，他感觉自己浑身都激动得颤抖起来，那种无与伦比的欢喜与雀跃，用"荣幸之至"也不足以表达。

几十年后，提起那次令人难忘的见面，他的情绪依旧不能平静：

"那几天我喜得真是有些坐立不安，老早就把我那件蓝布大褂洗得干干净净，把一双旧皮鞋擦了又擦。星期六吃过午饭我蹬上了脚踏车，斜穿过大钟寺进城。两小时后，我就着怯怯地随着沈先生（沈从文）从达子营跨进了北总布胡同那间有名的'太太的客厅'。在去之前，原听说这位小姐的肺病已经相当严重了，而那时的肺病就像今天的癌症那么可怕。我以为她一定是穿了睡衣，半躺在床上接见我们呢！可那天她穿的却是一套骑马装，话讲得又多又快又兴奋，不但沈先生和我不大插嘴，就连在座的梁思成和金岳霖两位也只是坐在沙发上边叭嗒着烟斗，边点头赞赏。给我留下印象的是，她完全没有提到一个'病'字。她比健康的人精力还旺盛，还健谈。大家都称她作'小姐'，但她可不是那种只会抿嘴嫣然一笑的娇小姐，而是学识渊博、思想敏捷、并且语言锋利的评论家。"

　　看得出，女主人之所以能给他留下深刻的印象，并非仅仅缘于倾城的美貌，而是她的博学和谈吐，以及斗志昂扬的精神。要知道，在当时，患了肺结核，就相当于被医生判了死刑。可是，林徽因仿佛从来没有把疾病当回事。萧乾的话，让我突然想到了海迪姐姐。接受采访时，她曾经说道：

　　　　"真正的健康是心态的健康。我最满意的，就是自己一直以来的人生态度。如果让我撰写自己的墓志铭，我会这样写：这里躺着一个不屈的海迪、美丽的海迪、一生在病痛中追求健康生活的海迪。"

　　这样的话，真的令人肃然起敬！这种"有病要装着没病，痛苦也要装着没痛苦"的精神，与徽因如出一辙。她们用超出常人的意志，把所有的悲伤和病痛留给自己，呈现给世人的，却永远是积极向上、明媚阳光的笑声。她们比没有病痛的人，活得更加朝气蓬勃，更加热情洋溢，也更加独立奋进。

　　值得一提的是，身为梁家的大少奶奶，徽因不可能只是坐在沙发上高谈阔论，她还要照料孩子，处理朝朝暮暮的各种琐碎，再加上思成的兄弟姊妹多，梁家后代人丁兴旺，每到周末，孩子们如同刚刚获得自由的小鸟，一个个欢天喜地扑到这里，在院子里追逐嬉戏，雀跃欢腾，真是热闹极了。

　　所以，她在 1936 年给好友费慰梅的信里曾经这样写道：

　　　　"慰梅，慰梅，我给你写什么新闻还有什么用——就看看那些床吧！它们不叫人吃惊吗！可笑的是，当它们多多少少按标出的公用地点摆放到一起之后，他们会一个接一个地要吃早点，还要求按不同的样式在她的或他的房间里喝茶！下次你到北京来，请预订梁氏招待所！

……此刻孩子们从学校回来了，他们非要看这张'床铺图'，还要认出他们自己的床等等。宝宝总是挑剔她的衣服，因为天气已经热了。海伦的衬衫已经有点过时。从诚从道丽的绿衣服里得到一条短灯笼裤，很帅。

不，不，不，我不能让你认为我已陷入了家务琐事之中——我想，当'Joie de vivre'占据了我的身心时，我还有别的方面。虽然这种情况不多，但还是有的！

是的，我当然懂得你对工作的态度。我也是以这种态度工作的，虽然有时候和你很不一样。当那是'Joie de vivre 的纯粹产物'时，我的成绩也最好。最认真的成绩是那些发自内心的快乐或悲伤的产物，是当我发现或知道了什么，或我学会了去理解什么而急切地要求表达出来，严肃而真诚地要求与别人共享这点秘密的时候的产物。对于我来说，'读者'并不是'公众'，而是一些比我周围的亲戚朋友更能理解和同情我的个人，他们急于要听我所要说的，并因我之所说的而变得更为悲伤或更欢乐。当我在做那些家务琐事的时候，总是觉得很悲哀，因为我冷落了某个地方某些我虽不认识，对于我却更有意义和重要的人们。这样我总是匆匆干完手头的活，以便回去同别人'谈话'，并常常因为手上的活老干不完，或老是不断增加而变得很不耐烦。这样我就总是不善于家务，因为我总是心不在焉，心里诅咒手头的活（尽管我也可以从中取乐并且干得非常出色）。另一方面，如果

我真的在写作或做类似的事，而同时意识到我正在忽视自己
的家，便一点也不感到内疚，事实上我会觉得快乐和明智，
因为做了更值得做的事——只有在我的孩子看来生了病或体
重减轻时我才会感到不安，半夜醒来会想我这么做究竟是对
还是不对……"

看，褪去女神的光环，徽因也是一个被家事缠得脱不开身的主
妇。跟我们一样，她也要养儿育女，也会被杂事所累，也□被病痛折
磨得夜不能寐，只是，在这些表象的背后，她比我们这些平常人还多
了对生命意义的追寻，以及对精神生活的向往。有人说，林徽因不喜
欢做家务，讨厌被家事拖累。我不这样认为。从她对儿女的耐心教
育，以及把家事处理得井井有条就可以看出，她是多么在乎自己的家
庭，多么热爱自己的孩子。事实上，她不是厌烦家事，她只是担心陷
落。因为，她是一只洁白的鸿鹄，不仅要脚踏实地站在祖国的土地
上，还要飞向蔚蓝的天空中……

另外，萧乾之所以把梁林家的茶会称作"太太的客厅"，这里面
还有一个典故。

1933 年 9 月 27 日，作家冰心在天津《大□报》文艺副刊发表了
一篇小说《我们太太的客厅》，很多人看了之后，都认为这篇小说意
在讽刺林徽因，甚至，连正在山西考察古建筑的徽因看了之后也颇
有同感。于是，从山西回来，她特意带了一坛老陈醋让人给冰心送
过去。

冰心与林徽因都是福建人，两人相识于美国，当时，她们都在康
奈尔大学就读。也许是平时交往不多，留学四年，两人似乎仅留下了
一张在一起野炊的照片。1926 年，冰心获取文学硕士学位之后先行

回国，比徽因早了些。之后，徽因跟着夫君梁思成投身于中国建筑，冰心则开始她的文学创作生涯，生活各行其是，各自安好。

有人说，冰心与徽因两个人之间一直心存怨怼，谁看到谁都不舒服。我想，她们之间的关系，不至于像坊间流传的那样严重。人生在世，每个人都在以自己的方式表达自己，孰对孰错更是无法定论。况且，每个人的喜好与固执都有自己的局限，这种局限与个人的眼界、人生观，亲身经历及认知都有关系，明白了这些，心灵就会宽阔很多。

徽因与冰心交集不多，在我看来也很正常。她们所走的，本来就是风马牛不相及的两条路。一直以来，我崇尚的理念是允许自己走自己的路，同时，也要允许别人走别人的路。我想，作为民国时期文艺界的顶尖人物，冰心和徽因当然更懂得这个道理。何况，无论是文学创作，还是中国建筑的调查研究，她们都是醉心于艺术的大师级人物，自己的事都忙得应接不暇，哪有闲情去替别人操心？所以，我觉得，对冰心和徽因之间的种种猜测与臆想，多数应该是后人根据自己的评价杜撰出来的，并非事实本身。

我仔细读过冰心的《我们太太的客厅》，字字句句都令人佩服不已。小说不仅把十多个人物刻画得栩栩如生，个个鲜活，最重要的是，她用调侃和暗谕的方式对当时中国的不良社会风气进行了有力的讽刺和抨击。正如金岳霖后来所说：

> "这篇小说也有别的意思，这个别的意思好像是 30 年代
> 的中国少奶奶们似乎有一种'不知亡国恨'的毛病。"

我想，他的观点也许恰好说出了冰心创作这篇作品的初衷，这就

是哲学家的深度与清醒。所以，这篇小说的时代意义应该是提醒，提醒大家从颓废与萎靡的消极状态中走出来，不要忘却自己的国家，忘却自己的责任和使命。

因此，这篇作品意义重大，而非很多人理解的单纯的讽刺。对这场"对号入座"的文坛风波，多年后，冰心曾淡淡地回应道：

　　"那篇《我们太太的客厅》萧乾认为写的是林徽因，其实是陆小曼，客厅里全是她的照片……"

这句话我信。因为，从始至终，徽因都不曾颓废过。即使重病缠身，也从未忘记过自己的建筑理想，更不曾让自己有丝毫的懈怠。这一点，想必冰心暗地里也是极佩服的。

有人认为冰心这是在辩白。其实，仔细想想，她有什么好辩白的？作品被误读，又不是只有她一人，一千个读者会有一千种评价，她没必要一一去解释。所谓懂你的人，不必去解释，不懂你的人，解释也没有用。冰心这样智慧的人，比我们这些平常人活得更明白。

其实，这些误读与典故并不重要，重要的是，梁家的茶会自此就被称为"太太的客厅"了。说实话，我很喜欢这个名字。徽因本来就是梁思成的太太，北总布胡同三号院的女主人，何况，她一直都是这个文化沙龙的核心。所以，这个名字很形象，也很符合这个公共空间的整体气质。

不过，可以确定的是，如果这里只有林徽因，没有梁思成、徐志摩和金岳霖，"太太的客厅"也不会长期占据北平文化沙龙的首席位置。梁思成出身名门，毕业于清华，又去美国留过学，再加上父亲是大名鼎鼎的梁启超，在那个年代，他本身就具备着强大的吸引力；徐志摩是北大、清华的教授，再加上浪漫主义诗人的身份，以及广为流传的爱情轶事，早已造就了他的传奇；金岳霖是中国哲学的开山鼻祖，在清华大学创办了国内第一个哲学系。何况，他的家本身就是一个文化沙龙，周六很多朋友聚在这里喝茶聊天，谈古论今，大家称之为"周六聚会"。由于他是湖南人，他的客厅也被称作"湖南饭店"。再加上与梁林毗邻而居，影响力更是非一般人能及。只是，话又说回来，纵然他们三人个个出类拔萃，如果没有林徽因，北平就不可能有"太太的客厅"了。因为，谁都知道，他们三个，个个都是她的超级粉丝，都是她最忠实的听众。

关于北平的文化沙龙，梁思成在晚年曾经对他的学生说：

"不要轻视聊天，古人说'与君一夕谈，胜读十年书'。学术上的聊天可以扩大你的知识视野，养成一种较全面的文化气质，启发你学识上的思路。聊天常常是没有正式发表的思想精华在进行交流，三言两语，直接表达了十几年的真实体会。许多科学上的新发现，最初的思想渊源是从聊天中得到的启示，以后才逐渐酝酿出来的。英国剑桥七百年历史出了那么多大科学家，可能与他们保持非正规的聊天传统有一定联系……聊天之意不在求专精，而在求旁通。"

说得真好！其实，在国外，这样的沙龙一直很多。物以类聚，人以群分。大家在感兴趣的圈子里，汲取各自需要的信息和知识，同时，交往一些爱好相同的人，那种感觉，有时真的像春天的雨滴，让人特别解渴。遗憾的是，在中国，这样的沙龙真的是太少了。即使有，也不过是流于形式主义的隔靴搔痒，我们缺少深入的交流，太多人被关在社会或者自己设置的笼子里，自恋、封闭、排斥、猜疑。即使是亲戚朋友之间，也很难推心置腹，敞开心扉。何况，我们的聚会，一直局限于舌尖上。觥筹交错中，除了越来越大的肚子，真的很难有精神层次的收获。

正因为如此，林徽因的"太太的客厅"更加显得弥足珍贵。在那个时事动乱，政局不稳的年代，身患重病，却从不向命运低头的她，用自己美丽的身影，以及激昂的谈吐，告诉每一个有幸与之相遇的人，纵然现实充满了痛苦和失望，但是，我们还是要满怀希望。正如画家米勒所说，"虽然生活是悲苦的，但是，我绝不忽视春天。"

对此，作家萧乾也曾有过深深的感慨：

"倘若这位述而不作的小姐能像 18 世纪英国的约翰逊博士那样，身边也有一位博斯韦尔，把她那些充满机智、饶有风趣的话一一记载下来，那该是多么精彩的一部书啊！"

现在，北总布胡同三号已经不存在了。那个知性优雅、刚强风趣的女主人离开我们也有半个多世纪了，但是，我相信，她的笑声还在，她面对命运不屈不挠的精神还在。时间的长河里，这才是"太太的客厅"永久的意义。

逐林而居

在"太太的客厅",以及林徽因的后半生,还有一个极其重要的人物,那就是哲学大师金岳霖。

金岳霖1914年毕业于清华学堂,同年官费留美,在宾夕法尼亚大学学习,后转入哥伦比亚大学,1920年获得政治学博士学位,随即先后在英、德、法等国留学和从事哲学研究工作。在伦敦与徐志摩相识。徐志摩比他小两岁,浑身洋溢着浪漫和诗意,两人相见甚欢,遂成为好友。

彼时,他知道徐志摩深爱着林长民的大女儿,之后,为了爱情坚决跟妻子离了婚。签离婚协议时,他还跟着去柏林当了回见证人。虽然一直无缘与志摩心中的女神相见,但是,有时他也会好奇,能让诗人痴情到如此程度的女子,究竟是什么样子。

回国后,他和冯友兰在清华大学创办了国内第一个哲学系,他任教授兼系主任。彼时,志摩也在清华任职。那是1931年的一个周末,志摩邀请他去北总布胡同3号参加梁林家举办的茶会,就这样,他被好友正式引荐给林徽因。

当时，他 36 岁，徽因 27 岁。正是最蓊郁丰盛的年纪，他们都见过了五颜六色的世界，各自盛开在自己的美好里。

初相见，她穿着素雅的旗袍，立领上点缀着点点刺绣，笑容像院子里的阳光，一朵一朵开在干净的脸上。他的目光，情不自禁地锁定她，只觉得，风里飘过缕缕花香，是玫瑰的味道。

徽因对这个身材高大、英俊沉稳、博学多才、风趣幽默、说着一口纯正英语的哲学系教授也颇有好感。又多了一个朋友，眼中星星点点，泛着喜悦的波。她亲切地叫他老金。

自此，老金成了"太太的客厅"固定的座上客，每个周六，都会与徐志摩准时抵达，风雨无阻。与在"湖南饭店"不同的是，在这里，他只是一个忠实的听众。客厅里那么多人，他的眼里却只有一处风景，她就是林徽因。她的举手投足，她的一颦一笑，她的万种风情，她的才华出众，无不让他深深的陷落。他想，怪不得志摩一直为她深深着迷。

彼时，他正与美国女友秦丽莲同居。本来两个人生活得还不错，但是，自从心里有了徽因，一切就都不对了。他和女友提出了分手，秦丽莲悻悻归国。

之后不久，徐志摩突然坠机身亡。痛失好友，他很难过。看到徽因悲伤成河，更是心疼得不知如何去安慰。徽因羸弱多病的身体，一次又一次遭受打击，她如何受得了？老天怎么忍心这样待她？那段时间，他每天往返于清华园和北总布胡同，只为陪心爱的人说说话，在院子里晒晒太阳。

做学问的人，时间总是不够用。需要看的书太多，需要写的字也太多。然而，他却愿意将大把大把的光阴用在徽因身上。是谁说过，看一个人是否爱你，并非只看他是否愿意给你花钱，因为对某些人而言，钱真的不算什么。看一个人是否真心爱你，要看他是否愿意在你身上花费时间。因为，生命珍贵，谁都不会把时间浪费在不在乎的人身上。不问过往，不想未来，他只是静静地陪着你。也许，他从来不会对你表白，他的一举手一投足却早已把所有的心事都道了出来。

1932年初夏，思成要去天津考察古建筑，把徽因一个人留在家中，老金实在放心不下，索性租下了隔壁的北总布胡同2号院，把家搬了过来。他想，住得近了，徽因需要时，随时可以搭把手。彼时，她肚子里的宝宝已经六个多月了，身子本来就弱，每天还有一堆的家事需要处理，身边没个人照顾，着实不行。

上班的人都知道，住处距离工作单位越近，在路途上花费的时间就越少，上下班就越方便。像老金这样视时间如生命的学者，更是如此。然而，为了尽可能离心上的那个人近一点，他却甘愿搬到离单位将近20公里的地方。除了爱，去哪里获得这种动力？除了爱，又去哪里寻找这样的勇气！何况，他的爱，只能深藏在心里。因为，遇到的人虽然对了，时间却是错的。彼时，她已是朋友的妻子，同时，还怀着朋友的孩子。他们是那么珠联璧合的一对，他不可能去破坏。

只是，不能拥有，并不代表不能去爱。只要静静陪着她就是幸福，只要默默地为她付出就是快乐。老金从不表达，也许，也没想过回应。他知道，用一颗柔软的心去深爱一个人，去为她做事，这份爱本身就是生命的收获。至于对方是否能回报同样的爱，根本不用计较啊！不能说我给了你半斤，你就一定要还我八两，那不是爱，是需索。真正的爱很简单，不过是我喜欢你、仰慕你，为了你，我舍得牺牲自己。无论你的境遇如何，我都会无条件地为你付出。只要你幸福了，我就是幸福的。

是啊，爱是如此美好的一件事。要在爱里享受，不要在爱里受苦。这一生，只要真正地爱过一个人，就没有虚度。哪怕这份爱只存在于脑海里，或者幻想里。

老金的爱与志摩不同。志摩的爱像一团火，噼里啪啦，烈烈燃烧。这样的爱让徽因新奇、兴奋，却也不敢上前。因为，随时可能被灼伤。

老金的爱与思成也不同。思成的爱内敛、包容，自始至终，他对她的尊重要多一些，也许，他们是事业上最好的伙伴，生活中，却总感觉缺少点什么。

与志摩和思成相比，老金的爱更像是细水长流。不急，不缓，正好是让她感到舒适的节奏。他欣赏她，堂堂中国哲学的开山鼻祖，却甘愿做她虔诚的听众。在她面前，他不谈自己的哲学和政治，只跟她探讨文学和建筑；他心疼她，总在替她考虑着吃什么能补身子。尤其在她心情不好、情绪不稳的时候，总会用他独特的逻辑，把纷乱如麻的事情，在第一时间帮她理得井然有序。他懂得她。每天，都会抽时间来陪她，给她读济慈的诗，陪她弹弹钢琴，说说话。他们时而用英语，时而用汉语，推心置腹，畅所欲言，那一刻，人世间的烦恼仿佛一下子消散了。

老金对徽因的爱，不禁让我想到了王菲的歌。王菲最特别的地方，就是唱每首歌都留有余地。比如，有些歌手内心明明是空的，唱情歌时却唱得声嘶力竭。而王菲心里藏着很多感情，情歌却唱得云淡风轻。我想，最深的爱，从来都不会歇斯底里，因为，吼出来的，都不会是深情。

老金不需要表达，更不需要吼出来。他的爱琐细完整，绵延不绝。他以一颗没有期待、没有计较、没有执念、没有妄想的心，默默地付出。对他而言，付出就是得到。真正的爱，从来不是占有。

可是，徽因那么敏感，那么聪慧，他为她做的点点滴滴，她都了然于心。她既看得到他内心的激情汹涌，也懂得他表面的无动于衷。在她心里，他是那么特别的一个男人。做学问是痴的，爱一个人也是痴的，徽因从未遇到过这样的爱，她觉得自己也被这个魅力无穷的人深深地吸引了。这个想法，吓了徽因一跳。一向光明磊落的她，一下子乱了分寸。

于是，思成从宝坻考察一回来，她赶紧拉住他的手，像个做错事的小孩，红着脸认错："我好像同时爱上了两个人，怎么办？"

思成一听，顷刻傻了。那晚，他一夜未眠，思前想后，把自己和老金做了详细的比较，最终认为，徽因跟着老金，应该会更快乐。于是，为了徽因的幸福，他决定忍痛割爱。第二天，他跟徽因说："婚姻不是牢笼，你是自由的。如果你选择老金，我祝你们永远幸福。"

徽因当下就哭了。她把思成的话转告给老金，老金沉默地抽着烟，良久，似下定了决心，说："看来思成是真正爱你的，我不能伤害一个真正爱你的人，我应该退出。以后，你和思成就把我当成大哥吧。"。

从此，他果然不再言爱。君子坦荡荡，他终究不是一般人，他的胸怀如高山，如海洋，在徽因面前铺了满地亮亮的阳光。既然爱深缘浅，那么，就做一世的亲人吧。从此，他几乎成了梁家的成员，跟他们一起吃饭，一起聊天。工作上遇到了难题，思成第一个想到找他帮忙。徽因有了心事，也去找他倾诉。就连夫妻俩吵了架，也让这位逻辑严谨的老兄来给分析裁决。

老金极少回湖南看望亲戚，但是，他却离不开梁家。后来，抗日战争爆发后，在流亡途中，他们不得不暂时分离。他给美国的费正清夫妇去信说："我离开梁家就像丢了魂一样。"于是，几经周折，他终于打听到了思成的消息，马不停蹄赶到龙头村与之团聚，把自己所有的积蓄拿出来，在梁家旁边又盖了处耳房。跟在北平时一样，他们依旧毗邻而居。也许，在他心里，时势动荡不可怕，颠沛流离不可怕，日本人的空袭也不可怕，最可怕的，是不能与梁家人在一起。

有人怀疑，这是真的吗？世间哪有这样的人，是后人杜撰的吧？我却相信。这样的事情，也许不可能发生在别人身上，但是，发生在金岳霖先生身上，却是极有可能。因为，他是如此迂阔的一个人，痴得不食人间烟火，很难再找到第二个。

关于他的"痴"，坊间流传着很多逸闻轶事。

他记性很差。差到什么程度呢？据说，有一次给陶孟和打电话，对方的佣人问他是谁。未料，他竟然把自己的姓氏给忘记了，支支吾吾就是答不上来。情急之下，他跟这个佣人说："你不要管我是谁，请陶先生接电话就是了。"碰巧这个佣人是个死心眼，坚持有了名姓才能去通报。没办法，他只好跑到门口，去问给他拉洋车的人。遗憾的是，这个人也不知道。他急了，问："你有没有听别人说过我是谁？"拉洋车的人被他问的一头雾水，一脸懵圈地说："我听别人都叫你金博士。"哦，原来自己姓"金"。然后，他拿起电话说了句："你跟陶先生说，大家都叫我金博士。"

他是中国的哲学泰斗，同时，也是个书呆子，尤其不喜欢做官。他有一句名言：

　　"与其做官，不如开剃头店，与其在部里拍马屁，不如在水果摊上唱歌。"

新中国成立初，周培源请他出任清华大学哲学系主任。他十个心眼有九个不想干，又架不住对方一再坚持，只好答应下来。可是，他并不知道系主任应该做什么，于是只好在办公室里傻傻地坐着。下午，发现没有人找，也没啥事，感觉实在浪费时间，就赶紧跑回家看书去了。无奈，学校只好解除了他的职务。听了这个消息，他开心极了，捧着书，像个小孩一样手舞足蹈起来。

还有，抗战爆发后，北大、南开和清华在云南成立了西南联大，老金也跟着南迁至昆明。平时，他每星期三天有课。不用去上课的那几天，他都雷打不动地在住处看书写作。一天，日军突然空袭云南。警报拉响后，大家赶紧跑到了防空洞里，只有他因为读书太投入而没有理会。结果，炸弹在他的前后左右轮番轰炸，等他听到声音，跑出来一看，地上一片狼藉，前后两幢楼已经不复存在。别人都替他捏了一把汗，说他真是命大。他却傻傻地站在那里，望着满眼废墟竟然不知道发生了什么事。

在昆明，他完成了哲学巨著《知识论》，像是对待自己的孩子，每天宝贝般守护着。一天，空袭警报再次响起，他把稿子包好，跑到昆明北边的蛇山躲着，自己就席地坐在稿子上。警报解除后，他站起来就走，竟把这么重要的书稿给忘记了，等到记起时，返回去再找，稿子已经不见了。当时他真想大哭一场！没办法，书稿没了，只能重写。几十万字，写起来太不容易了，他还是硬生生地写了出来。所以，《知识论》是他耗费时间最长的一本书，写了两遍，用了十年时间。这本书在他去世的前一年才得以出版，他说："《知识论》出版了，我也可以死了。"

1955年，他痴爱一生的林徽因去世。男儿有泪不轻弹，他却再也控制不住，当着学生的面痛哭失声。整整哭了五分钟，才擦干眼泪，整个人似被抽去了魂魄，呆呆地坐了很久。追悼会上，他为她写了深情的挽联：一身诗意千寻瀑，万古人间四月天。他说，那些日子真的是太伤心了，他的眼泪一直没有停过……

只是，就是这样一个连自己的姓名都会忘记的人，直到老年，却一直记得徽因的生日。有一年，他在北京饭店很郑重地请客，邀请许多旧日老友参加。大家没觉得这个日子有何特别，面面相觑着，不知老金葫芦里卖的什么药。人都到齐了，金岳霖会心一笑，只说了一句："今天是徽因的生日。"那一瞬，所有的人都呆住了。很多朋友默默地流下了眼泪。为已经去世那么多年的人过生日，且这个人还是别人的老婆，除了老金这样清透澄澈的人，还有谁能做得出来呢？

梁思成再婚后，老金一直跟着他们的儿子梁从诫一起生活。记者去采访，86岁的他一遍又一遍问家里的保姆："从诫回来了吗？从诫几点回来？"从诫和妻子方晶喊他"金爸"，女儿梁帆叫他"金爷爷"，他一直和他们住在一起，直到生命的最后一刻。也许，看着徽因的后代，就是看着深爱的徽因了吧。又或者，在内心深处，徽因的孩子，本来就是他的孩子。他的爱，不仅仅是给徽因的，同时，也是给她所有的亲人的。

记者说，他们准备出版《林徽因诗集》，想请他为这本书写个序。他沉思良久，郑重地说：

"我所有的话，都应该同她自己说，我不能说。我没有机会同她说的话，我不愿意说，也不愿意有这种话。"

只是，当记者拿出林徽因的一张发黄的旧照片时，他浑浊的眼睛仿佛一下子被点亮了。他用两只布满老年斑的手紧紧地捏住相片，生怕被人抢走似的，良久，抬起泪眼，恳求道："给我吧！"

此情依依，天上人间。他一生逐林而居，并以最高的理智驾驭着情感，且终生未娶。徽因何其幸福，不曾嫁给他，却拥有了他一生的爱。

1984 年，金岳霖在去世前留下遗嘱："我死之后，请在我的存折中提出三千元献给党。请不要开追悼会，骨灰请让清风吹走。"

最后一句，让看到的人无不泪落。想来，清风带着他又去寻他的徽因了吧？徽因是他生命的方向，她在哪里，他就会跟到哪里。他们终究会在天上相见。

第八章

万水千山，古建筑寻遍

同样身为女人，如此乌烟瘴气、浑浊不堪的工作环境，不知道徽因是怎么坚持下来的。

自讨苦吃的建筑师

　　有人说，"女子当如林徽因，情人当如金岳霖"，这应该是羡慕他们的爱情了。但是，我们不要忘记了，对林徽因这个旷世才女而言，仅有爱情是远远是不够的。心怀天下的她，不可能让自己只是陷落在风花雪月的小情小爱里，所以，纵然徐志摩为她抛妻弃子，金岳霖为她终身不娶，最终，她依旧选择了与梁思成琴瑟和鸣、比翼双飞。

　　在爱情的诱惑面前，徽因一直表现得很理智。虽然她知道，志摩和老金都很喜欢她，但是，这世间，爱她最深的，仍然是梁思成。虽然，他不爱说话，很多时候，对她自己感兴趣的话题不能及时给出回应。但是，他用微笑和支持，给了她一个敞开的"太太的客厅"，对她而言，这已然足够了。一路走来，在一地鸡毛的柴米油盐里，他们一起经历风霜雪雨，面对世事无常以及疾病困扰，作为丈夫，他的宽阔与包容，以及对妻子的理解与体谅，换作志摩和老金，不可能做得比他更好。何况，在共同热爱的建筑上，他们又是彼此成就的，缺少了哪一个，都像蝴蝶断了翅膀。

1933 年 9 月 4 日，梁思成、林徽因与营造学社的刘敦桢、莫宗江和一位仆役，一行五人从北平出发，乘火车经张家口，到大同，踏上了他们的考察山西古建筑之旅。正是由于这次考察，他们发现了很多散落在荒野中的古建筑，最终，使这些珍贵的历史文物没有被岁月冲走，幸运地被保护了起来。

初到大同，人地生疏，各方面的条件都极差，他们吃了不少苦。我们都知道，但凡有价值的古建筑，都在人迹罕至的荒郊野外，既没有旅店也没有餐馆，有时，他们只能借住在农户的侧房里。没有门窗，没有炕，他们只好打地铺。农民家没有什么吃的，即使有钱也买不到，因为，人家自己也不够吃。当时，他们只觉得能吃到一顿煮土豆，喝上一碗玉米面糊糊就很知足，如果再有点咸菜佐餐，简直就是美味了。

也许有人会说，这有什么？在那个缺吃少穿的年代，人们不都是这么过吗？只是，大家不要忘了，梁思成和林徽因可不是跟我们一样的普通人。用现在的话说，他们既是官二代又是富二代。这两位出身富贵的大少爷大小姐，从小到大，不仅可以满世界旅游，而且出门有车候着，进门有佣人等着，甚至连洗脸洗脚都有丫头在一边拿着毛巾服侍着。可以说，像山西农村这样艰苦恶劣的环境，他们从来就没有见到过。

幸福都是比较出来的，不幸也是。我们在比较的时候，不应该横向跟他人比，而应该纵向跟自己比。大多数人所理解的生活越来越好，都是指生存环境得到改善，日子过得越来越丰裕。正因为如此，徽因和思成宁可舍弃养尊处优的生活，一起去往艰苦的环境，为了心中的理想以及历史的责任，甘愿长途跋涉、风餐露宿的这种精神才更让我们敬仰和感动。要知道，20 世纪 30 年代，在建筑师奇缺的中国，凭借自己的硕士学位和一身本事，他们完全可以承揽一些工程和设计，轻而易举名利双收。他们却放弃了。在思成和徽因心里，保护风雨飘摇的中华古建筑，完成具有历史意义的《中国建筑史》，比赚钱和享受重要得多。所以，很多人都说自己爱国，只是，也许我们的确对祖国怀有很深的感情，在心里把她当成自己的母亲，可是，我们又为亲爱的祖国做过些什么呢？为了祖国，又放弃过什么呢？因此，虽然大家都爱国，但是，爱的程度却有着很大的区别。所以，那一年，徽因在发表于天津《大公报》副刊的文章中曾经写道：

"新近有几个死心眼的建筑师，放弃了他们盖洋房的好机会，卷了铺盖到处测绘几百年前他们同行中的先进，用他们当时的一切聪明技艺，所盖惊人的伟大建筑物，在我投稿的时候正在山西应县辽代的八角五层木塔前边。"

由于路况不熟，他们的考察不知比我们想象得要艰难多少倍。一路上，以前从来不用考虑的乘车、吃饭、住宿等，现在都成了问题。饥肠辘辘是家常便饭，半夜还没找到歇脚的住处更是不足为奇。正如徽因在给梁思庄的信中所写：

"思庄，出来已两周，我总觉得该回去了。什么怪时候赶什么怪车都愿意，只要能省时间。每去一处都是汗流浃背的跋涉，走路工作的时候，又总是早八至晚六最热的时间里，这三天来可真是累得不亦乐乎。吃的也不好，天太热也吃不下，因此种种，我们比上星期的精神差多了。整天被跳蚤咬得慌，坐在三等火车中，又不好意思伸手在身上各处乱抓，结果浑身是包。"

心心念念的木塔

　　说到应县木塔，去山西考察前还有一则趣事。这个木塔，梁思成只在日本考古学家的报告中看到过记载，上面说应县有一座始建于11世纪的木塔，叫应州塔。只是，那份报告是否属实？即使是真实的，时过境迁，现在这个塔是否还存在？由于内心诸多疑惑，再加上路途遥远，实在不方便贸然前往。

　　徽因建议先放下这件事，等找到了翔实资料再说。可是，自从思成心里有了这个塔，就再也放不下了，简直到了茶饭不思的程度。正如徽因在1933年10月7日发表于《大公报》的《闲谈关于古代建筑的一点消息》里所描述的：

　　　　"……思成自从知道了有这塔起，对于这塔的关心，几乎超过他自己的日常生活。早晨洗脸的时候，他会说'上应县去不应该是太难吧'，吃饭的时候，他会说'山西都修有顶好的汽车路了'。走路的时候，他会忽然间笑着说：'如果我能够去测绘那应州塔，我想，我一定……'他的话常常没

有说完，也许因为太严重的事怕语言亵渎了。最难受的一点
是他根本还没有看见过这塔的样子，连一张模糊的相片，或
翻印都没有见到！"

的确，那段时间，思成在北平的图书馆找了个遍，查阅了所有与
应县相关的资料，却没有发现任何与"应州塔"有关的只言片语，更
别提什么照片了。

那天傍晚，从图书馆出来，他正为这个事愁眉不展，路过一家照
相馆时，眼前不禁一亮。他赶紧回家，坐在书桌前，铺开宣纸就写了
一封信。收信人是"山西最大的照相馆"，内容是请照相馆代为拍摄
一张应县木塔的照片寄回来，他将如数支付全部费用。其实，写信的
时候，他也是抱着试试看的心理，能收到回信更好，如若收不到，再
想别的办法。令他惊喜的是，没过几天，他竟然真的收到了一封来自
山西的信件，静静地躺在信封里的，正是他朝思暮想的应州塔照片。
而且，这个照相馆的老板应该是一位儒雅之士，他说自己不要钱，只
是想请思成回寄一些北平的信纸和信笺即可。因为，当时山西那边没
有一家南纸店。当时的信纸不是我们现在用的信纸，而是精心制作的
宣纸。信里所说的南纸，其实就是宣纸。因为生产宣纸的宣州在长江
以南，所以也叫南纸。

拿着照片，思成别提多开心了。他高兴地把徽因抱了起来，一边
转圈一边为自己终于聪明了一回颇感得意。徽因从未见过他如此失
态，心里也不禁乐开了花。此时此刻，他们像两个得到糖果的孩子，
每一个毛孔都泊满了甜蜜。

梁思成和刘敦桢写的《大同建筑调查报告》记载，这次山西之行
他们先后考察了大同善化寺、华严寺及城内钟楼、东南西三城楼等建
筑。徽因与两位男士一起，忍受着炎炎烈日以及无数蚊虫的叮咬，爬

上爬下进行测量、绘制、考察，身为林家大小姐、梁家少奶奶、"太太的客厅"的女主人，她哪里吃过这样的苦，受过这样的累？然而，此时此刻，站在这些辽代建筑面前，像是见到了久别的亲人，她的心里没有一丁点儿抱怨，只有发自内心的欢喜。

是啊，与渐渐靠近内心的理想相比，苦一些，累一些又算得了什么呢？因此，她写给友人的信也那么激动，那么快乐，那么轻盈，丝毫看不到半点牢骚和悔意：

"居然到了山西，天是透明的蓝，白云更流动得使人可以忘记很多的事，单单在一点什么感情底下，打滴溜儿转；更不用说到那山山水水、小堡垒、村落，映衬着夕阳的一角庙，一座塔！景物是美得到处使人心慌心痛。

我是没有出过门的，没有动身之前不容易动，走出来之后却又不知道如何流落才好。旬日来眼看去的都是图画，日子都是可以歌唱的古事。黑夜中在山场里看河南来到山西的匠人，围住一个大红炉子打铁，火花和铿锵的声响，散到四围黑影里去。微月中步行寻到田垄废庙，划一根'取灯'偷偷照看那了望观音的脸，一片平静，几百年来没有动过感情的，在那一闪光底下，倒像挂上一缕笑意。

我们因为探访古迹走了许多路，在种种情形之下感慨到古今兴废。在草丛里读碑碣，在砖堆中间偶然碰到菩萨的一只手一个微笑，都是可以激起一些不平常的感觉来的。乡村的各种浪漫的位置，秀丽天真。中间人物维持着老老实实的鲜艳颜色，老的扶着拐杖，小的赤着胸背，沿路上点缀的，尽是他们明亮的眼睛和笑脸。由北平城里来的我们，东看看，西走走，夕阳背在背上，真和掉在另一个世界里一样！

云块、天，和我们之间似乎失掉了一切障碍。我乐时就高兴地笑，笑声——直散到对河对山，说不定哪一个林子，哪一个村落里去！我感觉到一种平坦，或许是辽阔，和地面恰恰平行着舒展开来，感觉最边沿的边沿，和大地的边沿，永远赛着向前伸去……"

只是，由于家中有很多事情需要处理，再加上儿子从诫刚刚一岁，她这个母亲不能离开太久，所以，纵然有十二分的留恋，十二分的渴望去见应县木塔，无奈，9月9日夜，她还是不得不踏上了返回北平的列车。

9月17日，梁思成和两位同仁整整在路上颠簸了一天，一直到晚上8点，终于抵达了应县。他在文章中写下了初到应县时映入眼帘的情景：

"当我们到达离城大约还有5英里的一个地方的时候，我蓦地看到在我前方山路差不多尽头处，在暗紫色的背景上有一颗闪光的宝石——那是在附近的群山环抱中一座红白相间的宝塔映照着金色的落日。当我们到达这座有城墙的城市时天已黑了，这是在盐碱地上一个贫穷的城镇，城圈里只有几百家土房子和几十棵树。但它自夸拥有中国至今仅存的木塔……就像一个黑色的巨人，俯视着城市。但在它的最上一层的南面可以看见一盏灯，在周遭的黑暗中一个亮点。后来我弄清了，这就是那900年来日日夜夜点燃的'万年灯'。"

第二天，在阳光下见到这座木塔，思成更是激动万分：

"真是一个独一无二的伟大作品！好到令人叫绝，半天

喘不出一口气来！不见此塔，不知木构的可能性到了什么程
度。我佩服极了，佩服建造这塔的时代和那时代里不知名的
大建筑师，不知名的匠人！"

接着，三个人开始拍照片，测量各层的平面，绘制断面图，还要
抄录寺中的碑文……只是，没有徽因在，思成总觉得缺少了什么。另
外，每每发现一处惊喜，他都希望第一时间和徽因分享，于是，那段
时间，他频频往家里寄信：

"你走后我们大感工作不灵，大家都用愉快的意思回忆
和你各处同作的畅顺，悔惜你走得太早。我也因为想到我们
和应塔的特殊的关系，悔不把你硬留下同去瞻仰。家里放下
许久实在不放心，事情是绝对没有办法，可恨……"

又写一封：

"这两天工作颇顺利，塔第五层（即顶层）的横截面已做
了一半，明天可以做完。断面做完之后，将有顶上之行，实
测塔顶相轮之高；然后楼梯，栏杆，格扇的详样；然后用仪
器测全高及方向；然后抄碑；然后检查损坏处，已备将来修
理。我对这座伟大建筑物目前的任务，便暂时告一段落了。
　　另外，今天工作将完时，忽然来了一阵'不测的风
云'。在天晴日美的下午五时前后狂风暴雨，雷电交作。我
们正在最上层梁架上，不由得不感到自身的危险，不单是在
二百八十多尺高将近千年的木架上，而且紧在塔顶铁质相轮
之下，电母风伯不见得会讲特别交情。我们急着爬下，则见

实测记录册子已被吹开，有一页已飞到栏杆上了。若再迟半秒钟，则十天的功作有全部损失的危险，我们追回那一页后，急步下楼——约五分钟——到了楼下，却已有一线骄阳，由蓝天云隙里射出，风雨雷电已全签了停战协定了。我抬头看塔仍然存在，庆祝它又避过了一次雷打的危险，在急流成渠的街道上，回到住处去。

我在此每天除爬塔外，还看了托我买信笺的那位先生。他因生意萧条，现在只修理钟表而不照相了……"

再写一封：

"它的顶端装上了铸铁的螺旋塔尖，用 8 根铁链固定在顶层的屋角上。在一个阳光明媚的下午，我正在塔尖上全神贯注地丈量和照相，没有注意到黑云已经压了上来。忽然间一个惊雷在近处打响，我猝不及防，差一点在离地 200 英尺的高空松开了我手中紧握的冰冷的铁链……"

看得出，梁思成亦是文采斐然，每一封信，都是一篇优美且饱含深情的散文。

就这样，梁思成、林徽因和中国营造学社的同仁不惧兵荒马乱、不畏严寒酷暑、不顾身体疾病，他们用意志战胜困难、扫除障碍，通过数年考察，先后在河北正定发现了与《营造法式》完全相同的斗拱，在天津宝坻发现了广济寺也是辽构木建，在山西发现应县木塔与大同的华严寺建于同一个年代，作为纯木结构塔，实为海内独有……他们的足迹遍及河北、山西、陕西、河南、山东、辽宁、湖南、浙江、江苏，测绘整理了 200 多组建筑群，完成测绘图稿 1898 张，为中国建筑留下了科学完备的稀世珍宝。

魅力「佛光寺」

诸多考察中，最令徽因难忘的，应该是 1937 年 6 月末对山西五台山佛光寺的那一次了。

经过数年的跋山涉水，他们发现、测量并整理了散布在祖国各地的一座又一座古代建筑。只是，欣慰之余，她和思成还有一个心愿未了。那就是，他们一直没有发现唐代之前的木构建筑。对他们而言，这不能不说是个大遗憾。因为，唐代建筑不仅具有独特的风格，同时还承载着中华民族建筑文化承上启下的关键使命，所以，如果能有幸目睹唐代建筑的遗存，对怀抱建筑理想的人而言，简直是梦寐以求的幸事。

只是，当时曾有日本人断言，说中国大地上已经不存在唐代之前的木构建筑了，若想欣赏，只能到日本的奈良去看。这句话深深地刺痛了思成和徽因。他们认为，偌大的中国，不可能没有唐构建筑留存。日本人所说的没有，不过是还没有被发现而已。于是，寻找留存于今的唐构建筑，成了徽因和思成一直萦绕于心的最大梦想。

也许，人与物，跟人与人一样，缘分到了，就一定能相遇。当他们查了无数资料，走了许多地方，依旧没有一点线索，甚至快要放弃的时候，一个偶然的机会，思成发现了《敦煌石窟图录》这本书，作者是法国汉学家、冒险家保罗·伯希。书中有两幅唐代壁画，这两幅壁画不仅描绘了佛教圣地五台山的全景，而且还提到了两座庙宇的名字。其中那个叫"佛光寺"的古刹，如同暗夜里的灯火，一下子点亮了思成的眼睛。

事不宜迟，思成和徽因一行四人，带着考察需要的工具，由北平到山西太原，从太原再到五台山，在树木葱郁的半山坡上，终于见到了令他们心驰神往的佛光寺。

当时，徽因的心情，无异于哥伦布发现了新大陆，那种欢欣，简直想要雀跃了。她暂时按捺住激动的心情，怀着满腔的虔诚和敬仰，赶紧与思成投入工作中。

关于考察佛光寺的细节，梁思成这样写道：

"这个阁楼里住着好几千只蝙蝠，他们聚集在脊檩上边，就像厚厚的一层鱼子酱一样。这就使我无法找到在上面可能写着的日期。除此之外，木材中又有千千万万吃蝙蝠血的臭虫。我们站着的顶棚上覆盖着厚厚的一层尘土，可能是几百年来积存的，不时还有蝙蝠的小尸体横陈其间。我们戴着厚厚的口罩掩盖口鼻，在完全的黑暗和难耐的秽气中好几个小时地测量、画图和用闪光灯照相。当我们终于从屋檐下钻出来呼吸新鲜空气的时候，发现在背包里爬满了千百只臭虫。我们自己也被咬得很厉害。可是我们的

发现的重要性和意外收获，使得这些日子成为我多年来寻
找古建筑中最快乐的时光。"

看到这里，脑海中浮现出徽因那张蹲在梁上的照片，眼睛不禁湿
润了。同样身为女人，如此乌烟瘴气、浑浊不堪的工作环境，不知道
徽因是怎么坚持下来的。身为名门望族的富家小姐，她肯定是特别爱
干净的吧？另外，她的咳嗽，她的肺病，在满目灰尘里，病情一定会
加重吧？还有梁思成，他受过伤的腿和脊椎，在逼仄的地方爬上爬
下、飞檐走壁，在繁重的工作中，他是怎么坚持下来的？如果没有强
大的毅力和民族责任感支撑着，任凭是谁，也不会忘我到把个人的健
康和生死置之度外吧？

后来，谈到这对令人敬佩的夫妻，作家萧乾也曾这样感慨：

"我不懂建筑学，但我隐约觉得徽因更大的贡献，也许
是在这一方面，而且她是位真正的无名英雄！试想以她那样
老早就被医生宣布患有绝症的瘦弱女子，却不顾自己的健康
状况，陪伴思成在当时极为落后的穷乡僻壤四处奔走，坐骡
车，住鸡毛小店，根据地方县志的记载去寻访早已被人们遗
忘了的荒寺古庙。一个患有残疾，一个身染重疴，这对热爱
祖国文化遗产的夫妇就在那些年久失修、覆满积年尘埃的庙
宇里，爬上爬下（梁柱多已腐朽，到处飞着蝙蝠）去丈量、
测绘、探索我国古代建筑的营造法式……"

经过对佛光寺为期一周的考察，他们终于发现了刻在梁下的重
要文字，证明佛光寺建成于 857 年，整整比独乐寺早了 127 年。这

真是一个伟大的发现！也就是说，佛光寺不但是他们多年考察中发现的唯一的唐代木构殿宇，而且是我国古代文化遗产中的极品珍宝。不仅如此，殿内还蕴藏着很多唐代原有的塑像、绘画和墨迹，与木构建筑一起被称为"四绝"，无论是历史价值还是艺术价值都是奇珍异宝。

这是徽因和思成人生道路上最快乐也最辉煌的一天，在佛光寺那棵参天古树下，他们激动得紧紧拥抱在一起。

这样发自内心的喜悦，徐志摩给不了徽因，金岳霖也给不了，能给她的，唯有梁思成。

志摩说，徽因是他的灵魂伴侣，得之我幸，不得我命。我却觉得，思成才是徽因的灵魂之伴侣。而且，最为幸运的是，这样难寻的世间珍贵，她竟然得到了。他们不仅拥有两情相悦的爱情，幸福美满的婚姻，聪明可爱的子女，更重要的是，他们还建立了珍贵的中国建筑学术体系。如此珠联璧合，如此心心相印，这世间，有谁堪比？

在北总布胡同居住的那几年，是思成和徽因生命中最丰盛最美好的时光，也是他们学术高产的时期。梁思成完成了对北京故宫的全部建筑的测绘，先后长达 4 年，是对故宫的一次全面完整的测绘。另外，他们还共同撰写了《清式营造则例》《平郊建筑杂录》《晋汾古建筑预查纪略》等调查报告和专著。同时，徽因的文学创作也达到了又一个高峰。先后发表了散文《窗子以外》《悼志摩》，诗歌《你是人间四月天》，短篇小说《九十九度中》等，1937 年，还创作了话剧《梅真同他们》。

文学评论家李健吾说：

　　"在我们好些男子不能控制自己热情奔放的年代，却有这样一位女作家，用最快利的明净的镜头、理智，摄来人生的一个断面，而且缩在这样短小的纸张上。"

不仅如此，才华横溢的徽因还为自己理解的建筑学发明了一个新名词——"建筑意"，并且在考察报告《平郊建筑杂录》中，用极其优美的语言做了解释：

> "这些美的存在，在建筑审美者的眼里，都能引起特异的感觉，在'诗意'和'画意'之外，还使他感到一种'建筑意'的愉快。
>
> 顽石会不会点头，我们不敢有所争辩，那问题怕要牵涉到物理学家，但经过大匠之手艺，年代之磋磨，有一些石头的确是会蕴含生气的。天然的材料经人的聪明建造，再受时间的洗礼，成美术与历史地理之和，使它不能不引起赏鉴者一种特殊的性灵的融会，神志的感触，这话或者可以算是说得通。
>
> 无论哪一个巍峨的古城楼，或一角倾颓的殿基的灵魂里，无形中都在诉说，乃至于歌唱，时间上漫不可信的变迁；由温雅的儿女佳话，到流血成渠的杀戮。他们所给的'意'的确是'诗'与'画'的。但是建筑师要郑重郑重的声明，那里面还有超出这'诗'、'画'以外的意的存在。
>
> 眼睛在接触人的智力和生活所产生的一个结构，在光影恰恰可人中，和谐的轮廓，披着风露所赐予的层层生动的色彩；潜意识里更有'眼看他起高楼，眼看他楼塌了'凭吊兴衰的感慨；偶然更发现一片，只要一片，极精致的雕纹，一位不知名匠师的手笔，请问那时锐感，即不叫他做'建筑意'，我们也得要临时给他制造个同样狂妄的名词，是不？"

想来，能把枯燥的考察报告写得如此文采斐然、行云流水，这世间，除了林徽因，怕是再也没有旁人了吧？拥有如此优秀的母亲，儿

女的心也是泊满了自豪的。多年后，儿子梁从诫这样评价自己的天才
母亲：

> "作为一个古建筑学家，母亲有她独特的作风。她把科
> 学家的缜密、史学家的哲思、文艺家的激情融于一身。从
> 她关于古建筑的研究文章，特别是为父亲所编《清式营造则
> 例》撰写的绪论中，可以看到她在这门科学上造诣之深。
>
> 她并不是那种仅会发思古之幽情，感叹于'多少楼台烟
> 雨中'的古董爱好者；但又不是一个仅仅埋头于记录尺寸
> 和方位的建筑技师。在她眼里，古建筑不仅是技术与美的结
> 合，而且是历史和人情的凝聚。一处半圮的古刹，常会给她
> 以深邃的哲理和美感的启示，使她禁不住要创造出'建筑
> 意'这么个狂妄的名词来和诗情、画意并列。
>
> 好在那个时代他们还真不拘于任何框框，使她敢于用那
> 么奔放的文学语言，乃至嬉笑怒骂的杂文笔法来写她的学术
> 报告。母亲在测量、绘图和系统整理资料方面的基本功不如
> 父亲，但在融汇材料方面却充满了灵感，常会从别人所不注
> 意的地方独见精采，发表极高明的议论……"

另外，1936年，林徽因被《大公报》特邀主编《文艺副刊》的
《大公报文艺丛刊小说选》，还被北平大学女子文理学院外文系聘为教
授，讲授英国文学。

还有，在营造学社的影响下，30年代中期，我国开始接受认识
古物考察发掘工作，同时，也带动了文物修缮保护工作的展开。1935
年，北平成立旧都文物整理委员会。梁思成、刘敦桢担任技术顾问，

对北平的一大批古代建筑进行了修缮……

也许，这才是这一对神仙眷侣生命的真正意义。他们踩着泥泞、迎着风尘、忍着病痛、冒着战火，一路走来，不过是为了让那些存在于荒郊野外、被忽视、被破坏、被用来放杂物或者粮草的沉默的古建筑珍宝，在时光的河流中，唱出自己的歌声。

然而，最喜悦的时候，也许也是最悲伤的时候。正当他们沉浸于发现佛光寺这个国家瑰宝的兴奋中时，发生了震惊中外的"七七事变"。返程途中得此消息，徽因在给跟姑姑梁思顺正在北戴河度假的女儿梁再冰的信中写道：

> "宝宝，妈妈不知道要怎样告诉你许多的事。现在我分开来一件一件地讲给你听。我们路上坐大车同骑骡子，走得顶慢，工作又忙，所以到了七月十二日才走到代县。有报、可以打电报的地方，才算知道一点外面的新闻。
>
> 现在我要告诉你，这一次日本人同我们闹什么。你知道他们老要我们的'华北'地方，这一次又是为了一点小事，就大出兵来打我们。我们希望不打仗事情就可以完，但是如果日本人要来占领北平，我们都愿意打仗，那时候，你就跟着大姑姑那边，我们就守在北平，等到打胜了仗再说。我觉得现在我们做中国人，应该要顶勇敢，什么都不怕，什么都顶有决心才好。"

这就是徽因，铿锵的徽因，不屈的徽因，勇敢的徽因……只是，这一刻，也许她还没有预料到，不久，北平就沦陷了。她和全家不得不开始了颠沛流离的逃亡生涯。

第九章

流亡岁月，世事总无常

街上没有光，没有灯，
店廊上一角挂着有一盏；
他和她把他们一家的运命
含糊地，全数交给这黯淡。

这是我们的命

生长在和平年代的人，很难想象炮火连天的日子该如何度过。虽然看过很多抗日剧，但是，隔着屏幕，战火终究不会打到自己身上，不曾亲身经历，就不会有真正的感同身受。

1937 年 7 月 7 日，卢沟桥事变爆发。7 月 28 日，北平沦陷。无奈之下，国民政府的很多机关开始向外地疏散，中国营造学社也面临暂时解散，不少同仁都投身到了返乡途中。思成不想离开。一来，他生长在北平，无乡可返。二来，家里老的老，小的小，再加上自己和徽因都患有疾病，一路奔波，身体根本受不了。然而一个月后，突然收到的一封署名"东亚共荣协会"的请柬却改变了他的想法。他知道，醉翁之意不在酒，日本人在打他的主意了，看来，不离开不行了。

他们一边收拾行李，一边去协和医院做了身体检查。徽因的双肺都有空洞，病情很不乐观，这一路的颠沛流离，不知道能不能支撑下来。自从上次出了车祸后，思成经常后背疼痛，近两年更为加剧，只是，他一直在坚持。医生说他患了脊椎软组织硬化，为了缓解疼痛，专门给他做了个特制的铁架子，每天起床后穿在衬衣里面。穿上这个铁架子后，不能坐，也不能躺，只能站着。好好一个人，身上总是带着这个铁家伙，种种不舒服可想而知。

只是，现在他和徽因顾不上这些，对他们而言，目前最重要的事，是赶紧把七年来营造学社在考察中拍摄的建筑物底片逐一整理，放到一个相对安全的地方，以保万无一失。捧着这些凝聚着无限心血的影像资料，徽因再也控制不住情绪，不禁泪如雨下。在她和思成心里，这些珍贵的资料如同自己亲手养大的孩子，如今，骨肉分离，前途未卜，他们如何能割舍得下？只是，放不下又如何？流亡之路，硝烟弥漫，自身尚且难保的他们，只能忍受这种断腕之痛。

斟酌再三，他们决定把这些命根子保存在天津英租界的外国银行地下保险库，等战火平息后再来取回。小心翼翼地送过去之后，思成眼含热泪嘱咐道："这是我们的命，请妥善保管，拜托了！"徽因在一旁安慰他，同时，也是在安慰自己："地下没有炮火，又是在英租界，放心吧，这里一定是安全的。"

走到哪算哪吧

山河破碎风飘絮，时局动荡不安，一切再不是以前的样子。1937年9月，怀着对北平深深的眷恋与不舍，徽因和思成带着一家老小，拿着两只皮箱和两个铺盖卷，与一批清华、北大的教授一起，离开了舒适温馨的北总布胡同三号，加入浩浩荡荡的流亡队伍之中。

那段时间，中国大地出现了空前的悲壮。老人、小孩、教授、学生、孕妇，以及牛、马、羊等，驮着大包小包，一起流浪在宽宽窄窄的公路上。如果坐在直升机上俯视下去，你看到的只是黑压压的人群，蝼蚁般蠕动着。你根本分不清哪个是教授，哪个是农民，甚至，你也分不清哪个是人，哪个是动物……这就是流亡。不再有身份的区别。大家一样的被炮弹撵着跑，一样的无家可归，一同被汇成苦难的潮水，在千疮百孔的中国大地上仓皇流动。

路途中，徽因八岁的女儿再冰在给费慰梅的信中写道：

"费姨，你好不好？我和妈妈爹爹都好，你怎么样？平

安不平安？我很是想你，我们现在预备去长沙，因清华大
学也搬去了，所以我们也去，你说好不好？费爸爸也好吗？
再见！"

在这封信的左上角，徽因用英文写道：

"发生了太多的事，不知从何说起……我们总算还是平
安。一周前抵达天津，现在正坐船去青岛，走到哪算哪吧。"

字迹是从未有过的潦草，最后那句"走到哪算哪吧"，字里行间
皆是无奈。这样的徽因，费慰梅从来不曾见过。虽然远在美国，但
是，她每一天都在为好朋友担心。

战争的残酷，远非我们所能想象。从北平，到天津，再辗转至长
沙，如果放到现在，这个旅行路线应该是十分美妙的。蓝天白云，秋
高气爽，到处郁郁葱葱，一片丰收景象，每到一处，都是一场别样的
盛开。遗憾的是，徽因一家不是去旅游。他们顾不上留意身旁的风
景，又或者，战火纷飞中，根本就没有风景。他们心里只想着，在最
短的时间里，把一家老小平平安安地带到安全的地方去。

生活给我以痛，我却报之以歌

那一年，徽因只有 33 岁。按理说，30 出头正是女人最丰盛的年纪，浑身上下散发着动人的魅力。只是，此时此刻，徽因却已经踏进了人生的下半场。拖着病体，带着老小，前路未卜，再明亮的心在日复一日的奔波中亦会黯淡。住在没有窗户的小旅店里，望着陈旧斑驳的墙壁，想着自己突然间就成了祖国的包袱，心头像堆积了一团一团的乌云，真是既无奈又窒息。她在给好友沈从文的信中这样写道：

"从卢沟桥事变到现在，我们把中国所有的铁路都走了一遍！最紧张的是由北平到天津，由济南到郑州。带着行李小孩奉着老母，由天津到长沙共计上下舟车十六次。进出旅店十二次，这样走法也就很够经验的，所为的是回到自己的后方。我们对于战时的国家仅是个不可救药的累赘而已。同时我们又似乎感到许多我们可用的力量废放在这里，是因为各方面缺乏更好的组织来尽量的采用。我们初到时的兴奋，

现实已变成习惯的悲感。更其糟的是这几天看到许多过路的
队伍兵丁，由他们吃的穿的到其他一切一切。'惭愧'两字
我嫌它们过于单纯，所以我没有字来告诉你，我心里所感触
的味道……"

这时的徽因，心里真是百感交集。好在，一路车马劳顿，10月
初，他们终于安全抵达了长沙。思成在火车站附近租了两间屋子，一
家人暂时安顿下来。

接下来，曾经的很多老朋友以及一千多名学生也陆续到达长沙。
11月1日，北京大学、清华大学、南开大学在湖南长沙岳麓山下组
成了"国立长沙临时大学"。一时间，徽因的小院子又恢复了曾经的
热闹。恍然间，她仿佛觉得重新回到了北平那个梅香阵阵的客厅里。
与以往不同的是，以前很多家务都有佣人做，她只要整体上安排妥当
即可。现在却不一样了。从做饭、洗衣，到给孩子们上课，每一样都
要亲力亲为。我想，如若换作我，置身如此境遇，极有可能被层出不
穷的家务拖成怨妇。可是，徽因却没有。她的适应能力真的超强。她
身上那种"生活给我以痛，我却报之以歌"的乐观主义精神，太值得
我们每一个人效仿和学习。

她从零开始，学着洗衣、做饭，甚至缝扣子、补袜子，没过几天
就做得心应手了。最出乎意料的是，她竟然可以一边做事一边教孩子
们唱歌，虽然总是夹杂着几声咳嗽，清丽的嗓音依旧非常动听。

梁思成也一样。与徽因相比，他说话少，沉默的时候居多，似乎
总在思考事情。对待这次流亡，他也没有悲观沮丧。每天早晨，他都
会教再冰和从诚诵读唐诗。他说，唐诗里有精神、有力量。晚上，还
会教他们认识地图，让他们知道自己走过的路。另外，在警报长鸣

中，他穿着沉沉的铁架子，还要带孩子们去小河边扔石子，打水漂。他像父亲梁启超一样，生命里从来没有过停滞和封冻。他一直记得父亲在信里说过的话：

> "我是主张趣味主义的人，倘若用化学化分'梁启超'这件东西，把里头所含一种元素名叫'趣味'的抽出来，只怕所剩下的只有个零了。我每历若干时候，趣味转过新方面，便觉得像换个新生命，如朝旭升天，如新荷出水。我虽不愿你们学我那泛滥无归的短处，但最少你们参采我那烂漫向荣的长处。"

同样，徽因和思成也把他们乐观的精神传递给了自己的孩子，这种人格的力量，多年以后，在梁再冰和梁从诫的眼睛里都可以看得到。

后来，女儿再冰在采访中回忆到这一段经历，目光中闪动的晶莹里，漾满了对父母的敬佩：

> "过去，在抗战以前，我们家有厨师、保姆照顾我们的生活，现在她全部要承担这些工作，但是对生活的变化，他们好像一点都没有抱怨的情绪，好像觉得这是他们应该学的。"

然而，日本人的魔爪竟然越伸越长，上海沦陷，南京沦陷，杭州沦陷，济南沦陷……渐渐，战火也波及了武汉和长沙。

11月24日，没有空袭警报，大家却听到了飞机的隆隆声。思成跑出去一看，一时还没反应过来，炸弹已经从空中落下来了。

在写给好友费慰梅的信中，徽因详细描述了那次死里逃生的经过：

"在日军对长沙的第一次空袭中，我们的住房几乎被直接击中。炸弹就落在距我们的临时住房大门 16 米的地方，这所房子里我们住了三间。当时我们——外婆、两个孩子、思成和我都在家。两个孩子都在生病。没有人知道我们怎么没有被炸成碎片。听到地狱般的断裂声和头两响稍远一点的爆炸，我们便往楼下奔，我们的房子随即四分五裂。全然出于本能，我们各抓起一个孩子就往楼梯跑，可还没来得及下楼，离得最近的炸弹就炸了。它把我抛到空中，手里还抱着小弟，再把我摔到地上，却没有受伤。同时房子开始轧轧乱响，那些到处都是的玻璃和门窗、格扇、屋顶、天花板，全都坍了下来，劈头盖脑地砸向我们。我们冲出房门，来到黑烟滚滚的街上。

当我们往联合大学的防空壕跑的时候，又一架轰炸机开始俯冲。我们停了下来，心想这一回是躲不掉了，我们宁愿靠拢一点，省得留下几个活着去承受那悲剧。这颗炸弹没有爆炸，落在我们正在跑去的街道那头。我们所有的东西——现在已经不多了——都是从玻璃碴中捡回来的，眼下我们在朋友那里到处借住。

每天晚上我们就去找那些旧日的'星期六朋友'，到处串队想在那些妻儿们也来此共赴'国难'的人家中寻求一点家庭温暖。在空袭之前我们仍然常常聚餐，不在饭馆，而是在一个火炉子上欣赏我自己的手艺，在那三间小屋里我们实际上什么都做，而过去那是要占用整整一栋北总布胡同 3 号的。我们交换着许多怀旧的笑声和叹息，但总的来说我们的情绪还不错……"

面对与死神擦肩而过，我们在徽因的文字里依旧看不到悲伤，看不到绝望。或许，她的人生字典里本来就没有这两个词，即使有，也会被她用意志抠下来。

因为，她和思成都是有志向的人。志向就是意志和方向。只有如此，在有限的时间和复杂的现实下，才能意志坚定、少走弯路，大大提高完成目标的可能性。这让我想到了王阳明说过的一句话，他说："你们都以落第为耻，我却以落第动心为耻。"

是啊，世事无常，谁都不可能一直成功，也不可能一辈子享福。遭遇逆境时，普通人往往慌乱不堪、悲伤沮丧，而意志坚定、修养深厚的人，却能以苦为乐、泰然处之。

晃县偶遇

　　长沙绝对不能再待下去了，无奈，徽因和思成又背起行李，带着家里的一老两小，再次置身于流亡的浪潮中。临走前，她给费慰梅写信道：

　　　　"我们已经决定离开此处到云南去。我们的国家还没有组织到可使我们对战争能够有所效力的程度，以致至今我们还只是'战争累赘'而已。既然如此，何不腾出地方，到更远的角落里去呢？有朝一日连那地方也会被轰炸的，但眼下也没有更好的地方可去了……除了那些已经在这儿的人以外，每一个我们认识的人和他们的家人，各自星散，不知流落何方。"

　　此时此刻，他们心里已经没有其他奢求，吃苦受累都不怕，只是感觉这有限的生命不能继续在赶路中荒废下去了。所以，他们迫切想找到一个相对安全的地方，安安静静地做点与建筑有关的学问。在给沈从文的信中，她写到了当时的心情：

> "我们太平时代考古的事业，现时谈不到别的了，在极省俭的法子下维护它不死，待战后再恢复算最为得体的办法。个人生活已甚苦，但尚不到苦到不堪……"

他们觉得，远在大西南的昆明，离战火硝烟应该还有一段距离，于是决定前往。就这样，在天气阴冷的 12 月 8 日午夜，徽因一家五口与很多人一起，爬上了一辆严重超载的大巴。

> "为了能挤上车，每天凌晨一点我们就要摸黑爬起，抢着把我们少得可怜的行李和我们自己塞进汽车，一直等到十点，汽车终于开动。这是一辆没有窗户，没有点火器，实际上什么也没有的家伙，爬过一段平路都很困难，何况是险峻的高山……"

> "天气好到不能更好，我如果不是在这战期中，时时心里负着一种悲伤哀愁的话，这旅行真是不知几世修来。说到打仗你别过于悲观，我们还许要吃苦，可是我们不能不争到一种翻身的地步。我们这种人太无用了，也许会死，会消灭，可是总有别的法子。我们中国国家进步了，弄得好一点，争出一种新的局面，不再是低着头的被压迫者！"

在写给沈从文的信中，字字句句都能读出她内心的深情。是的，她的心里一直有一首歌，歌曲的名字，叫《我爱你，中国》。

只是，日复一日地山路颠簸，再加上缺衣少药、风餐露宿，徽因的身体很快就吃不消了，行至湖南的小城晃县时，她的肺病突然复发，高烧 39 摄氏度。无奈，一家人不得不暂时停下来，先在晃县住下。只是，思成问遍了所有的旅馆，都说住满了。眼看天色已黑，这样阴冷的天气，找不到住的地方，任凭谁也受不了，何况徽因还病着。思成站在大街上，看着徽因苍白的脸，心里想着，实在不行，只好挨家挨户敲门去借宿了。

正在他忧心如焚之际，耳边突然传来悠扬的小提琴声。思成心里一亮，这个小县城怎么会有人会拉西方音乐呢？会不会是流亡的大学生？循着声音找过去，果然让他猜对了。在这个小旅馆里，住着几个前往昆明航校报到的预备飞行员。听说思成的父亲是大名鼎鼎的梁启超先生，几位年轻人开心地说他们也是广东人，跟先生是同乡。异地相遇，格外亲切。这么晚了，得知他们还没找到旅馆，大家纷纷表示挤一挤就住下了。就这样，这些大男孩把床铺腾出来，让咳嗽不止的徽因躺下。

幸运的还不只是有了栖身之地，最让思成开心的是，他们在这家旅馆竟然遇到了一位女医生，当时，她正好被困在这里等车。这位女医生曾在日本一所美国教会医院接受过训练，对中医比较在行。根据徽因的病情和症状，她让思成去药铺买了些中药，每天熬成汁给徽因喝。这样调理了两周，徽因的烧终于退了，精神状态也好了很多。

这次患难与共，使徽因一家与住在一起的几位飞行员结下了深挚的友谊。后来，抵达昆明后，他们经常利用节假日到徽因家聚会。

昆明的微光

1938年1月，经过长达40天的长途跋涉，徽因一家终于抵达了昆明。天蓝得像一滴泪，朵朵白云飘飘荡荡，如同甜甜的棉花糖，大病初愈的徽因恨不得扑上去咬上几口。呼吸着清新的空气，她感觉自己又活过来了。

长途奔波，终于暂时得以安顿下来。这时，长沙临时大学也迁移到昆明组成了西南联大。接着，萧乾、钱端升、周培源、沈从文等好朋友，以及那个亲人般的大哥金岳霖也随后抵达，不久，徽因同父异母的弟弟林恒也来到昆明航校，成为一名光荣的飞行员。一时间，北总布胡同的"周六聚会"仿佛又回来了。大家在一起聊时事、谈文学，骂日本鬼子，给艰难的日子增添了些许快乐。另外，还有一件事让徽因很开心。在晃县偶遇的那几位年轻飞行员经常来家里做客，他们把徽因和思成视为亲人，有了心事总喜欢跟他们倾诉。甚至，后来在毕业典礼上，由于大家的父母都不在昆明，他们索性邀请思成和徽因作为全校学生的"名誉家长"来参加并致辞，那种欢乐与深情，不是亲人，胜似亲人。

只是，抵达昆明没多久，思成也病倒了。背疼得厉害，持续地疼，疼得晚上睡不着觉。另外，战争导致了物价飞涨，日子越来越难挨。

好在，这时他们收到了好朋友费慰梅的信，告知思成的两篇建筑学术论文已在美国《笔尖》杂志发表，并寄来了丰厚的稿酬。这简直是及时雨啊！徽因高兴坏了！有了这笔外汇，他们又能支撑一段时间了。总之，天无绝人之路的。徽因这样想着，一颗心如同头顶的云，又要飞起来了。

接着，中国营造学社的同仁刘敦桢、莫宗江、陈明达、刘致平的先后到来，着实让思成兴奋不已。同时，他致函庚款教育基金会申请的资金救助也得到了肯定的答复，接二连三的好消息，让他重新看到了希望。彼时，虽然营造学社只有五个人，但是，只要齐心协力，他们又可以为燃烧在心田的建筑梦努力工作了。

之前，他们虽然去过很多省份，而西南由于路途遥远，一直还是空白。这次流亡到这里，正好可以对西南的古建筑好好考察一番。想到这里，思成兴奋得手舞足蹈，后背的疼痛也让他忘到九霄云外了。拿到重庆市政府颁发的护照后，一行五人迫不及待地出发了。

　　"兹有中国营造学社社员梁思成，现年三十九岁，广东新会县人，由重庆到各处调查古建筑遗迹，特发给护照，希沿途军警查验放心，勿阻。"

就这样，自 1939 年 9 月至 1940 年 2 月，历时半年，梁思成一行行走于岷江沿岸、川陕公路沿线、嘉陵江沿岸，几乎跑遍了大半个四川，发现了很多汉阙、崖墓和摩崖石刻。不仅获得了一批中国建筑史研究的贵重资料，也为后人留下了很多珍贵的影像。其中，四川广元的千佛崖最为宏伟壮观。峭壁上布满了造像龛窟，重重叠叠13层，密如蜂房。经过考察，确定千佛崖摩崖造像始建于北魏时期，距现在将近1500年。只可惜，1935年修筑川陕公路时，有一半以上的造像被毁掉了。好在，现在这些幸存的龛窟都安上了护栏，已经被保护了起来。

思成在外面紧锣密鼓地考察，徽因在家里却过得异常艰难。为了一日三餐，她甚至开始变卖随身携带的衣服了。她在给慰梅的信中写道：

"现在我们已经完全破产，感到比任何时候都惨。米价已涨到一百块钱一袋——我们来的时候是三块四——其他所有的东西涨幅差不多一样。今年我们做的事没有一件是轻松的。我在告诉你们我们在做什么和我们的境况如何时真不好意思。思成到四川去已经五个月了。我一直病得很厉害，到现在还没有好。"

她的小诗《微光》，恰是这段艰苦生活的真实写照：

街上没有光，没有灯，
店廊上一角挂着有一盏；
他和她把他们一家的运命
含糊地，全数交给这黯淡。
街上没有光，没有灯，

店窗上，斜角，照着有半盏。
合家大小朴实的脑袋，
并排儿，熟睡在土炕上。
外边有雪夜；有泥泞；
砂锅里有不够明日的米粮；
小屋，静守住这微光，
缺乏着生活上需要的各样。
缺的是把干柴，是杯水，麦面……
为这吃的喝的，本说不到信仰，
生活已然，固定的，单靠气力，
在肩臂上边，来支持那生的胆量。
明天，又明天，又明天……
一切都限定了，谁还说有希望，
即使是做梦，在梦里，闪着，
仍旧是这一粒孤勇的光亮？
街角里有盏灯，有点光，
挂在店廊；照在窗槛；
他和她，把她们一家的运命
明白的，全数交给这凄惨。

　　看，纵然在那般朝不保夕的日子，徽因也没有绝望。她的心里还有光，虽然，这个光极小，极弱，却始终幽幽地亮着。

温暖的小屋

　　日军的贪婪似血盆大口，侵华战争全面展开。日军甚至把海上通道也封锁了，目的是切断中国的所有外援，并且宣称要在三个月内灭掉中国。

　　情况紧急，为了抢运外援物资，不让日本人得逞，1937 年 11 月 2 日，国民政府下令云南省主席龙云，从行政院拨款 200 万元，由他负责，限期一年修通滇缅公路，打通国际交通线。事关国防军事及抗战前途，云南省政府不敢怠慢，遂采取"非常时期"动员办法，通令该路沿线各县和设治局，限 12 月份征调滇西各县农民义务修路。1937 年 12 月，滇缅公路工程正式开工。

　　这是一条关系到国家存亡的生命路，动员公告一出，滇西的百姓踊跃报名，老老少少男男女女全跑了来，没几天就汇成了浩浩荡荡的 15 万修路大军。中国的农民真是好样的！关键时刻心里只想着多灾多难的国家，不怕苦不怕累，不计较谁干得多谁干得少，更没有一个人计较零报酬。他们睁着布满血丝的眼睛，白天黑夜加油干，在缺乏先进工具的情况下，经过九个月的艰苦奋斗，滇缅公路竟然提前竣工了！这项连英美专家都认为不可能完成的伟大工程，在当时严重失利的抗战形势下，对国民是一个巨大的鼓舞，也让世界充分认识到中国人民的伟大力量。就这样，这条被称为用手指抠出的输血线，成了维系中国和东南亚两大战区的纽带，大批援华物资源源不断运入中国，一举打破了日军的白日梦。

当然，任何事情都是双刃剑。由于这条输血线引起了日军的注意，昆明转眼从大后方变成了战斗前线，成为日军的主要轰炸目标。

徽因在给友人费正清夫妇的信中写道：

"我恨不得有一支庞大的秘书队伍，用她们打字机的猛烈敲击声去盖过刺耳的空袭警报……每次空袭过后，我们总会像专家一样略作评论，'这个炸弹很一般嘛'。之后我们通常会变的异常活跃，好像要把刚刚浪费的时间夺回来。你大概能想象到过去一年我的生活大体内容，日子完全变了模样。我的体重一直在减，作为补偿，我的脾气一直在长，生活无所不能。"

炮火纷飞的昆明市区是待不下去了，为了躲避轰炸，营造学社与中央各研究所搬至十五公里外的龙头村。这里阳光明媚，依山傍水，空气清新，对徽因的肺极有好处。最重要的是，这里没有军事目标，相对而言要安全很多。

"这时候的天气已转凉爽，在越来越强的秋天泛光照射下，风景真是美极了。空气中到处散发着香气，而野花使人回想起千千万万种久已忘怀了的美妙感觉。随便一个早上或下午，太阳都会从一个奇怪的角度悄然射入，它们在一个混乱和灾难的世界中仍然具有受了创伤的对平静和美的意识。可是战争，特别是我们的抗日战争，仍然是君临一切，贴近我们的身体和心志。"

这段日记，足以说明徽因对龙头村可谓一见倾心。前路未知，谁也无法预计什么时候抗战能结束，返回北平的日子更是茫茫无期，她想，在这个美丽的小山村定居下来也不是个坏主意，于是萌生了在这里盖房子的念头。跟思成一商量，两人一拍即合，马上着手准备材料。就这样，这一对建筑学家在一块借来的地皮上，自己设计、艰难筹钱、一砖一木一瓦把房子盖了起来。只是，由于物价飞涨，这座房子不仅用尽了他们所有的积蓄，还欠了一些债。后来，还是用好友费正清夫妇寄来的支票还上的。然而，种种困难，均不能阻挡徽因和思成内心的喜悦。要知道，这是他们生平第一次为自己设计并建造的房子。徽因欣赏着自己创造的艺术品，用目光一处处抚摸着青瓦、白墙，木地板，壁炉，心里满是饱足宁静。

她在给慰梅的信中说：

"我们正在一个新建的农舍里安下家来。它位于昆明东北 8 公里处的一个小村边上。风景优美而没有军事目标。邻接一条长堤，堤上长满如古画中的那种高大笔直的松树。我们的房子有三个大一点的房间，一间原则上归我用的厨房和一间空着的佣人房，因为不能保证这几个月都能用上佣人，尽管理论上我们还能请得起，但事实上超过了我们的支付能力。

　　出乎意料地，这所房子花了比原先告诉我们的高三倍的价钱。所以把我们原来就不多的积蓄都耗尽了，使思成处在一种可笑的窘迫之中。在建房的最后阶段事情变得有些滑稽，虽然也让人兴奋。所有在我们旁边也盖了类似房子的朋友（李济、钱端升），高兴地指出各自特别啰嗦之处。我们的房子是最晚建成的，以至最后不得不为争取每一块木板、每一块砖，乃至每一根钉子而奋斗。为了能够迁入这个甚至不足以'避风雨'——这是中国的经典定义，你们想必听过思成的讲演的——屋顶之下，我们得亲自帮忙运料，做木工和泥瓦匠。

　　无论如何，我们现在已经住进这所新房子，有些方面它也颇有些美观和舒适之处。我们甚至有时候还挺喜欢它呢。但看来除非有费慰梅和费正清来访，它总也不能算完满。因为它要求有真诚的朋友来赏识它真正的内在质量。"

　　这就是徽因。即使在战乱中，她也没有停止对生活的热爱。她总是尽己所有把日子过得既有情调又有诗意。她在墙上做了小书架，凳子上铺了好看的碎花布，桌子上放着朴素的陶制土罐，里面总是插着大把的野花。罐子是跟当地师傅学着做的，师傅说徽因不仅长得好看，而且学得也是最快的。因为，别人学几天才上手，她20分钟就学会了。野花是她带着儿子和女儿去山坡上采的。那里的花不仅免费，而且多得数都数不过来。她告诉孩子们，人应该像山上的这些盛放的野花那样活着，不屈不挠，不惧风雨，风来草弯，风过复挺。毋庸置疑，作为母亲，这是她留给孩子们最好的礼物。

后来，女儿再冰回忆起流亡时期的生活，眼神里泊满了对母亲的崇拜：

"当时我就感觉那个房子非常温馨，舒服极了，那个时候我是不太注意这些事，什么建筑、装修，但是觉得我妈真神，怎么一下子就把这么一个破房子搞得这么舒服，这么可爱。"

儿子梁从诫也说：

"在这间可爱的小小起居室里，妈妈在煤油灯下为我们讲解庄子《解牛篇》和《唐雎不辱使命》，教我们读了很多李白、杜甫的诗，特别是杜甫在四川写的诗，感觉很接近。"

他们流的不是泪，而是心上滴的血

很快，老朋友金岳霖找到了他们，也跟着搬了过来。他拿出所有的积蓄，让思成给他在客厅旁盖了间耳房。和在北总布胡同时一样，他们又一次毗邻而居。

听着远处的炮火声，仿佛置身于世外桃源。每天，徽因在鸟鸣中醒来，呼吸着植物的芬芳，看着大朵大朵的白云自头顶缓缓飘过，真的是久违的安宁。

只可惜，这样平静的日子只持续了半年，希特勒在欧洲发动了闪电战，法属印度支那半岛落入日军之手，和越南接壤的云南危在旦夕，迁移到这里的各学术机构面临再一次大转移。

抚摸着自己亲自建造亲手布置的房子，徽因真是舍不得啊！只是，舍不得又如何？人如蝼蚁，没有力量决定自身以外的任何事情，何况又是在炮火满天飞的战争年代。两个孩子也哭着不想走，他们和父母一样，早已喜欢上这里的一切，尤其是这所温馨舒适的新房子。

徽因给女儿擦干眼泪，说："人不应该随波逐流，但是，一定要学会随遇而安。这样，一生不会过得太伤心。"

　　然而，屋漏偏逢连夜雨，正当他们收拾行装准备离开的时候，突然收到噩耗，说是去年 8 月天津发生了洪水灾害，导致 80% 的城区被淹，超过 10 万间房屋被冲毁……最令人痛心的是，他们离开北平时存放在银行地下库的珍贵的古建筑底片惨遭洪水浸泡……

　　这样的晴天霹雳，比给思成和徽因判了死刑还让他们难过！要知道，那可是行走了十五个省、二百多个县，思成忍着后背疼痛飞檐走壁拍下的照片啊！当时，他们只想着别让这些命根子被炮火炸飞，谁又能料到，地下库躲开了炮火，却没有躲开猛兽般的洪水。真是造化弄人！老天啊，想做点事，怎么这么难？你怎么能这么狠心？

　　他们想象着洪水涌入地下库房的情景，想象着一张张影像底片被大水淹没、浸泡，直至模糊……心被刀割一样疼！

　　回忆起这一幕，女儿梁再冰也哽咽了：

　　　　"我这辈子从来都没有看到过我父亲流过泪，他是不哭的，我从来没看过我父亲哭。但是这次听到这批照片资料损失了以后，他跟我母亲伤心得不得了，我父亲当时就哭起来了。"

　　呜呼，我想，思成和徽因流的根本不是泪，而是从心上滴出的血。这样的打击，任凭谁也是无法承受的。写到这里，我的视线也模糊了。但是，我知道，我难过的程度不及他们百万分之一。

风雨李庄

　　虽然身心遭受重创，但是，日子还得继续。徽因和思成擦干眼泪，收拾行装，准备和中央各个研究所一起踏上迁往四川的征程。可是，还没出发，思成就病倒了。上医院一检查，竟然患上了破伤风。无奈，他只好暂时留在昆明治疗，为了安全，让徽因带着老人和孩子先行离开。

　　就这样，1940年11月29日，徽因带着一家老小，再次投入流亡的大潮中。一路奔波，这次又颠簸了半个多月，他们终于抵达长江边上的一个偏远小镇——李庄。

　　营造学社在月亮田这个地方租了个农家院子安顿下来。接二连三的打击，再加上路途劳顿，抵达李庄没几天，徽因肺结核复发，再次病倒了。这次，她仿佛真的被疾病抽去了所有的精气神，看上去像一片秋天的落叶，瘦瘦的，薄薄的，似乎随时都可能被风吹走。

　　李庄是个偏僻而古老的小镇，没有水，没有电，几乎没有任何治疗条件。徽因从早到晚一直咳嗽，由于身体极度虚弱，半夜总是盗汗。有时，一晚上仅擦汗的毛巾就会用掉七八条。第二天，小再冰看到院子里飘飘荡荡的毛巾，再看看躺在床上脸色苍白的妈妈，心里感到害怕极了。她担心母亲会离开她，跟爷爷一样，去了另一个世界。那样，她和小弟就再也见不到妈妈了。那段时间，晚上听着妈妈总也停不下来的咳嗽声，她的心里充满了恐惧，常常躲在被窝里偷偷地哭。

卧病在床的徽因，由于不能做自己喜欢的事，每一刻都成了难挨。她在李庄创作的《一天》，每一句都是黯然的无奈：

今天十二个钟头，

是我十二个客人，

每一个来了，又走了，

最后夕阳拖着影子也走了！

我没有时间盘问我自己胸怀，

黄昏却蹑着脚，

好奇的偷着进来！

我说，朋友，

这次我可不对你诉说啊，

每次说了，伤我一点骄傲。

黄昏黯然，无言的走开，

孤单的，沉默的，

我投入夜的怀抱。

这是徽因病得最重的一次。高烧不退，咳嗽不止，连从床上爬起来都成了艰难。十一岁的再冰不知道怎么办，只好盼着爹爹快些到来。她每天都去江边的码头等待抵达李庄的船只，希望能发现爹爹亲切的身影。然而，从元旦到春节，她盼啊，等啊，等啊，盼啊，却一直没有等到亲爱的爹爹。

她在日记里写道：

> "爹，你为什么还不来？明天是除夕了，后天是春节，我靠在桌边，心里很想念爹爹，希望他明天或后天来到这里。"

只是，她不知道，此时此刻，梁思成不仅在与病魔做斗争，而且，还要到重庆教育部去申请营造学社的研究经费。虽然能申请到的经费很少，甚至不足以维持他们几个人的生计。但是，多一元是一元，有总要好过无。好在，后来，营造学社的主要成员被编入了史语所和中央博物馆筹备处的编制内，这样，每个人每个月可以领到固定的薪水。

后来，思成在写给费正清夫妇的信中写道：

> "直到4月14日我才从重庆抵达李庄，发现徽因病得比信中告诉我的要严重许多。家徒四壁混乱不堪，徽因数月重病在床令我十分痛心……很难给你描述，同时你也很难想象我们眼前的生活：菜油灯下，缝制孩子穿的布底鞋，买一些粗米杂粮糊口。过着像我们父辈年轻时的生活，但做着现代工作。"

终于与思成团聚，像是看到了救星，徽因和孩子们格外欢喜，她的病也仿佛好了许多。只是，片刻的喜悦尚未散去，思成带回来的另一个消息又让徽因跌至谷底。思成告诉她，3月14日，在成都的一次空战中，她的弟弟林恒英勇牺牲了。在此之前，他们在昆明时已经收到过航校寄来的几个包裹，都是在晃县偶遇的年轻的飞行员牺牲后留下的遗物。有日记本、唱片、留声机，还有小提琴以及神采飞扬的照片，全都留给了他们共同的"名誉家长"——梁思成和林徽因。后来，八个飞行员在抗战中陆陆续续全部遇难，徽因看着他们的遗物，想着他们年轻光洁的脸，一颗心像被撕开了口子，疼得无与伦比。悲痛之余，她在病榻上写下了那首最哀婉悲壮的诗歌《哭三弟恒》：

> 弟弟，我没有适合时代的语言
> 来哀悼你的死；
> 它是时代向你的要求，
> 简单的，你给了。
> 这冷酷简单的壮烈是时代的诗
> 这沉默的光荣是你。
>
> 假使在这不可免的真实上
> 多给了悲哀，我想呼喊，
> 那是——你自己也明瞭——
> 因为你走得太早，
> 太早了，弟弟，难为你的勇敢，
> 机械的落伍，你的机会太惨！
>
> 三年了，你阵亡在成都上空，
> 这三年的时间所做成的不同，
> 如果我向你说来，你别悲伤，
> 因为多半不是我们老国，

而是他人在时代中碾动，
我们灵魂流血，炸成了窟窿。

我们已有了盟友、物资同军火，
正是你所曾经希望过。
我记得，记得当时我怎样同你
讨论又讨论，点算又点算，
每一天你是那样耐性的等着，
每天却空的过去，慢得像骆驼！

现在驱逐机已非当日你最理想
驾驶的"老鹰式七五"那样——
那样笨，那样慢，啊，弟弟不要伤心，
你已做到你们所能做的，
别说是谁误了你，是时代无法衡量，
中国还要上前，黑夜在等天亮。

弟弟，我已用这许多不美丽言语
算是诗来追悼你，
要相信我的心多苦，喉咙多哑，
你永不会回来了，我知道，
青年的热血做了科学的代替；
中国的悲怆永沉在我的心底。

啊，你别难过，难过了我给不出安慰。

我曾每日那样想过了几回：
你已给了你所有的，同你去的弟兄
也是一样，献出你们的生命；
已有的年轻一切；将来还有的机会，
可能的壮年工作，老年的智慧；

可能的情爱，家庭，儿女，及那所有
生的权利，喜悦；及生的纠纷！
你们给的真多，都为了谁？你相信
今后中国多少人的幸福要在
你的前头，比自己要紧；那不朽
中国的历史，还需要在世上永久。

你相信，你也做了，最后一切你交出。
我既完全明白，为何我还为着你哭？
只因你是个孩子却没有留什么给自己，
小时我盼着你的幸福，战时你的安全，
今天你没有儿女牵挂需要抚恤同安慰，
而万千国人像已忘掉，你死是为了谁！

　　这个晴天霹雳般的噩耗，把本就重病在身的徽因再一次击倒了。以至于，她连屋子都出不去了，每天只能与病榻为伴。

　　李庄的生活条件相当艰苦，吃水要去村外的水塘去挑，夜晚只能靠菜油灯照明，孩子们连一双像样的鞋都没有，上学只能穿草鞋。思成的背虽然经常疼得无法坐立，却也顾不得自己，不得不强忍疼痛，照顾病情更加严重的徽因，同时还要应付似乎也永远做不完的家务。另外，为了让妻子减少些痛苦，他竟然学会了静脉注射。几个月过去，仿佛成了半个医生。

一天，儿子从诫的脚被草鞋磨破了，化了脓，有的地方已经坏死了。村子里没有医生，他担心感染面积扩大，就让孩子趴在椅子上，准备用剪刀把脓剜出来。他问儿子："怕疼不怕？"从诫咬着牙，坚强地说："不怕！"话音未落，思成一剪子下去，已经把一块坏死的肉硬生生给剪了下来。从诫疼得撕心裂肺，却含着眼泪，一声都没有吭。思成摸摸他的头，只平静地说了句："好孩子！"

没多久，跟史语所一起迁到李庄的思成的弟弟、考古学家梁思永由于野外工作条件恶劣也患了肺结核，跟徽因一样，病情越来越重。无奈之下，史语所所长傅斯年给国民政府中央研究院代理院长朱家骅写信，希望他们帮帮正在经受苦难且是国家栋梁的梁家兄弟。

他在信中写道：

"骝先吾兄左右，兹有一事与兄商之。梁思成、思永兄弟皆困在李庄。梁任公家道清寒，兄必知之，他们二人万里跋涉，到湘、到桂、到滇、到川，已弄得吃尽当光，又逢此等病，其势不可终日，未知吾兄可否与陈布雷先生一商此事，便中向介公一言，说明梁任公之后嗣，人品学问，皆中国之第一流人物，国际知名，而病困至此。弟平日向不赞成此等事，今日国家如此，个人如此，为人谋应稍纵权。此事请兄谈及时千万勿说明是弟起意为感，如何？"

之后不久，傅斯年就得到回复：

> "委座拨赠梁思成、思永二兄医药暨学术补助金共二万
> 元整，命为代收，转交，敬将此款照数汇奉。"

思成和徽因知道事情的原委之后，不禁感动得泪湿眼眶。有了这笔资助，生活条件终于有所好转。

思成看上去虽然有些古板，有时，却又是个别有趣味的人。一天，他不知从哪里搞了些西红柿种子，种到了门口的松土里。没过多久，就结了不少青果子，后来，青果子又魔术般变成了又大又圆的红果子。这些红果子，吃在嘴里又沙又甜，给徽因增添了不少欢喜。

另外，随后来到李庄的金岳霖又与他们住到了一起。看到徽因瘦得不成样子，苍白的脸上血色全无，若不是那双熟悉的大眼睛，他简直要认不出了。徽因的状况，让他忧心忡忡。他赶紧去集市上买了几只小鸡喂养起来，只盼着，它们长大了能生些蛋，给徽因好好补一补身子。时间一天天过去，小鸡也一天天长大了，吃了些鸡蛋，喝了些鸡汤，徽因的气色慢慢好起来。

她在给费慰梅的信中写道：

> "思成是个慢性子，喜欢一次就做一件事情，对做家务是最不在行了。而家务事却多得很，都来找寻他，就像任何时候都有不同车次的火车到达纽约中央火车站一样。当然我仍然是站长，他可能就是那个车站！我可能被轧死，但他永远不会。老金（他在这里呆了些日子了）是那么一种客人，要么就是到火车站去送人，要么就是接人，他稍稍有些干扰正常的时刻表，但也使火车站比较吸引人一点和站长比较容

易激动一点。"

精神稍微好了些，徽因又闲不住了，开始阅读《二十四史》，为思成的《中国建筑史》收集资料。当时，很多人都能看到，她几乎每天倚在床上，身旁堆满了书籍、草图以及各种影像资料。

这时，思成已经开始撰写他心心念念了多年的《中国建筑史》。一个又一个夜晚，他们靠着菜油灯微弱的光亮，一个字一个字地书写。由于没有印刷工具，他们只能采用手写和最原始的石印。

徽因一边查阅资料，一边完成了《中国建筑史》的部分章节，并且承担了全部书稿的校阅和补充工作。由于过度劳累，她的肺病再一次发作。

这时，老朋友费正清来看望他们。未料，途中却感染了呼吸道疾病。这下可忙坏了思成。他在两个病号之间不停地穿梭，忙得脚不沾地。

费正清这样回忆当年的情景：

"傍晚5时半便点起了蜡烛，或是类似植物油灯一类的灯具。这样，8点半就上床了。没有电话，仅有一架留声机和几张贝多芬、莫扎特的音乐唱片；有热水瓶而无咖啡；有许多件毛衣但多半不合身；有床单但缺少洗涤用的肥皂；有钢笔、铅笔但没有供书写的纸张；有报纸但都是过时的。你在这里生活，其日常生活就像在墙壁上挖一个洞，拿到什么用什么，别的一无所想，结果便是过着一种听凭造化的生活。我逗留了一个星期，其中不少时间是由于严寒而躺在床上。"

"思成的体重只有47公斤，每天和徽因工作到夜半，写完11万字的中国建筑史，他已透支过度。但他和往常一样

精力充沛和雄心勃勃，并维持着在任何情况下都像贵族一样
的高贵和斯文。"

1945 年 5 月，作为美国驻华使馆文化官员，徽因最好的朋友费
慰梅来到重庆。12 月，在她的安排下，徽因离开生活了五年的李庄，
赴重庆治病。好朋友相见，她们紧紧地拥抱在一起。流亡八年，这应
该是徽因最快乐的时刻。慰梅看到徽因瘦得不成样子，心疼得直掉眼
泪。她比以前老了很多，也衰弱了很多。这时的徽因，如同多年没出
过门的孩子，这儿摸摸，那儿看看，目光里泊满了好奇。她对慰梅
说："感觉自己像走进了杂志中……"。

检查的结果是，徽因的双肺和肾脏都已感染，生命留给她的日子
真的不多了。

费正清夫妇极力劝他们去美国治疗和保养身体，徽因却说：

"我们的祖国正在灾难中。我们不能离开她，假如我们
必须死在刺刀或炸弹下，我们也要死在祖国的土地上。"

儿子梁从诫也记得，在李庄时，他曾问过母亲："如果日本人打
到四川怎么办？"

林徽因听了，特别平静地回答："咱们家门口不就是扬子江吗？"

后来，梁从诫若有所思地说："我当时看着妈妈，觉得她好像变
成了另外一个人，面对死亡，那样超脱。"

正是徽因和思成矢志不渝的理想信念和爱国情怀造就了他们伟大
的一生。把伟大这个词放到他们名字的前面，并不是夸大其词。

第十章

弱水三千，只取一瓢饮

我不是要哭诉，只是无法正视
所有那些曾经有过的满载欢歌的
野外考察和旅行已经随风而去，
远离我们任何一个人……

1945 年 8 月 15 日，日本宣布无条件投降。自此，抗日战争终于结束。其间，中国大地千疮百孔、哀鸿遍野、生灵涂炭。日本人的这场侵略，成了中国老百姓心中永远的痛，无休无止，代代相传。

徽因在昆明休养了几个月，身体稍有好转后，于 1946 年 7 月，梁思成一家返回北平，住进了清华园新林院 8 号。夫妻俩满怀对祖国的热爱和建设美丽国家的憧憬，给清华大学校长梅贻琦写信，建议在清华成立建筑系：

> "月函我师，母校工学院成立以来，已十余载，而建筑学始终未列于教程。国内大学之有建筑系者，现仅中大、重大两校而已。抗战军兴以还，各地城市摧毁已甚。将来盟军登陆，国军反攻之时，且将有更猛烈之破坏，战区城市将尽成废墟。英苏等国，战争初发，战争破坏方始，即已着手战后复兴计划。反观我国，不惟计划全无，且人才

尤为缺少。"

字字恳切，独见思成的拳拳报国之心。很快，清华大学批准了他的申请，并聘任他担任建筑工程学系主任。同时，与中国营造学社合作，成立建筑研究所，梁思成任所长。

回到北平后，徽因依旧经常卧病在床。纵然如此，她对创造清华建筑系这件事却是相当尽心。思成被派往美国考察和讲学时，建系时的各种杂事，以及遇到了不明白的问题，年轻的教师们经常跟她请教和商量。终于又可以为国家做一点事，不再是一个流亡在病床上的废人，那种疲惫却喜悦的感觉，只有像她这样渴望充实生活的人才能体会。正如女儿梁再冰所说：

> "当时我爸被派去美国了，我妈把全部心血拿出来帮吴先生把建筑系搞起来，从桌椅板凳、行政工作，一直到课程的设置，甚至第一次学生怎么上课，全部都参加，真是花尽了心血。但是当时她既不是清华的教授，也不是清华的职员，什么都不是，也不领任何工资。"

这就是林徽因。为了自己的建筑理想，即使没有报酬她也会全力以赴，因为，她的心里有责任。她一直记得16岁时，随同父亲赴伦敦考察前，父亲在信里说过的话："多增长见识，开阔胸次怀抱。"是的，对于一个胸怀国家，甚至胸怀世界的人而言，报酬与利益有时真的可以忽略不计。不是他们不需要，而是与利益相比，责任与情怀更重要。

梁思成也是如此。二战中，美军对日本展开攻击，日本所有的城，几乎都被美军空投的炸弹炸得满目疮痍。然而，让日本人惊讶的是，在铺天盖地的轰炸中，唯独奈良、京都这两座古城竟然毫发无损，真是奇迹。后来，经证实，当时，正是梁思成在地图上把日本有价值的建筑物逐一标出来，并恳请美军不要破坏。因为，他小时候在日本生活过，对京都和奈良的古迹既熟悉又感情深厚。面对疑义，他淡淡地回答：

> "如果只针对日本，我恨不得把它炸沉，但是，古建筑和文物是人类共有的财富，我们有共同保护的责任。"

这真是一对令人敬仰的夫妻，胸怀有多大，格局就有多大。格局有多大，成就就有多大。想想他们的包容与宽阔，我们心头那点小纠结小恩怨实在不值一提。

与时间赛跑的人

　　1947 年，在美国考察的梁思成突然接到北平发来的电报，告知徽因的病情急剧恶化，结核入侵了她的一个肾，需要马上动手术切除。心急如焚的梁思成一刻也不能再耽搁，匆匆收拾行李回国。

　　一年未见，再次相聚竟然是在医院。徽因已经瘦成了月牙儿，不停地发烧，并发症也越发汹涌。这样的身体状况无法手术，无奈，思成只好陪着在医院等待。

　　看着自己越来越不争气的身子，徽因觉得既陌生又难过。躺在病床上，她给亲爱的慰梅写信倾诉内心的忧伤：

　　　　"怎么说呢，我觉得虚弱、伤感、极度无聊——有时当绝望的情绪铺天盖地而来时，我干脆什么也不想，像一只蜷缩在一堆干草下面的湿淋淋的母鸡，被绝望吞噬，或者像任何一只遍体鳞伤、无家可归的可怜动物。我不是要哭诉，只是无法正视所有那些曾经有过的满载欢歌的野外考察和旅行已经随风而去，远离我们任何一个人……"

看得出，让徽因伤感和疼痛的，何止是身体，还有千疮百孔的心灵。这几年，接二连三的打击，亲人一个一个离开了她，虽然她嘴上从来不提，但是，沉默的伤口最痛，她心上的空洞，比双肺的更大，更深。

10月，她又给好朋友慰梅写了一封：

"我还是告诉你们我为什么来住院吧。别紧张。我是来这里做一次大修。只是把各处零件补一补，用我们建筑业的行话来说，就是堵住几处屋漏或者安上几扇纱窗。昨天傍晚，一大队实习医生、年轻的住在院里，过来和我一起检查了我的病历，就像检阅两次大战的历史似的。我们起草了各种计划（就像费正清时常做的那样），并就我的眼睛、牙齿、双肺、双肾、食谱、娱乐或哲学，建立了各种小组。事无巨细，包罗无遗，所以就得出了和所有关于当今世界形势的重大会议一样多的结论。同时，检查哪些部位以及什么部位有问题的大量工作已经开始，一切现代技术手段都要用上。如果结核现在还不合作，它早晚是应该合作的。这就是事物的本来逻辑。"

看，即使病情严重到这种程度，徽因依旧是乐观面对。黑暗中，她一直是自己的光。不仅点亮了自己，同时，也照亮了他人。

几天后，徽因突然得到消息，说是张幼仪和儿子阿欢来参加朋友的婚礼，目前正住在北平。她赶紧托朋友传话给她："我想见你和志摩的儿子，请务必来医院一趟。"

这是徽因和幼仪第一次见面，也是唯一的一次见面。徽因躺在病床上，戴着吸氧面罩。她一会儿看看幼仪，一会儿又看看阿欢，就这样把头转来转去，良久，却没有说一句话。

有人说，她是因为心里愧疚才安排了这次相见。我不这样认为。我想，这一眼，她是替志摩看的。志摩是她最好的朋友，幼仪和阿欢是志摩在这个世上最亲的人，也是他最后的牵挂。他们好好的，他在另一个世界也就安心了。所以，她和这对母子静静地待一会儿就够了。

之所以一句话也没有说，是因为她内心明悉，人与人之间，语言其实是最苍白的。如果彼此懂得，一个眼神已然明了。如果不懂，任何语言都是多余。

这个世界充满了误读，有才华的人被误读得更多。生命已接近尾声，她不在乎别人怎么说，或者说，她的高度早已超越了世间的一切猜测。生命这么短，日子这么难，时光消逝得这么快，那么多有意义的事在等着她去做，这个与时间赛跑的人，问心无愧做好自己就够了。

一事极致，
足以动人

手术前一天，金岳霖、胡适、沈从文、张奚若等好友都来医院探望，祝福徽因早日康复。虽然马上就要上手术台了，跟大家在一起，她还是很开心，只是没有了往日的滔滔不绝。她一直微笑着，目光从每一个人的面孔上缓缓移过，最后，温柔地落在思成身上。四目相对，依旧没有说一句话，却又仿佛说了很多很多……

好在，手术很成功。在思成的精心照顾下，徽因的身体渐渐有了起色。她总是跟前来看望她的朋友们说："思成是个合格的护士。"后来，思成在给费正清夫妇的信中也写道：

"肾脏切除之后，徽因身体状况有极大改善，有时夜间能连续睡上四个小时了。睡眠改善后，她的精神状态明显恢复，但是对于作为护士的我可不是什么好事，她又开始诗性大作了……"

2月18日，春节刚过，徽因在清晨写了这首《我们的雄鸡》，满怀喜悦地期待着新中国的到来：

> 我们的雄鸡从没有以为
> 自己是孔雀
> 自信他们鸡冠已够他
> 仰着头漫步——
> 一个院子他绕上了一遍
> 仪表风姿
> 都在群雌的面前！
> 我们的雄鸡从没有以为
> 自己是首领
> 晓色里他只扬起他的呼声
> 这呼声叫醒了别人
> 他经济的保留着这种叫喊（保留那规则）
> 于是便象征了时间！

1948年3月31日，林徽因和梁思成迎来了结婚20周年庆，朋友们聚在一起好好热闹了一番。20年风风雨雨，一路相濡以沫，风雨同舟，他们经历了枪林弹雨，生灵涂炭，也看到了山河破碎，民不聊生。虽然只有20年，但是，他们共同承担了太多、太多。

抗战虽然结束了，可日子却并不太平，又打起了内战。国民党节节败退，很多人劝梁思成和林徽因离开北平，或者出国，他们都摇头婉拒了。流亡八年，他们早已厌倦了浪迹天涯。现在，他们只是期待着新中国的诞生，安安静静地做学问，为祖国的建筑做些力所能及的事情。

年末，老友张奚若带着两名解放军军官来家里拜访，请梁思成在解放军攻城部队的地图上，标出北平城需要保护的文化古迹和文化建筑的具体位置，以防攻城时不慎破坏。这个任务让梁林二人简直乐开了花。从李庄回来，面对越打越凶的内战，他们一直担心那些不会说话、不会逃亡的古建筑遭到炮火的破坏，为此，两个人常常彻夜不眠。现在好了，压在心里的石头终于落了地，两人拿起笔就在地图上画了起来。

之后不久，解放军第二次找到他，向他请教在大规模的人民解放战争中，如何保护各个地方的珍贵文物。这下，徽因和思成更是乐开了怀。心里不禁感叹，解放军的高度果然非同凡响啊！我们的祖国真的有救啦！事不宜迟，梁思成迅速组织清华大学建筑研究所的全体成员，以最快的速度编制出了《全国文物古建筑目录》，并且第一时间发放到了各地解放军的将领手中。全书共 450 多个条目，每个条目下面，都详细注明了此文物的所在地点、文物性质、建造以及重修的年代，且概括了它们的意义和价值。比如，对北平是这样描述的：

> "世界现存最完整最伟大之中古都市，全部为一整个设计。对称均齐，气魄之大举世无匹。"

林徽因负责审核工作。最后，她在扉页上写下这样一行字：

> "本简目主要目的，在供人民解放军作战及接管保护文

物之用。"

他们对祖国的一颗赤诚之心，天地可鉴。

此刻，外面虽然天寒地冻，但是，徽因和思成的心里却是繁花似锦。"解放军"这三个字，像暖暖的太阳，让他们重新感受到了温暖，看到了希望。

1949 年，北平解放，林徽因被正式聘为清华大学建筑系一级教授，主讲《中国建筑史》。

7 月，全国政协开始公开向全中国及海外侨胞征集新中国国旗、国徽的图案。梁思成被任命为顾问。新中国国旗很快确定下来，为红地的五星旗。然而，国徽的图案却总是不能令人满意。曾经为东北大学设计过白山黑水图案校徽的林徽因一颗心又雀跃起来。那段时间，清华园 8 号的梁家，俨然成了设计中心，梁思成、林徽因以及清华大学营建系的师生组成的营建小组白天黑夜地忙碌着。这一次，由于设计出色，寓意深刻，他们又联手打了一个漂亮仗。

1950 年 6 月 23 日，全国政协一届二次大会上，以林徽因为主设计的中华人民共和国国徽，得到了全体代表一致通过。中间是五星照耀下的天安门，代表着新中国诞生；周围是谷穗和齿轮，代表着工农联盟。

听着周围雷鸣般的掌声，被特邀前来参加会议的林徽因激动得热泪盈眶。她在心里对思成说："我们又为祖国做了一件事情。"会上，她被正式任命为北京市都市计划委员会委员兼工程师，并提出了修建"城墙公园"的设想。

1949 年 10 月，在北京市人民政府的主持下，北京市计划委员会聘请了专家组统领人民英雄纪念碑的设计，梁思成和林徽因都是专家组成员，之后，立即开始了对人民英雄纪念碑方案的征集。梁思成和林徽因觉得这次设计应该以碑的形式为主。同时，林徽因认为，任何雕像和群雕都不可能和毛泽东亲题的"人民英雄永垂不朽"和周恩来亲题的碑文相比。经过反复推敲，她抱病完成了须弥座的图案设计。

1951 年，为挽救濒临停业的景泰蓝传统工艺，林徽因拖着病体，多次到工厂进行深入调查研究，设计了一批具有民族风格的新颖图案，为"亚洲及太平洋区域和平会议"及"苏联文化代表团"献上了一批独特的礼品。

1952 年，徽因撰写并发表了《我们的首都》，详细介绍了北京故宫、天坛、颐和园、雍和宫等古迹。

"北京广安门外的天宁寺塔，是北京城内和郊外的寺塔中完整立着的一个最古的建筑纪念物。这个塔是属于一种特殊的类型：平面作八角形，砖筑实心，外表主要分成高座、单层塔身、和上面的多层密檐三部分。座是重叠的两组须弥座，每组中间有一道'束腰'，用'间柱'分成格子，每格中刻一浅龛，中有浮雕，上面用一周砖刻斗拱和栏杆，故极富于装饰性。座以上只有一单层的塔身，托在仰翻的大莲瓣上，塔身四正面有拱门，四斜面有窗，还有浮雕力神像等。塔身以上是十三层密密重叠着的瓦檐。第一层檐以上，各檐中间不露塔身，只见斗拱；檐的宽度每层缩小，逐渐向上递减，使塔的轮廓成缓和的弧线。塔顶的'刹'是佛教的象征物，本有'覆钵'和很多层'相轮'，但天宁寺塔上只有宝顶，不是一个刹，而十三层密檐本身却有了相轮的效果。

　　这种类型的塔，轮廓甚美，全部稳重而挺拔。层层密檐的支出使檐上的光和檐下的阴影构成一明一暗；重叠而上，和素面塔身起反衬作用，是最引人注意的宜于远望的处理方法。中间塔身略细，约束在檐以下，座以上，特别显得窈窕。座的轮廓也因有伸出和缩紧的部分，更美妙有趣。塔座是塔底部的重点，远望清晰伶俐；近望则见浮雕的花纹、走兽和人物，精致生动，又恰好收到最大的装饰效果。它是砖造建筑艺术中的极可宝贵的处理手法……"

　　她的文字，字里行间涌动着大美，散发着独特的吸引力，让所有的中国人为之骄傲和自豪。任凭谁看了都会对中国的这些古迹魂牵梦绕，充满期待。

　　然而，没有多久，事情就起了变化。1953 年 5 月，北京市开始酝酿拆除牌楼。为了挽救四朝五都仅存的完整牌楼街不被破坏，梁思成和林徽因先后与时任北京市副市长吴晗发生了激烈的争论与冲突。梁思成心痛地说：

　　　　"在北京城市改建过程中，对于文物建筑的那样粗暴无情使我无比痛苦，拆掉一座城楼像挖去我一块肉，剥去了外城的城砖像剥去我一层皮。"

　　在文化部举办的知名人士聚会上，林徽因则指着吴晗的鼻子大声谴责：

"你们真把古董给拆了，将来要后悔的！即使再把它恢复起来，充其量也只是假古董！"

彼时，她的肺病已经非常严重，嗓子哑得几近失声，然而，为了保护祖国这些世代流传下来的珍宝，她真是拼尽了所有的气力。当时，在场的很多人都默默地掉下了眼泪。

10月，林徽因当选为建筑学会理事，并担任《建筑学报》编委，同时，受邀参加了第二届全国文代会。

1954年6月，又当选为北京市人民代表大会代表。

1955年冬天，徽因再次因病情恶化住进了同仁医院。躺在病床上，她一直在盗汗，身体极度虚弱，这一次，她觉得自己真的起不来了，真的老了。

徽因老了吗？当然不！她的生命从未老过。正如两年前开文代会时遇上萧乾，他握着她的手，跟以往一样，依旧轻轻叫了声"小姐……"，她听了感叹道："哎呀，还小姐哪，都老成什么样子啦。"萧乾却微笑着说："精神不老，就永远也不会老。"

是啊，徽因一直在有限的生命里无限地努力着，从来不曾懈怠，更不曾放弃。正如金岳霖所说，"实际上她真是没有什么时间可以浪费，以至于她有浪费掉生命的危险。"

1955年4月1日6时20分，中国第一代著名女建筑师、用现代科学方法研究中国古代建筑的开拓者、民国第一才女林徽因永远闭上了她美丽的大眼睛。临别，没有留下遗言。面对这个美丽而又遗憾的世界，她已倾尽全力。

鉴于林徽因为中国建筑事业的发展贡献巨大，她的遗体被安葬于八宝山革命公墓。按照之前约定的"后死者为对方设计墓体"的承诺，整座墓体由梁思成亲自设计。墓碑是林徽因为人民英雄纪念碑设计的一方富于民族风格的花圈与飘带的汉白玉刻样，墓身没有一字碑文，只镌刻着"建筑师林徽因墓"七个字。

据说，每年慕名前来凭吊林徽因的人很多，她的墓前经常摆放着白百合、菊花、康乃馨等花束。虽然这位美丽的建筑师已经离开我们多年，但是，她的芬芳一直在。

人生最高的境界，不过是可以时刻看见自己身在风景之中，同时，也是风景的一部分。林徽因做到了。一事极致，足以动人。她与丈夫梁思成一生致力于中国建筑的保护和传承，不仅为祖国做出了不可磨灭的贡献，而且从中找到了生命的大喜悦。

云朵来来去去，天空始终如一。林徽因是了不起的建筑师，更是自己命运的建筑师。她以超出常人的自律以及对生命的热爱，排除种种干扰，按照自己的设计，沿着心灵的方向，成就了传奇的一生。

图书在版编目（CIP）数据

林徽因：云朵来来去去，天空始终如一／清心编著.
－－北京：煤炭工业出版社，2018（2023.4 重印）
ISBN 978－7－5020－6977－3

Ⅰ.①林… Ⅱ.①清… Ⅲ.①林徽因(1904－1955)—
传记 Ⅳ.①K826.16

中国版本图书馆 CIP 数据核字（2018）第 252005 号

林徽因
—— 云朵来来去去 天空始终如一

编　著	清　心	
责任编辑	高红勤	
封面设计	MM 末末美书	

出版发行　煤炭工业出版社（北京市朝阳区芍药居 35 号　100029）
电　话　010－84657898（总编室）　010－84657880（读者服务部）
网　址　www.cciph.com.cn
印　刷　三河市金兆印刷装订有限公司
经　销　全国新华书店

开　本　710mm×1000mm$^1/_{16}$　印张　21$^1/_4$　字数　240 千字
版　次　2018 年 12 月第 1 版　2023 年 4 月第 2 次印刷
社内编号　20181398　　定价　58.00 元